春眠不觉晓

王天胜◎著

SPM
南方传媒

花城出版社

中国·广州

图书在版编目（CIP）数据

春眠不觉晓 / 王天胜著． -- 广州 ： 花城出版社，
2024.10
　　ISBN 978-7-5749-0232-9

　　Ⅰ． ①春… Ⅱ． ①王… Ⅲ． ①长篇小说－中国－当代
Ⅳ． ①I247.5

　　中国国家版本馆CIP数据核字（2024）第074465号

出 版 人：张　懿
责任编辑：陈　川
责任校对：衣　然
技术编辑：林佳莹
封面设计：视觉传达
　　　　　13811159477

书　　名	春眠不觉晓
	CHUNMIAN BUJUE XIAO
出版发行	花城出版社
	（广州市环市东路水荫路 11 号）
经　　销	全国新华书店
印　　刷	广东虎彩云印刷有限公司
	（东莞市虎门镇黄村社区厚虎路 20 号 C 幢一楼）
开　　本	880 毫米 ×1230 毫米　32 开
印　　张	12
字　　数	270,000 字
版　　次	2024 年 10 月第 1 版　2024 年 10 月第 1 次印刷
定　　价	59.00 元

如发现印装质量问题，请直接与印刷厂联系调换。
购书热线：020-37604658　37602954
花城出版社网站：http://www.fcph.com.cn

主要人物表

呼缙昌——呼家掌门。生天翼、天帆、天盈、天菲、天骏。

兰铭勋——兰家掌门。生敦益、敏益、孜益、昉益、思益。

白兆年——白家掌门。生玉青、秉中、秉全。

伊老太——伊家老母，帛氏。生锦荣、锦堂、锦松，育锦若。

呼姨娘——呼缙昌二房，拓氏。生天骏。

武子齐——字帅正，号继棠。河西知府。生白亦如。

帛柏霖——字正卿。乡绅、先生。

呼天翼——呼缙昌长子。生登莱、登方、晓春、登瀛。

呼天帆——呼缙昌次子。生晓觉、登黟。

呼天骏——呼缙昌三子。生登华、登衡、晓闻。

呼天盈——呼缙昌长女。知县夫人。生陆辰溪。

呼天菲——呼缙昌次女。生伊尚勤、伊尚俭。

兰敦益——兰铭勋长子。生墨歆、墨容、墨亭。

兰昉益——兰铭勋次子。生墨达。

兰敏益——兰铭勋长女。进士夫人。生拓嘉辉、拓嘉玲、拓嘉明（呼登黟）。

兰孜益——兰铭勋次女，知府夫人。生许云鹤、许云竹、许云衡（呼登衡）。

兰思益——兰铭勋三女，嫁武子齐。

白秉中——白兆年长子。生淑芬。

白秉全——白兆年次子。生连宝。

白玉青——白兆年独女。坤伶，艺名白如。生亦如。

白亦如——白玉青与武子齐独女。

伊锦荣——伊老太长子。生尚德。

伊锦堂——伊老太次子。生尚同、尚志。

伊锦松——伊老太三子。生尚勤、尚俭、虎子。

伊锦若——伊老太养女。生虎子、呼晓闻。

陆辰浩——知县公子。呼天盈养子。

陆启良——西川县知县。呼天盈夫君，陆辰浩父亲。

雒大川——武子齐扈从。

月　娥——呼家丫头。生呼登华。

凤　儿——兰家丫头。

荸　儿——兰孜益丫头。

鸣　珠——呼天盈丫头。

目录

1

诗曰：

> 雕阴无树水难流，雉堞连云古帝州。
>
> 带雨晚驼鸣远戍，望乡孤客倚高楼。
>
> 明妃去日花应笑，蔡琰归时鬓已秋。
>
> 一曲单于暮烽起，扶苏城上月如钩。

第一回　溯五胡闲话沧桑事　演六姓钩沉来往人

开卷这首诗，是晚唐诗人韦庄所作。意趣所至，把塞上帝州点画得苍凉、沉郁。帝州自古为边塞重镇，后因秦皇长子镇守而得名"扶苏"。雕阴山蠹立在扶苏城西南，近瞰大理河，远眺呼兰水。古城墙傍两水而起，蛇行于疏属岭之上，被雕阴、卧龙、紫云诸峰环绕，一如花蕊迎风，更像黄土高原上的一枚徽章。

说是徽章，实乃意象之渲染。因这扶苏浓缩了陕北乃至塞北人文之精要，千百年来，引得骚人墨客折腰不断。流连之余，萦怀者抚近追远，或倚牌楼勾栏，长吟古谱俗调；或步雉堞云亭，寄意皇天后土。韦庄身处晚唐、五代之交，遭遇乱世之痒，心承末世之痛，自是悲苦。正所谓：

拂尘犹忆秦楼咽，抬眼更伤唐厦倾。

一顾佳人胡曲地，烽烟古道挽长亭。

诗人徜徉扶苏城上，近仰如钩凄月，远悼望乡孤客。面对带雨晚驼、胡曲烽烟，思绪飘向遥远的王嫱、蔡琰。由一己之哀伤，而骋想民族之命运。

世事沧桑，夕阳几度；无情何奈，残月犹存。岁月似驼铃悠荡，亦如白驹过隙，又蹉跎了一千余年。北面的风尘阵阵，烽烟滚滚，扑面而来，又随风飘逝。到了光绪末年，扶苏城又流传了这么两首仿诗：

雕阴繁树映清流，八角连云耸帝州。

远近商集成闹市，古今文汇现牌楼。

明妃月貌点花苑，蔡琰豪诗对晚秋。

一曲信天情韵起，裙钗也爱把吴钩。

雕阴巍峙水南流，雉堞梦存古帝州。

蒙帅墓头云遮月，世忠门外风满楼。

呼兰奔涌羌笛怨，鸣咽潺湲故国秋。

阅尽千年人与事，几曾入海探沉钩。

这仿诗一说是扶苏乡绅帛柏霖所作，一说是河西知府武子齐所为。皆因二人私交甚好，又好弄文墨，扶苏人便这么认定了。且不论谁作的，就诗论诗，这诗仿得还惟妙惟肖，格律严整，韵脚丝毫不出左右，立意也与韦诗相呼应。诗者言志，歌者咏情。抒发者随志趣俯仰，其角度自然与韦诗易趣——雕阴不再无树，柳绿桃红掩映；大理更是有澜，清水浊泥相携。起句一改韦诗颓势，缘景而发时运。接着，八角古亭幻霞入云，亦悲亦壮；城里牌楼栉风沐雨，如赋如涂。再看那丽人塞巷，貌袭昭君，浓淡相宜满地走；才女盈门，骚承文姬，泣笑随缘信天游。若是韦庄再世，也叹为观止了。

至于那鸣咽清泉、蒙恬墓山，伤悼英烈者络绎不绝；世忠庭院、闯王故里，凭吊雄杰者尽情挥洒。春雨鸟啼、秋风叶落中，也能引来几段怀古幽情。附庸风骚者芸芸，追崇唐宋者众众，同千年浑然一脉。自不待言了。

再说这扶苏古城，财聚四方，贸通八衢，自古就是商贾云集之地。五胡之后也渐渐集散于此，摸爬滚打，筑基立业。他们或体征鲜明，或家谱传承，成为迥别于汉族的杂居群落。其中，尤以匈奴裔呼、兰两大家族为显赫。

除匈奴外，还有鲜卑、柔然、铁勒、龟兹等后裔。鲜卑建立政权多，分支也多，扶苏方圆多为慕、拓等姓；柔然是个杂合民族，一说跟东欧的阿瓦尔人是一族，一说是匈奴的别种，还有说是鲜卑的旁支；铁勒主体为白鞑儿，这白鞑儿又分生熟两部，在扶苏以种植为主，兼营畜牧；龟兹则是从西域迁徙过来的雅利安人，也有说是突厥的别种，其后代体征明显，主要有白、帛两姓。

这些杂合民族依托两河，在其流域繁衍生息，与汉族相偕甚笃。其间风云际会、雪月风花，或传诸口头，或留载史志，或随信天游鼓荡在山洼圪梁，演绎了五行运势的纠缠，低吟出岁月流淌的弯曲来。有道是——

> 大河有声，便无源头枯竭之；
> 死水无浪，也有春风摆动时。

却说光绪二十五年（1899年）初秋，武子齐来到扶苏，出任河西知府一职。他系湘南人氏，早年镇守河西走廊，建功玉门边塞。这日，他公忙之余，心生野趣，便带了扈从雒大川出外溜达。行至卧龙山上，忽见槐树婆娑中隐约现出一座庙宇来。近了才见那门额上题着"三官庙"三字，门旁挂着一副对联：

> 万事铺陈无对错；
> 三元演替有因果。

二人看了一会儿，便进得庙来，只见一老道端坐于堂，行作揖礼。武子齐遂拱手道："仙长慈悲。"礼毕，他便抽了一签，见是中平签，上曰：官事累身切莫急，有花无果也休提。旁人煽惑随风去，好事当谋两故知。

他笑了笑，吩咐雒大川捐了些钱财，便欲离去。这时那老道说话了："慈悲，慈悲——施主大富大贵，三星高照。若还有什么迷惑，贫道当予相解。"

他听了，因想起那副对联，便问其所以。老道缓言道："是非曲直当在俗界，尘世因缘重在修身。所以说，修炼明道，境界升华，故无对错，只有因果。然而，凡人畏果，圣人畏因。所谓境界者，当在此中矣。再说三元，即指三官：天官、地官、水官是也。天官赐福，地官免灾，水官化缘。这三官，起源于五行之说，指的是'金''土''水'三气。金为生，候天气；土为成，候地气；水为化，候水气。所以说，修得三元，福照三星，因缘生成，逢凶化吉——慈悲，慈悲！"

本来只为散心解闷，没想到收获了一联、一签、一老道的点拨。这让他意绪连连，心性随之豁然。万事成三就好，对错皆为因果所系。他想着，又让雒大川捐了三文钱，便与老道谢辞了。

沿卧龙山盘道，乱草迷径，行人寥寥。武子齐一边走着，一边瞭着呼兰河沿岸的景致。时候正是寥廓天气，节近中秋——草作金色，枫吐火光，秋花衰微，纷叶坠飘。再看山下那条街市——淑女娉婷，后生丝鞭，猴娃癫狂，马来人往，煞是一派红火。其时又当夕阳衔山，一片血色般的晚霞，斜照在山坡上，染了瓦顶门墙，醉了湖波潋滟。迎着这片光中，且有个骨秀神腴、光风霁月的老者，一手捋着淡淡的黄须，一手拄着个拄杖，身旁却有个俊样的少妇紧贴着他，缓步行来。看那少妇，身量窈窕，款摆有度，婷婷袅袅间透出大户人家的范儿来。只见二人走走停停，叽咕着什么事。

武子齐手搭凉棚望了望，才辨得长者是帛柏霖，却不知二人撕扯在一起干甚。寻思间，却见二人分了手，又见帛柏霖朝那妇人逶迤的去处凝望，欲行又止的样子。他便紧着几步迎了前去，招呼道："正卿兄，这达岁数了，还有什么撂不下的事？"

帛柏霖闻声仔细一瞧，便焕发了神采，喜道："哎哟，原来是武大人。你，你这是微服私访，还是咋地？"二人笑罢，他接着道，"噢，是这么个事，刚才那个是呼家的大女子天盈，也就是西川陆知县的内人……走，咱去喝个茶，慢慢价拉谈。"

三人来到碧云茶庄坐定，就见店员笑眯眯地进了门来，连连招呼着。帛柏霖把茶饭定好，回头对武子齐说："这家掌柜是俺的弟子，所以嘛……"他说着，却见武子齐凝神墙壁上的书画，一笑转道，"这些玩意儿都是俺弟子随手涂抹的，不成模样。怎么好赖不说，能晃达个眼眼就行嘛。"

武子齐品赏了一番，点头道："可不是嘛，人常说，外行看热闹，内行看门道。虽说我对书画没琢磨，也能看出个道道来。不错，的当见功夫。尤其是这边这个画儿，意境缥缈，蛮有味道的嘛！不瞒你说，我刚去了趟三官庙，本想着散散心，不料还收了三获。这下看了这幅画儿，又有了些琢磨……"他把先前在三官庙的情形给帛柏霖道了一遍，说起那位老道言及之事，颇有些感慨。二人正切磋着，猛然间武子齐眉头一挑，道："我从山上就一直琢磨着，这下肚里有了翻腾。"说着便让雒大川唤来纸墨，缓然写道：

一门寂寂锁清凉，两瓣秋思寄远方。

福禄寿星应有照，土金水气自无疆。

山因古庙成佳地，水借柳堤作梦乡。

伫望呼兰流不尽，斜阳半坠亦风光。

帛柏霖看了，呵呵一笑："用来点这幅画儿，倒是蛮配的。俺看，你这是把人境和画境捏合在了一起，不赖气！贤弟大才，吐纳有致，其境界清淳幽远，如入邃谷回溪；又似窗含景光，画外有画（话）的。只是，只是这个颔联俺倒有些琢磨，为甚是'土金水气自无疆'呢？虽说三官照着福禄寿，那个'木'、那个'火'一旦生成，也有运转乾坤的阵势嘛。你甭笑，俺不是不懂，觉得你逛了趟'三官'，就有些神思恍惚。啊？呵呵，这个尾联嘛，看似有些俗，却是点睛之笔。古人说了，一切景语皆情语。俺这下子有了些琢磨。"

武子齐显然受了鼓舞，满眼放光。他又看了几遍自个的诗作，才回道："操刀者往往是随性而为，想不了许多。古人也说了，诗无达诂。老兄眼光独到，能在破铜废铁里捡出金子来，这个应归于你老嘛。"顿了下，他又道，"人们都说，帛门弟子个个不俗。看来，既非空穴来风，确当实至名归的嘛。"

"过了，过了，一满过了。"帛柏霖摇头道，"其实，你大概不知，这城里还有藏龙卧虎之处的。这个嘛，你慢慢就会摸得着。"

"嗯，老兄这话蛮有趣的，我咋个摸法？"笑罢，武子齐接道，"我也听说了，扶苏有呼、兰两个家族，文商并举，还是匈奴的后人。的当？"

帛柏霖抬头瞄了他一眼，回道："这个不假。不过，要推文化氛围当是拓家，呼、兰两家应在其后；要说商界嘛，白、伊两家算是后起之秀。说来话长啊，俺今个先给你道一下大概。"他呷了一口茶，略微想了下才道，"这拓家是鲜卑的后人，几代重文轻商。俺有个弟子叫拓宗槐，他前些年考取了进士，算是近年来扶苏少有的一个。商界龙盘虎踞，才说了白、伊两家后来居上，早先黄亮一些的，还是匈奴的后人。这么说吧，当下扶苏这地方，总共也就七八个大户人家，可匈奴裔就占了两席。据说，这呼、兰两家还是同出一脉。所以，两家便有个同一家规——呼兰不择亲。"

"噢，这么说，那个呼兰河就是因此而得名？"

"这个俺倒没有考究过，大概，只是……噢，咱接着说吧。这个城西五里镇的呼家，据说原居敕勒川以北，与兰家同为南匈奴左贤王和蔡文姬的后代。这一支中的呼缙昌，娶了两房老婆，育有三儿两女。这里面有一个奇趣儿，就是他的两个老婆，却是一双隔山姊妹。噢，这个'隔山'就是说同母异父。若是同父异母的，还是称为亲姊妹。那个隔山妹子起先不生养，后来却给呼缙昌添了一个小子，大号叫呼天骏。这个天骏嘛，也有一个奇趣儿，就是从不跟别的娃玩耍。上完私塾，不是一个人坐着发愣，就是上炕蒙着头睡觉。亲戚六人便窃窃私议：这呼大掌柜精精明明的人嘛，咋就得了个傻儿子！就这么个'傻儿子'却黏糊着一个女娃，这娃就是兰铭勋的三女儿，大号叫兰思益。你说也怪，只要天骏跟思益耍在了一起，便像换了个人似的，精圪明明不说，还疯……"

武子齐大概对这话题不上劲，便问起了一双姊妹的长短来。帛柏霖一笑："你呀，老毛病改不了，就好那个打破砂锅问到底。这个嘛，有两种说法，一种说是'闻娘香'。人常道，姨姨怀里闻娘香。这姊妹俩年岁相差个十来岁，大的严厉，小的慈怀，娃们爱往小的怀里钻。这闻着闻着就闻成了姨娘……"

武子齐笑着打断："只怕是呼缙昌先闻的吧，啊？"

"这个嘛，你得问他去。嘿，甭逗了，听俺往下说。第二种嘛，是'托孤说'。这大的生了几个娃后，患了一种病，生怕自个走了娃们没着落，便把小妹叫到跟前，说她什么都能撂下，就撂不下这几个娃。这妹子当然是个灵醒人，噢，就这么妹妹分担了姐姐的一些缺失。说来也怪，自这妹子过来，大的嘛不再听说有病了，还给呼缙昌添得一个女儿。你大概不知，这大的娘家是白姓龟兹，这小的娘家是拓跋氏……"帛柏霖越说越上劲儿，又把那个呼姨娘齐齐夸了一遍，道，"她不仅慈怀，还能干。这呼家大大小小、里里外外对她那个尊奉呀，没说的。只是，她就生了天骏一个，以后就不见动静了。这个天骏发起疯来，谁都招揽不住，唯有小女儿天菲能降住他……"

武子齐似乎有些困了，迷迷糊糊间突然灵醒过来："等等……你才说的那个天菲，是不是外号叫'赛貂蝉'的那个？"

"嘿，你甭急嘛！要说'赛貂蝉'，俺城里有七八个呢。

先前嘛，是白兆年的独女玉青，下来就是兰铭勋的大女子敏益、二女子孜益了。当下嘛，呼家的二女子天菲让后生们捧着，热度不减；再就是兰家的小女子思益了，上点年纪的喜好这款。呵呵，你说，这兰家也真够拽的，满共三个女女，就出了三个'貂蝉'。那些二不浪后生呼天唤地之余，就癫狂说道：'兰家三姐妹，貂蝉也不配。'你乍说，这么个海嘈！"

"这么说来，兰家三个，白家一个，呼家一个，不够数嘛。那个，刚才见的呼家那个大女子，算不算？"武子齐掐着指头，饶有兴致地数着。

"天盈嘛，咋个说呢？俺看也绑尖。呵呵，俺说老弟，这扶苏人的眼窝贼着咧。先前的算不来了，往后嘛，这俊女女就更拽了。呼喊最多的，是伊家的锦若。不过，也有人不服气，说这'赛貂蝉'应是白兆年的外孙女，也就是玉青的独女，大号叫白亦如的那个……"

武子齐困顿间又一振，把桌上的茶杯掀翻了。二人相对一愣，瞬间却笑了。帛柏霖摇摇头接道："你甭心焦，这几个小女女眼下都还荒着。娃们知书达理不说，琴棋书画也各有一手的……"

"来了，老伯——今儿不给你上白菜萝卜，俺给咱上个花花，保你老家能对上眼眼。"随着一声叫喊，掌柜白秉全带着个十四五岁的女娃进得门来。只见这女娃手抱琵琶，低首蹀躞，欲前不前的。偶尔一仰首，那张肤若凝脂的大盘子脸，活脱出个大唐仕女的绝佳风韵来。那一双欲羞不羞的明眸，含笑不笑的酒窝，令人怜惜不已。

帛柏霖一看，皱起了眉头。道："你这个秉全，净是瞎胡弄！"随即瞄了眼武子齐，见他盯着女娃出神，便呵呵一笑道，"这个秉全呀，鼻子还是蛮尖的嘛。好啦，今个就让武大人瞧一瞧咱们扶苏的花花……"正是：

> 一波尚漾一波起，春水秋池各满堤。
> 莫道斜阳无限恨，晓来几朵又依依。

欲知后事如何，且待下回分解。

第二回　说三变解三对三然　叹一身起一思一念

且说帛柏霖说着话，回头看了眼武子齐，见他微微点了下头，便应承下来。不等言传，只见这娃躬身致礼，端坐于前，然后援琴引弦，弹了一曲北宋柳永的《八声甘州》调子。那弦音时缓时急，时扬时抑，于顿挫中透出哀婉而清越的节奏来。一番拨弄后，她便放开了嗓门，边弹边唱道——

对潇潇暮雨洒江天，一番洗清秋。渐霜风凄紧，关河冷落，残照当楼。是处红衰翠减，苒苒物华休。惟有长江水，无语东流。

帛柏霖听着听着，跟着哼哼起来。他看了眼武子齐，见他专注地听着，便息了声。只见女娃又一番拨琴后，那调门便扬起沉郁的幽怨来——

不忍登高临远，望故乡渺邈，归思难收。叹年来踪迹，何事苦淹留？想佳人妆楼颙望，误几回、天际识归舟。争知我，倚栏杆处，正恁凝愁！

武子齐静静听着，陷入沉思。当最后一声戛然而止，他才回过神来，击掌称好，叹道："词美，曲美，唱得嘛更不用说了，金嗓子哟！"

帛柏霖见他这般有兴致，打趣道："俺看，还有一美呢！只怕误了几回，直把扶苏作一回太州了。啊？"

武子齐知他所指，却故装糊涂，把话题挑向了一边："哎哟，老兄怕是只知其一，不知其二啊！南朝谢公有言，'天际识归舟，云中辨江树'嘛，可这个柳永呢，却要'误几回'的。你说这个，这让佳人情何以堪嘛！"

帛柏霖看他这般说，只好应道："岂止佳人不堪，他自个也难堪哪！早先他爹为他取名柳三变，可变来变去的，没个归结。幸好仁宗皇帝让他填词去，倒是填出了名堂。留下了'奉旨填词依红翠，浅斟低唱做掌门'的词话。可不是嘛，他这个《八声甘州》确当有品头，依老朽之见，应是宋词里的花魁。不知武大人有何高见？"

"这个嘛，倒也使得。不过人们常说'文无第一，武无第二'嘛，可总有人好排个座次什么的。比如那个苏东坡，就说柳永的这个《八声甘州》最好，不输唐人意蕴。让我看，柳永的那个《雨霖铃》更好一些，不说碾压全宋，在长调里算是把头的。"

"哈哈，人常说'术有专攻，学有所长'嘛。武大人见识不俗，不俗。既如此，那就让娃再来一个……"

不等声音落地，就见白秉全又踅探了过来，一笑道："俗话说了，萝卜白菜，各有所爱。要俺说，柳永的那个《蝶恋花》才是最好的。"

"这首嘛，当然也不赖。"帛柏霖应和着，忽而问秉全道，"有人给柳永起了个别号，叫他'柳三对'，这个你知不？"见他瞪起了莫名的眼珠子，便一笑接道，"你看他的那个《雨霖铃》是'对长亭晚，骤雨初歇'，这个《八声甘州》是'对潇潇暮雨洒江天，一番洗清秋'，下来那个《蝶恋花》则是'对酒当歌，强乐还无味'。这对来对去的，最后只留得'衣带渐宽终不悔，为伊消得人憔悴'了。你乍说，他的这个'三对'，却是对出了哀婉缠绵的一出戏嘛！"

经帛柏霖这么一点拨，白秉全茅塞顿开，恍然道："还真是的，这三首正是柳永词里最好的三首。这么说来，这个'三对'确是对出了名堂！"

武子齐则摇头道："这个'柳三对'怕是正卿兄的私货，我也是头次听得。早先只知道张先的别号叫'张三影'。呵呵，他那个'云破月来花弄影''帘幕卷花影''堕絮飞无影'令古今学人称道。你这么一捏合，岂不就是'对影成三人'了嘛。李太白咋能晓得，他身后的张柳二人，把他那个虚晃的三人，弄成了实实在在的三人了嘛！"

帛柏霖击掌称是，道："武大人常说，万事逢三就好。不过，张先的'三影'有句无篇，辞有余而意不足，远不如柳永的'三对'有境界。"

"那是，那是，老伯的这个'柳三对'确是拿捏准了。可他那个'柳三变'却没变出什么名堂来。"白秉全附和道。

"可不是嘛。他那个'三变'出自《论语》里面：君子有三变，望之俨然，即之也温，听其言也厉。想来是他老子望子成龙，盼儿为君嘛。结果呢，龙嘛倒是算一个，君可不沾边喽。"帛柏霖回道。

"我琢磨，倒是可以凑成这么三个——诗人有三对：望之渺然，即之凄然，听之怅然。你们看，这个'三然'既是柳永那三首词的意趣，也是他一生的影子嘛。"武子齐说着，看看帛柏霖。

"对头。武大人又揎出个'柳三然'来，倒是贴切。从词境再到人境，岂不是也应了个'然后、然则、然也'嘛。"

"呵呵，这么一来，这个'柳三然'就更有说头了。其实，从古到今，不论风花雪月，还是风云际会，只要有了那个'三对'，这个'三然'也便在其中了。"

白秉全听了连连点头，赞道："大人一生征战，功勋卓著，而这赋诗、论道也是行家里手。要俺说，流芳百世者赖其一功便可，而大人则是三功彰显哪！"

说笑间，乘这氤氲氛围，白秉全叫这女娃又弹了一曲《蝶恋花》。唱毕，他便满含欣慰地说："俺这女女虽说没经得世面，在大人面前还算不怯场。本来只想给尊老们解个闷儿，没想到还引出了这么多话题。受益匪浅，真是三生有幸哪！大人还有什么吩咐，小的尽会磨料的。"便给帛柏霖递眼色。

武子齐听了看了，迟疑了一下，便叫雒大川给那女娃付小费。秉全哪里肯依，道："不用，不用，这小女女是俺的外甥女，大号叫白亦如。俺是专让她为大人献艺的，还望得到尊老们的提携。若有不得体处，请多多包涵哪。"

武子齐听这"白亦如"三字，身子不由得打了个战，便又仔细打量了一番亦如。帛柏霖见状，示意她离去。然后把秉全拉到一边悄声道："俺正要给你说件事呢——你姑舅妹子说你财迷心窍，拿亦如娃做摇钱树。才才又跟俺戚叨，说玉青又翻腾呢，要接回亦如……唉，你们几家子这些事也该有个解嘛！"

秉全点点头，默了下，才道："这个天盈，没事寻事……俺说老伯，玉青俺姐胡翻腾，那是因了俺哥。你说，俺参老糊涂了，可秉中也麻糜不分，要把亦如给了天骏。你乍说，这不乱了辈分了嘛！说个实在的，俺跟玉青之间没个甚，就是那个天盈在中间胡讫搅。唉，你说，俺们白家的事，她胡掺和干甚呢……"

帛柏霖摆手打住，道："你们白家，那天骏呢？噢，你爹有他的想法，怕你把亦如娃调教坏了。天盈嘛，又不是个是非人，她不就是心疼天骏和亦如嘛。这吧，乱不乱辈分是你爹拿捏的事，你可不要把亦如娃弄得五麻六道的，坏了大事。唉！说多了你嫌督乱，俺就一句话：乍直起架子，像个主事的人嘛。"

说时，就见亦如又趔进门来，嘟囔道："俺大舅来了。"白秉全一听，眉梢一抖，赶紧跟武子齐道了别。

　

且说武子齐回到住处，却意绪连连。白亦如的音容笑貌不时徘徊于脑际，挥之不去。他躺在炕上，又下得地来。如此反复，不知所措。高原的初秋，早晚两头凉。他干脆披了件大衣迈出门去，沐在夜的金风里，梳理起往事来。自太州与白如一别，已有十多年了。其间戎马倥偬，再未谋面。岁月洗刷了记忆，然而白亦如的歌喉，猛然唤醒了他麻木已久的情丝。在他的感觉里，这亦如的歌声仿佛就是当年太州那个白如的咏叹，两者有着难以名状的契合。就连亦如那气息间的吐纳，他似乎捕捉到了白如那娇喘吁吁的味道。

这晚，他恍恍惚惚地睡去了。接连几晚都是如此，且恍惚在弥散。

约莫半月后，他终于跳出了自我设定的框框，鼓起劲儿又去了一趟碧云茶庄。然而店员告诉他，白亦如有好多天没来茶庄了。看来，如此像绿头苍蝇乱闯是不行的，无奈间他把心事透给了帛柏霖。

帛柏霖觉得有些意外，武子齐可不是那种凑闹儿的人。莫非……噢！联想到碧云茶庄那晚的情景，他隐隐感觉到了一丝微妙来，想了想便回道："你这般身架，确有不便处。这吧，俺给秉全说一下，让亦如娃去你府上。你想听她弹什么、唱什么，再想怎么个摆布，都由你操弄去。"

白秉全自然是个灵醒人，武大人有招，那还有甚说的。只是……他在暗喜中又陡地增了一阵悸动：莫非……若是……唉，自个未免想得多了。这日晚间，他把亦如精心打扮了一番，亲自送到了武大人府上。这既是一种慎重，也表达了他的殷勤。

武子齐在欣慰中，自然对白秉全客气了许多。套话过后，要留他一块品茶，可秉全知趣地匆匆告辞了。

月色溶溶夜。中秋后的第二天，空里流霜，天地无尘。小院的肃然，被琴音波了涟漪，如月光漾在水面上。薄薄的温馨透出窗户，抖动了林间的梦魇。

武子齐若有所思地听着。当亦如的羞涩被那渐起的歌喉掩盖，他似乎幻化在彩云追月中了，逐音而醉，而流连——

梦后楼台高锁，酒醒帘幕低垂。去年春恨却来时。落花人独立，微雨燕双飞。　　记得小蘋初见，两重心字罗衣。琵琶弦上说相思。当时明月在，曾照彩云归。

晏几道的这首《临江仙》是她的拿手戏，也是呼天骏经常要她弹唱的曲子。信手拈来，多了自如，少了拘谨。然而这般随意，却让她懊丧不已。唉，真是忘了所在，怎么能给武大人唱这个曲嘛！

武子齐似乎看出了她的心思，微微点了下头。他静静端量了她一会儿，便让雏大川陪她去院里转转，借此也平息一下自个的心境。

少顷，她又抱起了琵琶。他压了压手势，然后示意她坐在自己跟前，说："今个就不用弹了，陪我说说话。"

亦如显然放松了许多，一笑就把琵琶搁在了平桌上，静静等他的言语。

武子齐却不知该从何说起。默了默，便跟她拉起了家常，问了自个疑惑的几处来。他问得仔细，她答得麻利。本来她不善于言谈，可这种问答式的对话，却让她滔滔起来，间或夹杂了几声舒心的、不谙世事的嬉笑。

武子齐一改他那平素的严整，倾下身子专注地听着，不时点下头，那个"甜"呀直往心底里渗。此刻，他也许有了某种猜测——从当年太州的那个白如，联想到如今亦如的母亲白玉青，两者会不会是同一个人？如果是，那这个亦如又会是谁的呢？

亦如看他陷入沉思，一时显得手足无措，便又抱起琵琶来。

他这才缓过神来，拉她坐下，一笑道："都说你娘是'扶苏的夜莺'，我看，你终会赛过她的。"

她腼腆地看了他一眼，摇摇头："俺娘不让俺唱了。她说……"

"甭听她的！"话一出口，他才觉得有些不妥，转而道，"你娘有她的想法，这个我知。往后嘛，你就不要去那个碧云茶庄了。嗯？"

亦如忽闪起疑惑的眼，她本想问"你认得俺娘"，可觉得未免唐突了些，便看看他，又低下头去，双手不知如何放置。

看着亦如起了倦色，又看看时候不早，他便让雒大川送她回家。跟出了门外，他想起了什么，便返回屋里拿了个玉镯子，给她戴在左手腕上。

亦如摸摸玉镯子，又抬头看看他。显然，她对眼前的事搞得有些茫然。从习惯来说，她是不会接受外人东西的。可这是武大人，她又不好拒绝。

武子齐又揣摩到了她的心思，欲言而止，想她不是那种卖艺的女孩儿，便转了个弯子，道："听说你快要订婚了，这个算是，算是我送你的一份礼物。嗯？"

闻此言，她才舒展了容颜。一颦一笑间，缓缓朝他靠了靠，踮起脚尖，侧仰起自个的嫩脸来。

他愣了愣，便恍然过来。噢，多么可爱的脸蛋，虽说一马平川，少有起伏，却如月色下的莲花，纯净而安然。他久久端详着她，随后轻轻吻了她的额头……正是：

> 梦里把思存，思来意更深。
>
> 只闻天上曲，不见旧时人。

欲知后事如何，且待下回分解。

第三回　喜愁愁喜是愁的根　熟生生熟由生之发

　　且说帛柏霖琢磨了几天，理出了一个头绪，却也难耐。左盘算，右盘算，他打算面会一下白兆年，先探探结拜兄弟的口气。这天，他邀白兆年在碧云茶庄坐定，踅摸道："俺看，暂且不说秉全的长短了，各人有各人的脾性嘛。其实，俺跟你家老大想的一样，论那辈分，近里就有讲究，远里也没个甚。"他见拜识频频点头，就把话头一转，道，"不过，俩娃的八字咋样，你请人算过没？这个，俺掐算了下，恐怕有麻达。"又见白兆年瞪起眼盯住自个，略作郑重道，"那八字关了里外几辈人，可不得马虎。再说了，亦如跟天骏这桩亲事，呼缙昌一开始并不乐意。只是他拗不过天骏娘俩，才勉强同意了。俺看，亦如娃灵圪巧巧的，不愁嫁人家。你若听俺的，俺准会给亦如娃瞅捏一个更帅正的。"他一边说着，一边打量着白兆年的表情。见可以下话了，便附彼耳旁叽咕了起来。

　　白兆年听着听着直起了腰身，又弯了下去，半晌才结巴道："这，这可是个喜，喜中有愁的事呀！然，然而，俺也不好拿主意。你可不知，玉青先把亦如给了秉全，又要回来给了秉中。这会儿她谁都不给了，要把亦如接回太州。好在天盈从中拨料，才使娃有了安顿。这个，你乍说，俺还没安生几天，你这不是又把俺吊在了半石崖上了嘛！"

帛柏霖见状缓了下口气，道："这事不忙。你再左来右去地好好盘算一下，完了咱拜识俩再拉谈。"说完重重在他肩膀拍了一下，悠着手杖去了。

且说白兆年真似吊在了半石崖上那般难受，上不是上的，下不是下的。若是放在年前，那个"喜愁愁"后面两字就不会有了。如今，呼家终于答应了这桩姻亲，而且俩娃又是那般啮合，这，这……他不能往下想了。然而，武知府寻上自家的门，那是多大的荣耀哪！若是以往，那喜得大半夜都合不拢嘴的。掂来掂去，他实在掂不出哪边轻哪边重。嗐，命运捉弄人！

帛柏霖心里有数，只要武子齐拿定了主意，一切不在话下。他懂拜识，那个"喜愁愁"重在"喜"字，"愁"字不过就是个"秋心"而已。等这恼人的秋天过去，那初光一闪就添成"囍"字了。

数日后，帛柏霖又来到白家。他踅摸道："人常说，一石二鸟。可这事是'一石三鸟'呀！俺说拜识，抛开你白家荣华富贵不说，你家那几个疙瘩也就顺势解开了嘛。"

白兆年埋着的头终于抬起了："可，可是，玉青那头还得招呼，毕竟娃是她的。再说……嗐，俺这老脸皮不要也罢了，可娃们往后咋个照面！"

"这个不难，俺替你想好啦。你先把俩娃的事放下，让秉全鼓捣去。等呼家知了俩娃的命相不合，这事自然就搁下了嘛。再嘛，呼缙昌本来心里就有疙瘩，嫌亦如她娘是个戏子。咱们这么个归结，他们心里不会有甚过不去的。"

白兆年的脸色在缓缓放晴，可显出游移不定的神色。帛柏霖见状，便使出了撒手锏，凑近他耳边又咕哝了几句。这下，他满眼放光起来，那个滚圆的大头频频点着，就像啄木鸟凿树那般。

帛柏霖乘势加码，道："不说其他了，单说武大人，他一世英武，很受朝廷赏识。下一步不是上京城，就是巡抚的茬茬。到那时，甭说你啦，咱扶苏也挺长脸的。你说，咱这地方出没出过个巡抚女婿？你哟，就算不为自个谋虑，也得为咱扶苏着想嘛。"

白兆年听了，那头点得更欢实了："老拜识的话，俺甚时不听！只是……好吧，你咋个谋虑咋个铺排，俺们都随你。"

话虽这么说，但他心里还是有些毛糙。这日，他把长子白秉中招来，道了帛柏霖的摆布，踅摸道："这事，虽说有些麻缠，俺看能行。不过，还得跟玉青商量一下。这吧，你给她去封信，探探她的心思。"

秉中听了，犹疑道："俺姐大概搬了家。上次给她去信，一直没见到回信。前些天兰敦益去太州，俺让他打问一下底细，也没个结果。"

"这个玉青，咋弄的嘛！不管搬到哪，总不能不吭一声嘛。你说，万一俺有个什么长短，她总不能不回来吧！"

秉中听了，半天不肯言传，沉思良久才道："爹爹，这么回事……"他斟酌再三，还是一吐为快，"俺姐和那个商人分开了。她不让俺给你说，怕你急躁。后来嘛，她到底搬到了哪里，也没给俺说。俺估摸，她心情不好，不愿跟人讫搅。再等等吧，她准会来信的。"

白兆年听了，脸色顿时暗沉下来。他一言不发，闷坐了一会儿才摆摆手，道："玉青命不好。她一人在外，俺们也帮不上什么。就是这个亦如，咱帮她带着，也是多有不顺。唉！这吧，你抽个空儿，去一趟太州。"

且说白秉中几天后去了太州，依然没找到白玉青。白秉全也多方打探，依然杳无音信。这事就搁了下来。不提。

且说摆平了白家，帛柏霖便去了武子齐那里。历经了这些天来的碰撞，他信心满满，就把直肠子倒了出来："继棠啊，俺这两天有个盘算。嗯，嗯，这么个，咱弟兄俩无话不说，无话不说！这个，你也快半百的人了，不说膝下恓惶，也得有个说话的人嘛。俺看，亦如伶伶俐俐的娃，又会弹拉又会说唱的，放你身边解个心焦，再好不过了。这个，俺前前后后琢磨了几天，也把白家那边……"

武子齐听了满心舒畅，可还是打断了他，顾左右而言他："这个呼兰大曲，真还不赖气，虽说名气不大，可喝着顺口。哎，咱兄弟俩今个只管喝酒，只管喝酒。哦，你整天掐这算那的，大概没仔细，今年可是我的本命年哪！后天，哦，是大后天，你来给我凑个闹儿吧。要说这辈子，我只过了一个本命年，十二满岁那年。两年后，我就离开湘南跟着左大人去了北边……"

"左大人，咋了？你不是一直跟着刘大人的嘛。"帛柏霖侧起耳朵，觉得自己大概没有听清楚。

"哈哈，那叫花开两朵，各表一枝嘛。这个你不知，我起先是伺候左大人的，后来才跟着刘大人到了河套那边。"

"原来如此。这么说，贤弟此生无憾哪！"帛柏霖说着跟他碰了一盅酒，"俺久仰左大人，可惜失之交臂，未曾谋面。这不能不说是此生最大的憾事呀！"

"老兄所言极是。所以嘛，嗐！不说这个了，那就喝，啊哈，咱今个一醉方休。哈，一醉方休！"

武子齐吁了一口气，又道："咱拜识今个莫谈国事。还是那个，一醉方休。哈，一醉方休，不醉不休。"

帛柏霖会意地一笑，缓缓举起酒盅与他一碰，转道："左大人不仅功盖中华，学识修养那也是有口皆碑的。俺还记录了他的一副对联，背得滚瓜烂熟，悟得脑清目明。做人做事，那可是终身受益啊！"

"嘿嘿，你说的是不是这个：发上等愿，结中等缘，享下等福；择高处立，就平处坐，向宽处行。啊哈？"

"就是，就是这个。俺想，贤弟耳濡目染的，那就更多了一番体悟。唉，古人言：将军一去，大树飘零。如今哪，一言难尽！"

武子齐端起酒盅，回了他一碰："百举有其缘，万事存其理。要说'悟'嘛，我倒是得了那么一点。哎，你说我为甚会到这里来？"

"天降大任于是人嘛！所以嘛，要你苦其心志，劳其筋骨嘛。"

"嘿，过了，一满过了！"武子齐用陕北话接道，"俺倒觉得这儿舒哉着咧：有猪肉钻鸡、油旋黑粉，不苦；有骡马接驾、暖窑热炕，不劳；有你这么个相知陪伴，不说困了，那简直是赏心悦目的嘛。"

"哎哟，说'赏心'罢了，要说'悦目'嘛，俺看还是佳人投缘嘛！"二人笑罢，盅子一碰。酒过三巡，话匣子才好钻捏。帛柏霖捋捋胡须，亮了心中的底子："跟你说正经事呢，你总兜圈子，嘿！俺看，亦如这娃不赖气，你呀，该有个打算嘛。"

武子齐自然听得明白。他一迟疑，便哈哈笑开了，又顾左右而言他。

帛柏霖看他不接话，想他有什么考量，遂转了话头："俺看咱这个地方跟西域有些仿佛，你这南来的人儿，应该早就习惯了吧？只是那些风土人情，大概还得熟悉一下。"

"都不搁事，一满不搁事。况且，我武家祖先是周平王的后人，往近点套，我们跟武曌是一家子。其实嘛，我的祖上原在山东，我的太爷的一支后来到了湘南。"

"这么说，你也算是北方人嘛。"帛柏霖恍然之余，又叹道，"可是，俺倒成客人了！俺祖上原居西域，是李世民把俺们迁徙此处，给他看守北大门呢。他似乎觉得两边风物相近，就这么折腾了。你看——"帛柏霖指着自己略带蓝色的眼睛，捋捋他那浅黄色的胡须，朗声道："俺们仰望着蓝天，遥想那巴尔喀什湖畔的草场……"

"嘿，真是老夫聊发少年狂嘛！"

笑罢，帛柏霖趁机转了话题："扯远了，不是，俺跟着你这弯弯绕，差点绕昏了头。咱还是言归正传，不正就不能传。这个，俺问你，你说说亦如娃咋样？你就痛痛快快地吐个字嘛，这是正传。"

"这个娃嘛，好，当然好。只是，我咋觉得这娃挺面熟的？莫非，她是……"武子齐嘟囔着，终于接住了话。

"要说面熟，那可不，大凡女女长得规整了，总是一见如故嘛。"

"嗯……"武子齐摇摇头，沉思片刻，又茫然地点了点头，打了个哈欠。

"你一会儿摇头，一会儿又是点头的，是不是落枕了？"

"这下，你才说对了。我这个脖子多年了，老是跟枕头过不去的。"

"那不正好嘛。让亦如娃过来，她有法子摆弄这个枕头的。"

"你呀你，三句话不离亦如。这样吧，老兄既然为我操心，那我还有一事，麻烦你去打探一下……"不等他说完，仆妇隔窗唤道："老爷，有客人。"

帛柏霖一看，便拜辞而去了。正是：

> 来是有缘去是风，来时与去事一同。
> 何须更问浮生事，只此浮生在梦中。

不知来客是谁，下回接叙。

第四回　遭失意嗟来更失意　陷迷茫叹后愈迷茫

　　且说武子齐见西川知县陆启良来了，便起身接应："哎哟，我正要找你呢。"待坐定，他听了陆启良的一番言语，便把西川训练警生等事务交代了一下。说到筹款事宜时，他笼统地说，要靠山吃山，靠水吃水，依靠地方势头想些办法。看陆启良连连点头，又生出一念，道："太州许知府那里，你也可以倒腾一下。他手头宽余，可以先挪一点过来。"

　　"这个，恐怕……"

　　武子齐看他犹疑的眼神，想想也是，这个让他出马确实不行。但把自己裹缠进去，也有不便之处。那既然安顿了，不能没有下文。突然，他想起了白如，如果白如就是白玉青，那这事，就有了转机。

　　"听说弟媳有个姑舅姐姐，叫白玉青？噢，这么个，我看，那个……"他一下不知该如何说了，顿了顿才道，"弟媳那个姐姐跟许知府有些交情。你嘛，可以通过她先在那边活动一下。"他看陆启良愣着，转念一想，道，"这样吧，你叫白如……"瞬间觉得失口，他赶紧补道，"噢，你叫白玉青回来一趟，我先给她个交代。"

送走了陆启良，他才觉得这是个意外收获。胡打乱撞中，竟然可以了了一桩心愿。是的，白如和白玉青是否一个人，这下可以眼见为实了。

且说翌日，帛柏霖又来到武府："昨天你说有一事，什么事？"

武子齐本来想让帛柏霖打探一下白如的行踪，这下暂且不用了。可自己说了那话，就得有个接应，便道："本来想让你找个丫头，可启良说，这事交给他内人就行了。"他这是见泥补缝，遇水凿渠。

帛柏霖一听，放下心来，回道："噢，这么个事。你就是让俺弄，俺也得交给天盈去秉办。好了，这桩事妥了，那么下来咱再拉谈一下那桩事……"他见武子齐起身到书柜前翻阅什么，只好静了下来。待武落座，他转念一想，道："俺看，那丫头先不用找，就让亦如娃过来伺候你。娃岁数还小，等过上几年才好……"

"才好嫁人？"武子齐接了这话，顿时也起了想法——不论亦如身世如何，放在自己身边要稳妥一些，强过待在白家，纷扰不断。至于将来嘛，那得走着瞧了。想着，便道："你这是给我弄个童养媳，啊？虽说……然而，那就这么铺排吧，我看行。"

帛柏霖见他这么痛快答应了，喜道："噢，这才像那个武继棠嘛！常说你行事利洒，可昨天你绕呀绕，绕得俺头晕目眩的。这不，昨个刚到家脑袋就撞在门框上了。"

武子齐见他伸过头来，看了看笑道："人常说，撞了南墙才回头。你这是撞了南门也不回头。啊？"

二人一起大笑。不提。

且说帛柏霖一锤定音，四下里虽有翻腾，也便安妥了。

白秉全自是欣喜，心里不停地嘟囔着：这武知府咋就一转眼成女婿了，至少成了俺的外甥女婿嘛！这将来，那式子不硬也得硬了，起码她呼天盈得仰视俺了，不应再讨她的窝囊气，再受她的掇打了。

白秉中则显得郁郁寡欢，整天丢三落四的，像抽了大烟那般，神起神落。若要问个长短，他也说不上个子丑寅卯，反正就是气不顺：这外甥女咋说也是玉青托俺门下，如此这般玉青不知，俺也成了边缘人！老爹咋能这么个弄事？所以，他心里多少有些憋屈，甚至恼怒。

最是呼天盈，使着劲踢踏白兆年的门槛，问了这天探那天，叨叨声渐渐提了音量。在她看来，这个舅舅使不上，主见不说了，歪好没点担当。她也知道，是帛柏霖从中使了坏。这气就不打一处来了。

"哎，老伯，你咋人前一套，背地里一套？不是你说的嘛，亦如跟天骏那是天造地设的一对。咋了，你老那根弦儿又跳了？你这般胡讫搅，费了俺的工夫不说，也把你的脸皮子弄没了。你说，你老老的人嘛，咋能这么个……"

依着她的性子，后面的话很是难听了，可她还是收住了自己的嘴。毕竟是帛柏霖，那个轻重分量、长短礼数，她不能不顾忌。

　　帛柏霖懒得与她废话。对这个知县太太，他从来是一半应付，一半不搭理。在这件事上，与其说他有什么考量，莫若说他也是被裹挟进去的。

　　说来话长。原来帛柏霖执意拆散天骏跟亦如，也受了兰敏益的蛊惑。这个兰家长女向来对那个"呼兰不择亲"的家规嗤之以鼻。当年她就撺掇二弟昉益跟呼天菲成亲，结果被爹爹痛骂了一场。后来，她又觉得小妹思益跟天骏很是般配，总是暗里对帛柏霖叨叨。兰敏益的心事抖动了帛柏霖的另一根神经，在他内心深处，挥之不去的便是伊锦若了。锦若本是他的孙侄女，后来过继给了伊家。从他的直感和揣算中，锦若跟天骏才是绝配。他也知呼姨娘放不下锦若，想把亦如和锦若都收归自家门里，弄个双珠戏龙的把式。这当然遭到伊老太的断然拒绝。揣摩得武子齐的心思后，他才意识到天机来了。既然几方都有意愿，何不重新洗牌？再说，锦若毕竟是他帛家的骨血，他自有定夺与担当的责任。所以，他就暗自操弄起来。只不过，他只完成了预想的一半。另一半能否遂愿？正在他苦心筹谋的当儿，却横天飞出了祸端。此为后话。

　　接回话头。且说陆启良看呼天盈愁眉不展，整天絮絮叨叨没个完，就劝她省些心，说从来是谋事在人，成事在天。夫君的话自然在情在理，而夫君的考量她又何尝不知？既然无力回天，就不如做个顺水人情。所以，她只能选择了承受。有分教：

　　　　缘来则聚，缘去则散。

缘起则生，缘落则随。

再说呼姨娘听了天盈的戚戚，欢喜瞬间成了冰凉。她正在为老二的头收收筹办满月席，一时心堵："唉！俺跟亦如娃说好了，明年就能过门了。可这……"继而埋汰天盈道，"咋不给俺早说，嗯？这会儿生米煮成熟饭了，你咋才记起了？要俺说，你也怕心不诚。甭怨张怨李的，整天跟那个帛老头子洗洗涮涮，许或要借着他攀高结贵了？罢了，罢了，若不是你瞎鼓捣，俺还不瞧他白家呢。"

确也是，呼姨娘的失落，多是心疼她的宝贝疙瘩天骏，也可惜俩娃多年来的厮守。就亦如本身来说，她是七分满意，三分保留。亦如的伶俐和解话，那是人见人爱的。可她沾点唯美品味，总觉得亦如的长相不如兰家的思益，也不如伊家的锦若。所以，几声叹息后，她依然平稳地为孙女张罗满月席去了。

呼家长子呼天翼已有三个光葫芦——登莱、登方、登瀛。外加一个独女晓春。老二呼天帆成婚多年，一直未出。如今得了这个二孙女晓觉，自然成了呼姨娘的心头肉。得失相冲，她更看重这个"得"。

"你也不是碎不点的娃了，该像个男人嘛！人常说：哪里跌倒哪里起。再说了，亦如娃也没个甚，比她强的女女多的是。俺看，你跟锦若就蛮般配的，论长相，亦如比不得。原先嘛，俺没凑劲儿，让你姐裹涮得没了主意，才把若娃撂下了。人常说，什么事也不冒。俺看，你就乖乖价，听娘的。咱这就给伊家上话。嗯？"

天骏瞅了娘一眼，撂下一句话："除了亦如，俺谁都不要。"便穿过几重回廊，振振而去了。呼姨娘望着他的背影，摇了摇头，略作沉思，就去了中堂。

呼缙昌则是另外一番心态了。短暂的窝心过后，又长出了一口气——这事既了了一桩心事，又燃起一丝希冀。虽说俩娃和顺，但他对亦如那个娘一直心存芥蒂。如今，这个"失"兴许是天命！可不是嘛，这下该向兰家上话了。兰铭勋呀兰铭勋，咱们那个"呼兰不择亲"端的就是戏要要嘛，乍该收场了。

"俺早先就有个盘算，就是兰家那个小女女思益。如今要说动骏娃，怕也只有这个了。从小天骏就黏糊思益，只是兰家不松口。不怕，俺这下非要拧动兰铭勋不可。"

呼姨娘唉了一声，道："你是歪脖子骑驴——头向一头扭！不是俺不愿意思益，当时你弄甚唻？如今埋汰兰铭勋，俺看你尿下泡尿照照个，是不是，是不是你们穿了一条裤子？这宝贝，那宝贝，俺看你俩捧个'呼兰不择亲'，比那金马驹还宝贝！真是想不通，你们那些陈芝麻、烂谷子的东西，还能当饭吃！就算你们呼、兰一个祖先，这也不知过了几个皇朝了，有什么碍事的？俺活了这大半辈子，只听说同姓自家不能择亲，还没见过你们这号板数。嗐！那个事就不说了，眼下骏娃这事，俺看就伊家的锦若了。"

她见他又吧嗒起旱烟锅子，戚叨道："天翼、天帆也好，天盈、天菲也罢，娃们命都好，顺堂起来不用人一点熬煎。就是这个骏娃，让人圈拉不住。命不好也罢了，还要胡拧趾，一满不听人说。唉！"

"骏娃不愿意锦若，那头就算了。俺说，你呀，光就瞅捏俊的，不看里外长短。你说，咱把天菲给了伊家，又要人家把若娃给了咱，这不是换亲嘛！就是你不怕旁人笑话，那个伊家母断不会应承的。"他见她默了下来，又道，"再说了，伊家这个女女，不是个省油的灯，咱骏娃拴拉不住她。"

她瞪了他一眼，就把他那旱烟锅子夺下，叹道："就会光嘴溜！你说俺瞅捏俊的，得是思益不俊了？俺看，思益长得不在锦若之下！"说着她又把旱烟锅子递还他，道，"若娃咋了？不就硬茬一些嘛。俺倒觉得，咱这大的家业，得有个硬茬的。"

他摇摇头立起身，撂下一句："这话，你跟你那宝贝疙瘩说去。"一出门，差点把侧耳倾听的天菲推倒，遂埋汰道，"鬼溜十七的，不正相。你也听了，俺就不细说了。凑劲跟你娘说去。"

天菲看着爹爹走到了穿廊尽头，才进了屋去。呼姨娘一见便拉她坐下，叨叨开来："甭听他的。你有身子了，管好自个的事。这家里的麻缠，你离得远远的，不要掺和。再说了，不管锦若还是思益，你都有不便的……"

呼姨娘说这话自有其考量，因兰思益和伊锦若都与天菲有缠绕。一个是她从小的要好，亲密投缘胜于亲姊妹；一个是她的小姑子，难免有瓜田李下之嫌。天菲见娘如此说，加之听了爹娘的龃龉，就不再吭声，超然度外了。

　　虽说呼姨娘只给呼家添得一子，可呼缙昌怜她尊她，成了坊间的趣谈。人们都说，对娃们那是"姨姨怀里闻娘香"；对他则是"妹子嫩怀胜姐香"。呼姨娘倒是有个偏心，她视天菲如同己出，亲不够，爱不够。有人说呼天菲是扶苏的二号"赛貂蝉"，她说这城里城外谁也比不过她家女子。呼天骏在男娃里，也是响当当的俊小子，更令她长气。她常说，看惯了自个的娃，总觉得别人家的上不了眼。即便是白亦如，在旁人眼里已是不错的俊女女了，可她还要鸡蛋里头挑骨头，说亦如长得有些薄妙，不如锦若和思益花哨。能进她眼里的，怕也再没几个了。而思益和锦若又是这般情状，这让她心灰意懒。后来，有人又说来几家，都让她一一推辞了。

　　呼缙昌知她难缠，就说让天骏先考举人，再谈婚姻。古人说书中自有黄金屋、颜如玉嘛。等他有了出展，再趔摸不迟。

　　却说白亦如走进武府，已是庚子的仲春了。前后的铺排并不顺畅，不说呼、白两家，单就两娃颇费了些周折。天骏先听说，亦如要被亲娘接回，且在太州那边有了人家。后来才知，她被武知府拐了去。这突如其来的变故，对他仿佛天就塌了一半。他想问亦如，可又见不到她。白兆年把亦如看管了起来，只说呼家给天骏又瞅捏了一房媳妇，叫她不得跟他再有来往。先前谁也没把事情说透，直到年后白秉全才跟亦如淡淡提了一下，并谎称这也是她亲娘的主意。这当儿，她才恍然过来。临行前，白兆年那是千嘱托万叮咛的，让她把武大人伺候好，只怕出了什么差池。

可是，这事娘到底知不？亦如朦朦胧胧的，未免忐忑。更让她揪心的，当然是天骏了。想着未给他作别，她心中很是凄楚。在寂寥中，她只有翻出他早先的诗页看看，未免对月伤怀、临风洒泪。更哪堪阴森的庭院、寂静的回廊、空当的居室，一起压向她，大气不敢多出。间或一声嗤怪子（即红角鸮，也称夜猫子）的鸣叫，也让她缩紧了身子。她后悔她的顺从，可不顺从又能如何！先前那般无奈，又被眼前的无助围拢。

她就这么忍耐着，却也没见异样的情景发生。除了弹弹琴，唱唱歌，再就是陪武子齐说说话，似乎并没有沾点什么伺候的味道。

这日，暖日融融，香尘细细，山上桃花，灿如云锦。侧墙外排列着七八棵大树，无不蟠干梢云，新绿垂盖。忽听一声熟悉的哨音，从那枝叶里飘出。亦如慌乱地跑出屋来，左顾右盼后，双手摁在胸前，缓缓向那侧墙靠近。继而，树荫里抖动出一张嫩脸来——那分明是她思念已久的人了。二人久久对视着，却不作声。远处的鸟啼婉转有余，像是替他宣泄着内心的孤鸣；而她只是抖着身子，模糊了双眼。良久，他给她扔来一团皱巴巴的东西，就一滑溜下了树去。她一怔，赶紧捡起摊开，见是一首小诗——

秋去又临几瓣春，落红只对惜花人。
不知忆我因何事，昨夜三更梦见君。

总算看到了他，读到了他的心声。亦如的心开始翻卷了，一如天边那云卷云舒。从树上到树下，他仿佛猴越林梢，燕穿堂楣；从侧墙到院门，她却是走走停停，沉默了好一会儿。待开得门来，她左巡右探，却不见他的影子。唉，莫非他又跟俺要起捉迷藏了？吁了一口气，她便隐在了门后，待他来捉，似乎又回到了往昔的情状。可等了半天，不见丝毫动静，她便探出身子逡巡起来。风儿带着花瓣飘在她的发梢，又轻轻落在了地上。她看着看着，便嘤嘤抽泣了。一转眼间，荡起的心水又被这朱门、高墙压了回去。凝重了几个夜晚，她终于铺开纸墨，完成了对他的和诗——

耳鬓厮磨几度春，抚琴已是梦中人。
侬心夜夜似桃色，捎去东风犹伴君。

几次撕掉，再捡起誊写；又撕掉，再誊写。她是用这种方式打发时光吗？是，又不是。这样的作答显然是不能给他看的，可是，她再也无力怎么来面对他了。就这么撕来誊去，一任晨鸟撩拨，夜莺婉转，全然没了意绪，心渐如止水。只有梦还在延续，不时翻转。最终她把这首小诗压在了箱底。正是：

青梅何在，对影犹存，花落似人人已去。
童梦几时，琴声渐杳，水流若恨恨益长。

欲知后事如何，且待下回分解。

第五回　书橱间抖出惊心作　玉坠子唤醒追梦人

　　且说武子齐见亦如这些天情绪低迷，心也沉到了潭底。他是不会哄孩子的那种人，其实他并未哄过什么孩子。他的一双子女，在他还没来得及哄的时候，便夭折了。后来，内人也撒手而去。孑然一身的他，过惯了东奔西驰的日子，养成了肃然古板的神情。只是在太州那阵子，他遇到了一位名叫白如的坤伶，才低眉温柔了一回。

　　这白如可不是寻常的戏子，诗书琴画那也了得。武子齐在朋辈的引荐下，与她相识，很快便迷醉在她那非同一般的温怀里。不只是英雄怜美，更是那才子惜才，佳人投缘。他收获了美艳与聪颖的滋润，感叹相见恨晚；她品味着英武与权势的呵护，翘企着甜美的未来。无奈他公务缠身，行踪不定，这让她饱尝了"天际识归舟"的滋味，忍耐了数不清的春风"入罗帏"的煎熬。

　　后来，在一次繁复的远别中，他失去了她。只因她有了身孕，又久久得不到他的音信，便匆忙嫁给了一位商人。

　　再后来，虽巫山云雨，不能撩拨他的枯心，只是一场场戏中戏而已。闲暇时，他总是一边品着茶酒，一边圪曩着："尽美矣，尽善也……一日闻《韶》，不识肉味。"他每每消解烦闷

的，就是回忆二人的往事。一日，他在整理书橱时，不意抖出了
几页诗稿来。噢，那是他俩曾经的唱和——

谁作梅花三弄，
拂动一帘幽梦？
小雨一番寒，
怅无端。

欲把新愁揉碎，
一望几重烟水。
何日是归途？
意踟蹰。

（调寄《昭君怨》）

这是二人第一次离别后，白如写给他的一首小令。他可从来
没有历经过什么酬应，但面对这哀婉凄楚、工整娟秀的字体，他
被深深地触动了。读着，品着，在夜风的拂撩中，他缓缓拿起
了笔——

休揉碎，
怕揉碎，
揉碎春难媚。
帘外风光好，

应共昭君醉。

绿水新池满，
浓情缘此最。
莫道水迢迢，
水长波更美。

（调寄《醉花间》）

他俩书信的来往，落款往往是"知名不署"。后来俩人约定，他是"知名君"她是"不署君"。二人往复的最后一封信，她是这么写的：

知名君：

大作胜似春光，与尔同醉……尝读李太白那个"燕草如碧丝，秦桑低绿枝。当君怀归日，是妾断肠时。春风不相识，何事入罗帏"。欲解不能解，底里莫辨。身无所系，意才缥缈。而今身心相煎，思梦相邀，故识其蕴。燕草者，君之萌；秦桑者，妾之浓。怀归与断肠，辗转与无寐，借一春风之趣焉！今于罗帏中，倏然性起，又填得一词，意不达而心往之……再拜，尚祈指教。

不署遥叩

左思君，

右思君。

左右思君又一春，

床头泪湿巾。

怨鸣琴，

恨孤衾。

谁解今生劳燕分？

命催肠断人。

（调寄《长相思》）

他在慌乱中给她回了信，自此却戛然而止。困顿中，他又写了一信，最后步她词韵作了答。似有预感，亦且悲怆。

左呼君，

右呼君。

左右呼君不见君，

莫非动离魂？

誓相亲，

聊共衾。

只恨残生南北分，

阴阳割晓昏！

（调寄《长相思》）

仆妇打断了他的云游，问道："老爷，今个想吃甚？"

他摇摇头说，今有个应酬，让仆妇跟亦如吃去。说时，亦如也踅进门来，缠着他也要去。这让他惊异了不少，旋即心里泛起一股暖流来。自从进得这门来，她总是显得那么矜持。除了弹唱时偶尔露出几点笑颜，很少能看到她开心的时候。若此像孩子般撒娇地缠住他，更是他头一次遭逢。他的柔心在翻卷……是的，她还是个孩子，闷在这偌大静谧的庭院里，实在是自己的不该。随即他拉住她的双手，爱怜地盯住她，乖哄道："完了等我闲下来，啊？那就明儿吧，我带你去个好地方。今个确是有些不便的。听话，嗯？"

仆妇见状，拉起亦如说："俺正要做猪肉钻鸡呢，你来搭个手。"

"嗯，听话。完了带你去个好地方。"他重复着前话，未免有些不忍。看着亦如踽踽落寞的背影，又是一阵子心酸。不提。

其实武子齐并没什么应酬，他是去协调处理一桩事端。原来扶苏道台章起弘大权独揽，私吞肥己，以高价倒卖公粮。这一行径遭到扶苏全城绅民的强烈不满，纷纷联名上书，要求储仓粮备荒。章起弘便以"部分米豆霉烂，禀明上峰，批准售脱"为由，我行我素，不理民怨。甚而又以饷银未曾领回，停发了驻地两巡防队的兵饷，官兵们便涌向府衙要饷要粮，事态一发不可收拾。这便是有名的"清军闹饷"风潮。

道台与知府同属四品官，不相上下。知府虽说掌管着地方政务，可道台是个肥缺，掌管盐粮分配、河道清理等，关系直通军机处，甚至成为朝廷监视地方的眼线。甭说知府了，就连巡抚轻易不会得罪道台。所以，权力膨胀的章起弘，上下其手，无利不贪。那些富商大户则百般巴结，"捐官"盛行一时。

武子齐早就看不惯这个扶苏道台，这下正好逮住了这么个茬茬，便要腌臜他一下了。

"咋，不认得鄙人了？甭黑眼，我是奉上面之命，来看望一下老弟。"

"哦，是继棠兄，你这大驾也肯下临寒舍！我说嘛，这几天老是眼皮子跳，原来……噢，好呀好！你这不前不后的，正好为我拿把主意。"

"我说你呀，什么日子不得过了，啊？你这个聚宝盆一年下来够我吃几年，还要行歪门邪道！如今青黄不接，地尽不毛，人多菜色，稍有不慎，恐激民变哪！这下，你捅了那个马蜂窝，真是'屎壳郎钻粪坑——找屎（死）嘛。"

章起弘听了一怔，旋而挤出一丝笑来。他知武子齐的秉性，说话既直且硬，便不计较，嘿嘿笑道："你甭在我面前哭穷。人常说，三年清知府，十万雪花银哪。你嘛，有八门头供奉，处处来钱。哪像我，只能抠着吃鼻圪痂，稍有不慎还遭人辱贱。这个嘛，本来嘛，我眼皮都不想眨一下。那些刁民、兵痞就不说了，眼下那些大户也不听话了。嘻！真是欺定东吴没兵了，不是？咱走着瞧，瞧吧！"

"我不跟你多说，上边要我帮你打理一下子。这吧，该咋弄，咋个收场，你比我还通趟。我只说一句，甭让那些人捣了你府邸，拉你出去喂狗。"

这下，章起弘僵住了。他瞪起眼，绷着脸，心里骂道：娘娘的，这个挨刀的武继棠！除了朝廷，哪个敢跟我这般说话？胸脯起伏间，他还是收住了。俗话说，人怕人，心里尿。对几任知府，他从来没有抬眼瞧过；可对武子齐，他还是不敢冒犯，除了恭谨，便是敬畏。所以，尽管对方出言不逊，他还是摁住了自个，只微微点了下头。

"那好吧，请你保重。人常说'山不转水转，得饶人处且饶人'。我看，息事宁人，防患于未然，方为上策。贤弟也是个精明人，不可一时糊涂，断了前程啊。"武子齐看他那副模样，也觉得自个嘴头子硬了些，便缓和了口气。

"哎哟，茶还没喝出个味道，就要走？"章起弘看他立起身，赶紧拉住，"这，这，我这儿有几瓶好酒呢，是当今皇上赐我的。你乍说，这个，我享用不起呀！正好，今个你来了，咱弟兄就一起……"

"一起拜谢皇恩。"

"对，对头。谢了皇恩，咱哥俩岂不就，就……"章起弘一手指天，一手拍胸，哈哈一笑，"就什么都顺堂了。啊哈？"那般自负里又夹带了些许恭维。

武子齐本想早点回去，可禁不住他的盛情挽留。另则这宫廷玉液也诱惑不小，便又坐了下来。

"噢，继棠兄，听说你把咱扶苏的'赛貂蝉'给搂走了，啊？不赖气，老兄身手不凡，艳福不浅哪！好啊好，本来我要上门道喜的，可那堆摊场搅拌得无法脱身。这下，噢，你说，再借个皇恩，愚弟这份恭喜虽说迟了些，却也是情绵绵义长长的嘛。来，来，我得先敬你三杯。"

"那就谢老弟了。"武子齐只管喝，不再言传。

"哎，原来……噢，本来我想跟许知府做个挑担，可让他那个四姨太给搅黄了。嗐，虽说我已有两房，可都是睁眼瞎，大字不识几个。你看人家老许，四房姨太，一个比一个知书达理。你说，我要是有这么一个，一个能给我提灵长智的，那，那你说，能惹下这堆麻缠事？嗐！两房尽是好吃懒做的，才把我逼得……"

"嗯，许寒咏的四姨太为啥要搅呢？"武子齐嫌他絮叨，点了要害。

"这个，这个你大概不知，老许的四姨太就是咱城里兰家的二女子，大号叫兰孜益；他家还有个三女子，大号叫兰思益，才貌比二女子还要拽。这全城里，不瞒你说，我就看上这个。你乍说，老许不给力，启良也说我鬼迷心窍的，圪蹴一旁净是瞎谴藏。你乍说，他明着骂兰家二女子，还不是做个样子给我看嘛。嗐！不过，我估摸，怕也不是四姨太的缘故。你说，我若娶了这个老三，许寒咏他，他能不吐酸水的嘛！"

"哎哟，你这是染坊门里吹笛子——有声有色的。"武子齐拍打着，抿了一口酒，接道，"我说你不糊涂，可尽干糊涂事。我看，你就是把蔡文姬娶了，也不会省心的。凡事嘛，不要总找个茬子圆腔，得自个把控好自个，才是。"

俩人谝着，喝着，一直到掌灯时分。

且说武子齐回到家，见亦如已在炕上睡了。如同往常一样，他坐在她身旁静静地看着，然后亲吻她一下，便欲离去。亦如这时嗯哼了一声，打了个转身，甩出一条腿来，再夹住被子吐了个梦呓。飘飘间，他的双眼蒙眬了，仿佛又听到白如的呢喃。

眼下借着酒劲，他内心些许有了蠕动，便悠悠着把她扳过身来，却见她脖颈甩出一个玉坠。借着微光，他看清了，随即一怔，便把那玉坠捏在手中搓揉着，看了又看。这是一块上好的帝王绿翡翠，同他先前给她的那个玉镯子是一等品质。这种玉很少在坊间看到，光线好时，看它绿得像流油一般，有股青翠欲滴的神采。难道……他顾不了许多，一下子摇醒了她，急切地问道："这坠子是谁给你的？"

她揉着双眼坐起身来，嘟囔道："咋了嘛？"旋而清醒过来，默默盯住他。他又复了一遍，她才接道："是俺娘给俺的嘛。"看他疑惑的神情，补充道，"今个是俺生日，俺想她了，就拿出来戴了。"

噢，怪不得，怪不得她那般黏糊，缠着要跟自己出去！原来如此。

"你该告我一声嘛，咱们一起为你好好过个生日嘛。"武子齐怪怨着，看她微微一笑，又愣了神，她的笑里分明透着当年白如的影子。

"你娘叫什么名字？"

"呵呵，不是早就给你说了嘛——白玉青。"

"那她，她还有没有别的名字？"

"这个，俺就不晓得了。"

武子齐略微失望地嘘了一口气。突然间，他掐着指头算了起来，从她的生日往前一推，哦，那个节点正吻合！而且，白如——白亦如，两者的意味一下又拨撩起他。一股澎湃翻卷开来，他一下抱起了她："亦如娃，你……"

这时，院门响起了急促的敲门声，他似乎没听见，心的奔涌在夜的抚慰里。只听门丁隔窗叫道："老爷，这么晚了有人来，怕是堂上有急事吧。"正是：

　　一生劳顿岂成空，半世亲缘付朔风。

　　孰料喜从天上降，三星普照赖阴功。

不知这大半夜来的是谁，下回道明。

第六回　白玉青夤夜闯深宅　兰思益决然破藩篱

且说武子齐听门丁隔窗唤他，才醒过神来，便缓缓放下亦如，出了门去。只见仆妇急急朝他走来，贴他耳边道："是个女人，说是从太州来的。"他一听一惊，被夜风吹了个趔趄，人也清醒了大半，结巴道："这，这个……让她，让她……你，你……你领她，到我的书房来。"

没错，是白如。虽说十多年未见面，但大模样没有多少改变。陌生的是她的眼神，还有那不似往昔考究的着装。

她看他却如当年一般。只是他显得沉稳了一些，眉心紧锁着疑问。

四目相对后，她缓缓沉下头去，理了一下思绪，抬头道："我从太州赶来，装了一肚子话，可……我……咋了嘛！"她一声放哭，这让他一个凛冽。而她也一个咯噎，看他那愕然疑惑的模样，便收了泪，捂住肚子幽幽道："我心痛哪！造孽，造孽，造孽呀……是你，是我，还是老天？"说完，便又流下泪来。

武子齐听她这么一说，恍然过来——眼前这人果然就是白玉青。噢，白如——白玉青，你终于浮出了水面！释然后的轻松，就如闲看池柳花岸，俯仰走云散雾那般。他显得若无其事的，顺手解开了领口，还不怀好意地眼巴着她，竟然扑哧地笑出声来。

她以为他被惊出了神经，也震得睁大了眼。

他见此状，端庄起容颜。却又是欲笑不得，欲哭无绪。低头寻思着，咋个来应答她……那就干脆来个汤清水利、开门见山好了，免得她又磨烦，遂笑道："嘿，你看你，我还以为咋了，你是操心亦如吧？咱这个女儿好着哩，有这么个知府老子，你还有甚放不下的心！噢，她这会儿睡了，你呀，甭把娃给惊着了。"

她猛然间凝固了，呆呆地看着他，喃喃道："女儿……你？"

再干脆点。想着，他把"干脆"做了一番修饰："亦如是你的女儿，当然也是我的女儿嘛。这个，我一到扶苏就晓得了。你把镯子遗在了我这里，我把它给了亦如；你把坠子给了女儿，却到了我手里。你看——"他拿出玉坠子在灯前晃了晃，折射出灿灿的光来。"如今这两样东西都在亦如娃这达了。你乍说，这么个！"

她渐渐松弛了下来，一激灵，身子晃了几晃。这态势，他熟悉。曾经的她，使他本能地蹴起了身子，却又恍惚起来。爱意在尴尬中滋长，一起一伏；欲念在亲切中流淌，欲止却撩。嗯，心肝儿，你终于来了……他不再犹疑，一扑而去，用那厚实的双掌扣在她的双肩。她仰起她那迟重的头，又缓缓低下，左摇摇，右摆摆。渐渐地，那身子滑溜了。他紧着扶住她，欲揽欲抱，一时不知如何下手。她闭了双眼，软塌在他的温怀里了……

久别再遇，一夜的颠鸾倒凤，自不消说。从来是：欢娱嫌夜短，寂寞恨更长。你想，那积攒了十多年的离情别绪，又经了这意外的惊喜，更难消歇。直到鸡叫头遍，二人才渐渐倦了，关照着睡去。

慌乱间她匆匆离开武府，回到了白家。想着夜里的情形，恍然如梦。哦，他依然像一棵大树，庇荫遮阳。她轻松地把一切交由他来定夺，宛如往昔那般。一切都摁在了二人心底，相机而动。于是，她若无其事地待了半月，便带着亦如回了太州。在外人看来，倒像小媳妇回趟娘家，顺情顺理，没波没澜。

且说亦如进入武府后，兰思益闻之窃喜，遽尔又莫名地不安和烦躁。想着天骏，欲前不得，不前喜又何益？徒然再添一番思绪，一桩失落心肠！先前她与亦如并未相争，说知趣也好，说谦让也罢，都因了兰、呼两家的那道藩篱。如今藩篱依然，可藩篱外的景致变了，变得触手可及。对天骏自不必说，她心里有数——若不是那道藩篱，亦如哪有与她比肩的分量？眼下让她不安的，就是锦若了。她知呼姨娘也听天菲递来音信，说呼缙昌已被呼姨娘乖涮得松了气。好在呼家姊妹一边倒，才给她了一些底气。如今曙光与阴霾同在，这可如何是好？反正不能再耽搁自己了，无论如何得要搏一把。主意拿定，她便去了兰昉益家，冀得亲兄的帮扶。

"二哥，俺想跟你说个事儿。"

昉益正趴在桌上写字，扭头看了她一眼，爱理不理道："你说吧，不碍事。人们都说俺一心可以三用的。"

她看他这般架势，来了气："那点碎事，放下行不行？"

他嗷嗷两声，只好搁下笔。然后擦了一把手，坐她跟前："说吧。"

"那个……天菲那个快坐了，俺想过去看她一下。"

他听了这话，睁大眼把她看了半天，才幽幽价怪道："你这话是甚意思？你要看她就去呗，莫非自个不长腿，让俺背着你去，还是……"

不等他说完，她就失笑地拍打起他："哎，哎，甭那个猴乞气。即便就是背俺，又咋！小时候你不是常背着俺去呼家，为甚？不就是套天菲的近乎嘛。"

"你甭拿俺开涮，到底……噢，噢，俺乍翻开了。你绕呀绕，绕了半天，原来是要去套弄天骏。得是？"

二人拍打着说笑了一阵，才进入正题。

原来昉益也是死恋着天菲，无奈那道藩篱阻挡，他只能屈就了城里安家的小女。后来他才明白，那道藩篱是虚的，是爹爹摆布姻亲的挡箭牌。从兰铭勖起，他的两房太太是城里蔡家和霍家的闺秀，到了他的两个儿子，也都是娶得城里的大户千金。至于几个女儿，他更是精心选配。大女儿敏益找了个进士，二女儿孜益嫁给了知府。拿起放下全是响当当的。在他看来，婚姻就得为家族利益谋算。虽说他对呼家的几个儿女打心眼里赏识，也曾动过心思，但真要论起结亲，他就搬来家规说事。呼、兰两家本是铁打的关系，再来结亲就是重复，不符合家族利益延伸。就好比下棋点了一手闲棋，虽然盘面厚实，但效率不高。高手们往往注重的是谋大局，抢大场。兰铭勋对自家姻亲的布局，就是抢大场谋略。所以，他把破烂不堪的"呼兰不择亲"修饰一新，做了挡驾的藩篱。

思益听了昉益的一番话，哭笑不得，埋汰道："咱爹算是钻进钱眼里去了，为着那个破玩意，不顾俺们死活。哎，二哥，爹爹有时还听你说，你就从旁吹吹风。就说，兰家也不在乎一个思益嘛。"

"他最在乎的，就是你喽。你大概不知，他让二姐夫给你瞅捏了几个有来头的官宦人家，可都让二姐给挡驾了。"

"其实，二姐对他那个'呼兰不择亲'早就厌烦了，她心里也一直撂不下天骏。要不，你给二姐再说说？"

"这个……你先别急，让俺再想想。"

"再想，黄花菜都凉了！"

昉益听了不再言传。他对爹爹再知底不过，即便儿女是一枚废子，他也不肯轻易弃掉，要想法谋得一些实惠的。况且对于小女儿，他是寄予更大的希望，只怕二姐也难说通他。沉思了片刻，他才回道："大哥嘛，靠不上，他跟爹爹一个路数。能跟爹说上话的，眼下就大姐了。这吧，俺先跟她拉拉，让她使点劲，咱爹或许还有弯转。"

果然，兰铭勋听了大女儿递来的话，心动了。一来思益的岁数不饶人，耽搁不起了；二来嘛闲子就闲子，下棋哪能步步要求高效率。只是那道藩篱，他已有言在先，总不能自个打自个的嘴巴嘛。想了想，便对敏益道："俺们老了，不说谋事，有时连事都记不住了。这样吧，这事你跟敦益商量去。斜来顺去，你俩去拿主见吧。俺嘛，跟你呼家大伯，也就喝喝茶谝谝闲去了。"

且说呼天盈听了兰敏益的絮叨，不觉心驰神扬，喜道："你家爷子松了口，那还有甚说的。看来，坏事里头有好事嘛！虽说亦如跟天骏蛮好的，可思益更顺当。俺们这头没甚说的，只是俺娘近来常叨叨锦若的长短。不过也没个甚，对思益她也看重的。下来嘛，就看天骏了。俺看他整天愁眉不展的，谁的话茬都不接。要不，让思益先跟他说说话？"

"这个好说，思益可会乖哄天骏的。"敏益见天盈兴致如此高，早先的谨慎一扫而去了。她俩先行打开了一船风帆。

且说这边潮平两岸阔，可风正了未必一帆悬哪，此时又有一帆徐徐张开。这天，兰敦益约呼天翼商谈这桩事，话还未润饱满，天翼却扯出一桩旧账来——

原来章起弘对兰思益念念不忘，见她仍待字闺中，又起了盘桓。趸摸来趸摸去，他猛地一个灵醒——这陆启良经常围着自己转，何不借驴推推磨？便把心思道了出来。陆启良知这事的前因后果，颇为棘手。可出于自身考虑，还是答应了下来。然而咋个摆布，他敲棋摆谱，晨思夜虑，最终想到了帛柏霖。二人心隔肚皮的一碰撞，要的结果却拍到了一块。如果把思益挪开，锦若的路就顺畅了。正所谓殊途同归。只是帛柏霖谨慎了一下，他要把几方的底牌摸透，才可下手。

敦益听了天翼送来的音信，良久才道："章道台对思益不死心，也算难得。可时过境迁，再要翻这本陈年旧账，未必明智。"

"那倒也是。俗话说了，好马不吃回头草。他财大气粗，权倾河西，遍地淑女可尽其选配。按理说，他犯不着这么做。俺估摸，怕是他看上了思益的才华。若他有了这么个贤内助，对他将来的仕途升迁，是极有好处的。"

"这个不是咱考虑的。天翼，眼下如之奈何？"

"让俺说，不妨试试。"

"嘻，敏益和天盈刚把炉子点着，咱俩却要捅这炉子……"

"这个不碍事。她俩忙她俩的，俺们只是探探虚实，再做议定。"

"唉！天翼，说心里话，俺一直对敏益、孜益有看法，要不是她俩从中作梗，这事早就锚定了。也怪老爷子没主见，任她们从中搅拌。如今，俺呢，对这两个丧门神，还有几分怯乎。你说？"

"真也是的，母鸡司晨，其兆不祥！不过，你家爷子放权与你，你就直起长子架势，顶上去。俺嘛，给天盈再敲敲边鼓。"

"你说，这么多天了不见帛老动静，其中怕有什么蹊跷？俺想，大概帛老只是应承了一下，他心里许或有什么考量吧。"

"管他有什么考量，咱先探探虚实，再说。"

"这个嘛……天翼，看来，这事先得跟俺家老爷子通个气喽。"

且说兰铭勋听了敦益的话，陷入沉思。虽说他对章起弘也有微词，可道台的能量他是知晓的，攀了这高枝对兰家以后有着怎样的底气，自不待言。前次因二女儿的极力阻止，他也就顺其所为了。这次章起弘卷土重来，那颗心就有了摇摆。既然兰、呼两家的长子有了偏心，那就随他们弄去。好在呼家还没正式提亲，回旋的余地还是有的。

兰敦益心领神会，自然就打消了顾虑。

且说二人再次碰面时，敦益看天翼没了一半劲头，问了才知，呼缙昌正打算向兰家提亲呢。敦益觉得事不宜迟，便决定碰碰帛柏霖。这天，他俩还没进十里铺，就见帛柏霖拄杖走来。还没等他俩招呼，帛柏霖扬起手杖指指天，又捋了一把胡须，道："由天不由地。天满了，地收了，你俩甭费神了。"说完扬长而去。

敦益还在愣神，就听天翼道："他那话，你解下没？他是说，那事让天盈挡驾了，俺妹夫陆启良成了缩头乌龟。"

"嗨，一个孜益，一个天盈，兰、呼两家的丧门神！"敦益只有徒唤奈何。

好在事情瞬间勒马，未起什么波澜。呼、兰两家便平顺地坐在一起谈婚论嫁了——这是彼此第一次为姻亲所做的铺排。那道藩篱与其说是兰思益，倒不如说因众力所及，才摇晃着坍塌了。

天骏对思益这个姐姐从来不打马虎，一接茬便是顺溜。他似乎又捡回了童趣，对思益的黏糊渐生渐长。比起亦如，思益则是另外一窗风景。一个似映日荷花，一个似探春的结香。不同的气质和品性，赋予了两姐妹不同的底蕴。对于天骏来说，姐姐则多了一份呵护，一种体察世情的厚度。所以，他在失落中又活泛过来，甚而全然一副"此间乐，不思蜀也"的超度了。呼、兰两家也在互通有无中敲定了订婚时日。正是：

> 曾同莲子将湖染，又见仙姬会返枝。
> 信是至诚能动物，愚夫犹自做花痴。

欲知后事如何，且待下回道来。

第七回　困两头锦若没奈何　解一题柏霖使妙手

且说高原的仲夏，炎热而短促。人们手中的扇子还没扇出凉风，川道的大树便把秋风扇了过来。这天上午，呼姨娘正在院里清扫树叶，只见伊家丫头贵贵闯进大门来。她一愣，就听贵贵气喘腔咽道："俺三嫂，要生了，生不出。俺三哥叫你快点过去。"

原来呼天菲难产。伊老太又不知去了何处，锦荣、锦堂家俩媳妇折腾了半天，硬是没有一点法子。好在呼姨娘赶来及时，才将娃拉了出来。

经了这事，呼姨娘对伊老太颇多微词。儿媳临产，你却跑十里铺寻魂去了？平时絮叨着最疼三儿媳，就这么个疼法？拉倒吧，往后再有个什么差池，俺得跟你伊家没完！不过，她还是适可而止了，多是因了伊锦若。

虽说天骏跟思益已成定局，但呼姨娘还是放不下锦若。她对她的宝贝儿子有着海式般的设局——让思益做大的，锦若做小的，这俩姐妹平时也能合得来；再把月娥、晴儿俩丫头收了，既肥水不流外人田，用起来还得心应手。她就这么一个宝贝圪蛋，期待着儿子给她生出一堆孙儿来。不把自家田地经营厚实，遇个天灾地难的，多有歉收之虑。

再说伊老太风闻了呼姨娘的埋怨，隐忍不发。与其说因了天菲，其实还是缘于锦若。那天，她确实是寻魂去了，这魂儿便是锦若。

伊锦若其实是伊老太的内侄女。只因伊家阴气式微，伊老太便从娘家随便抱来个女女，应个门户，以此想改改伊家的气脉。谁知这一抱却抱成了养女，后来锦若便随了伊姓。可锦若一直两头厮混，三天这头两天那头，看帛家亲娘重于伊母。伊老太为此心生不快，骂她喂不熟的狗。一次，呼姨娘婉转提醒，让伊老太把锦若送回帛家，倒还省心。

"女儿嘛，终究是泼出去的水嘛，谁来泼还不是一圪板板。让她亲娘去泼，你还少了一份揪心，不应眼泪吧唧地常常念叨。"呼姨娘如是说。

这理不虚，但她难以割舍。随着锦若渐长，她却改了念头——这碗水还是不能乱泼，不如把锦若送回帛家，然后再娶过来，给三儿子锦松做了小。思定，她便懒于揪留锦若了。后来，她把如意算盘道与锦若生母拓氏，一开始拓氏也乐见其成。谁知经了呼姨娘的拨弄，拓氏打了退堂鼓。一来因呼姨娘是拓氏的堂姐，姐姐的话，妹子自然听；二来还是那个理，重复走棋效率差——姑舅姻亲虽说亲上加亲，但对帛、伊两家的利益延伸没有帮扶。再说了，呼家门楣更高些，择高不就低，那是多数人家择偶的路数。

然而伊老太憋了一口气，怎肯善罢甘休。想：哪能全由了你们摆弄，歪好俺把娃养大的，俺这达不成，他呼家也甭想成！可要拿回主导权，还得把锦若套牢。于是，她开始踅摸对应手段了。

时机终于来了。那次因锦若上山爬树跌伤了腿，伊老太便果断下手了。她先请太医给锦若疗伤，百般照应抚慰，然后给帛家寻不是，压挑子，埋怨他们疏于管教，把个好端端的闺女弄成个野小子一般。一番指教后，顺茬就把锦若揪拉了回来。几经权衡，她用悲情来乖涮锦若，一把眼泪一把鼻涕道："那边是你的亲娘，你亲她俺也没说的。可你是俺养大的，不说银钱了，光辛苦费都算不过来。俺不要你偏心谁，也不要你听谁的，你且也大了，应该解话了，自个得有个主见嘛。"

伊母这么一说，正中锦若的下怀。她本来就是个自由性子，厌烦束缚。这下一松绑，正好能信马由缰了。她把几边的亲事捋了一捋——天骏虽说入眼，但中规中矩的，欠点什么。尚且她不愿做了思益的陪衬，受人指使。那就先行啪嚓掉；锦松那是姑舅三哥，从小打打闹闹、黏黏糊糊的，论亲那是没说的，论情则是另外一番光景了。若要嫁给他，别扭圪几的，那般情调未免有些硌硬。再行啪嚓。中她意、合她口味的，是那种带有野性且"坏坏的"后生。而这道菜，她急忙摸不来。

这天，她与锦松下棋，博弈间她说了伊母的那些操作。锦松听了，说自家娘尽会胡折腾，不如听他的摆布。

"那你说说，你咋个摆法？"

"这嫁人娶媳就跟摆棋一样，要走当头炮还是挺兵、跳马，都得弄清自个长短，还有对方套路。比如，俺喜欢架中炮，昉益多是跳马，秉全常常挺兵。若是后手，那就要看对方怎么走棋了。"

"净瞎说。棋那点玩意，咋能跟人比？人的天地大了去，那点方框装不了！"

"大小一理。老天再大，蚂蚁再小，都不是转圈圈嘛。"

"俺不跟你犟……那你说，俺是架中炮，还是跳马？"

"你嘛，当然是跳马了。"

说话间，她用马踩了他的炮。二人却争执起来。

"会走棋不？这别腿马还能吃炮，谁教的？"

"除了你，还有谁！"她笑着从他手里夺回炮，"三哥，就算让俺一子。不然，俺就输定了。"

二人便继续下着。突然，他又叫道："你这过河马咋走了田字？"

"嘿，三哥，一盘棋你得让俺两次。不然，俺赢不了你。"

"这次不行。俺没车了，棋还咋下？"

她哈哈一笑，把车还与他，却又拿走他一炮："这该行了吧？"

他无奈摇摇头，拼死简化残局，结果弈成和棋。她还要与他弈，他甩手要走，她不依，把门死活摁住，央求道："再下一盘，这次不要你让俺。"看他执意要走，便眼睛一滑溜，道，"再下一盘，俺以后就，听你摆布。这买卖得成？"

"好了，俺还有事。"

她玩出了兴致，便撒不了手，拉住他硬是不依。见他僵着，趁机又道："再下一盘，俺嘛就听咱娘的，嫁你。"

锦松听了一愣，随即笑道："就算俺愿意，你三嫂那头不行。"他看她等着话，接着道，"你三嫂伺候不了你。"

锦若这才放开他，嘟囔道："走你的，俺才不稀罕！"

他看她如此模样，拍了一把她的肩膀，道："俺真格有事。那就晚上吧，俺教你几个绝招。"

她听了，转过身来拧了一把他的耳朵，道："多吃点脆骨，把耳朵整厚些。甭耷拉两只软耳朵，听了猫叫还以为碎娃哭呢！"二人遂拍打起来。不提。

却说亦如久久不归，武子齐又回归了寂寥。一时的兴奋过后，接着便是阵阵志忑。隐约觉得白玉青还是单身一人，似乎又有不便言说的难耐。所以，他对二人分离后的境况也做了回避。短暂的相聚，留给爱抚都有些不够，只能将余念寄存给余光去消解了。

帛柏霖见亦如随娘回了太州，便有了猜想：莫非这娃有了身孕？自古有这"梨花海棠"的说辞，况继棠身板硬朗，应该宝刀不老。嘻，天有旋，地有转，他总算有个起解了嘛。想着，手杖就掇进了武府。

"呵呵，见罢你多时了。快坐，快坐。"武子齐也不招呼仆妇，亲自给他沏茶了。

"从没见你这么殷勤过。许或又有什么央求俺的了？"

"可别说，我还真有一事求你。今咱一起慢慢品对。"

帛柏霖听他这话，一时竟摸不着头脑了。他估摸了下，却想歪了，模糊道："俺想，是不是要给娃起个名字了？"

武子齐一下愣住了：莫非他知道亦如是我的亲女儿了？

想着，就听帛柏霖笑道："这有甚好遮掩的嘛。有了娃起个好名字，能光耀门楣的嘛。俺说继棠，这娃应该是属牛的，土命。你是金命，土生金嘛，不赖气！"

武子齐越听越觉得不对劲。亦如是土命，这个没错，可她是属狗的，离牛远了去。他不至于犯这么个小糊涂吧。玉青说暂且不告诉别人，可正卿兄不能算别人，还是给他说了吧。想着，便道："老兄今个犯了迷糊，咋连个牛狗都不分了？亦如娃是属狗的。我父女不只五行相合，属相也般配的。"

这下轮到帛柏霖瞪起了眼珠子："你父女？这个……"

"哈哈，没想到吧？甭说你受惊了，我也是刚刚惊喜过来……"武子齐遂把内情给他细细道了，提醒道，"白玉青就是原先那个白如。老兄你，不该不知吧？"

"俺咋能不知！记得那次碧云茶庄的事不？记得俺说的'只怕误了几回，直把扶苏作一回太州'吗？不过，亦如是你和玉青的娃，这个俺先前不知。"

武子齐舒心地笑着，呷了口茶才道："其实，我一开始就有猜疑。或者说，冥冥中有个东西在拨撩着我。所以，你要把亦如娃放在我这里，我则是要印证一下自己的感觉。那个感觉嘛，咋说嘛，就是那般地疼，直往心里头钻哪！"

"可不是嘛，骨血里头亲着呢！那次玉青回来，神秘分分的。有人猜疑，说你跟那个'丈母娘'有了麻达。嘿！这下得拨乱反正了。不是？"

"这个嘛……好，好，今儿不谈这个。如今，亦如娃还没认我这个老子呢。"

"也好，容后再议。"帛柏霖品了一口茶，幽幽道，"如今，你也算有了靠了。尚且，亦如解话，玉青体贴，这个，也算老天照应嘛。"

"可不是，本以为晚景凄凉，不虞斜阳恋锦，老天佑我！这个女儿得以天助，大概会有出息的。"

"要说出息，女儿嘛，找个好人家就对了。俺看，这个没一点麻达。"

"那就完璧归赵，把亦如还给呼家。你看？"

帛柏霖摇摇头："俺说继棠，亦如娃如今有了靠，不要着急。还是那句话，容后再议。再说了……"他咽了后面的话。

武子齐满心舒哉，只顾喝茶。吐了茶渣，他才缓缓接道："搁搁也好。俺这心，也得搁搁了。"

帛柏霖一听大笑，道："这搁搁，那搁搁，这让俺想起纪晓岚老婆出的那个上联。"说着便以茶代墨，在桌子上写道——

月照纱窗，格格孔明诸葛亮；

武子齐看了，摇头道："这个联俺见过，不好应对。"

"先前那个纪昀夸口说：天下未有不可对之对。他老婆闻知便给他出了这么个硬茬，令纪某人头疼。随后好事者纷纷试刀，至今未有满意的对者。我想，你那'搁搁'一来，这个'格格'手到擒来。"

"这个联嘛，说难也难，说不难也不难，得有个对茬的人才行。"

武子齐说着，且见帛柏霖一拍桌子："有了，有了！老弟呀，你名'子齐'字'帅正'，你看，这么一捏合，咋样？"说着便在桌上写出——

风传列阵，每每帅正武子齐。

武子齐看他写出这么个下联来，微微点头，却又摇头道："老兄对得倒是工整，只是，这么个对法还是牵强了。你说这个，名人须用名人来对嘛，这龙头猴尾的，不搭调。况且，我还没作古嘛。"

"你再仔细品品。"帛柏霖重重吸了一口茶，叹道，"品诗如同品茶嘛。其实，这个下联只是借了你的名和字，意趣却大有来头。想想这个'每每'所指，不就是从左大人到刘大人，再到武大人嘛。"

笑罢，武子齐说还缺个横眉。帛柏霖若有所思道："俺看，这上联的意思嘛，隐着一个'白如'；下联嘛，罩着个'亦如'。那横眉就弄它个'白如亦如'。你看如何？"

武子齐遂笑道："你这脑瓜子，的确不比常人。这吧，亦如现已归宗，劳兄给娃重新赐个大号，以承宗祧嘛。"

帛柏霖捋捋胡须，失笑道："俺才才要给亦如的娃起名，这下又要给亦如娃起名。你乍说，这不是差之一字，谬以千里呀！"

"不谬，不谬。多出的这一字，与其说你对我的盼头，不如说是我对亦如的期盼嘛。"武子齐顺着他的话，也幽默了一把。二人一起大笑开来。

帛柏霖遂问了亦如生辰八字，便掐着指头算开了——"好了。你看这个咋样？"说着用茶水当墨，指头作笔，写出"从圆"二字来。

"不错，我看不错。这个'武从圆'嘛，是有眼界的。老兄不仅能掐会算，也蛮有境界的嘛。"

帛柏霖呵呵一笑："若没这个'从圆'，那个'月照纱窗'从何谈起！俺看，你的福运已到。往后若再得个男娃，那就叫'从剑'了。"

"呵呵，不错，也正应了你那个'风传列阵'了。哈，我看，你就多列几个谱儿，鼓捣着就有门戏了。"

说时，仆妇踅了过来，道："你们不能光喝茶啊，饭好了，在哪边吃？"

武子齐正要接话，却见雏大川急匆匆地闯进门来。正是：

半世风光半世愁，尘烟散尽意无休。

若教眼底无离恨，不信人间有白头。

不知雏大川为何这般急切，下回道来。

第八回　晋中蜂拥河西乱起　侬心难耐郎身何从

　　且说雒大川递上一封公函，上写"马上飞递"字样。武子齐赶紧打开，锁着的眉头慢慢舒展开来，遂把信递给帛柏霖，道："这个许老弟，遇事总要来烦我。"

　　帛柏霖莫名地接过信来，只见寥寥几行字：

帅正仁兄大人阁下：

　　老佛爷已到太州，蒙召见。太后谕曰："汝忠心且有才干，将来定当大用，望好为国家效力。尔后如有所见，或有重大事宜，准尔专折具奏。"余伏受国恩，忝承重负。而弱身难当，力有未逮。诚惶诚恐之际，盼兄速来太州，一商要事。

愚弟许寒咏顿首

　　他看完沉思了一下，对武子齐说："看来，你得走一趟了。眼下接驾的接驾，护驾的护驾，好不忙乎。听说甘肃提督也带了人马前去护驾了，挣一份功劳嘛。俺看，于公于私，你都得去应个卯了。"

　　"这个老女人呀，嘻！撇下京城，撂下百姓，只管自个逃命。真不如跳井投湖算了，留个名节。这般狼狈相，竟然招来大批献殷勤的。嘻！”

“身居庙堂，由事不由人；心系江湖，由人不由事。这个嘛，你比俺通晓。据说，这个许寒咏人还不错，对上对下都拿捏得住。看来，老佛爷对他有意思了，只要不出意外，前程无量啊！”

武子齐想了下，道：“他有量无量与我不干甚事。只是，你说的这个‘于私’嘛，还沾点边。好吧，我听老兄的，明个就过黄河去。”

且说武子齐带着两个扈从到了太州，才知许寒咏要给慈禧上奏折，力陈十事，且又拿捏不好，便邀他过来相商。几经推敲，二人拟定了这么六条奏议——

请下罪己诏。

请派王公大臣留京，办理善后事宜。

请刊行在朝报，俾天下悉知乘舆所在。

各省义和团余众，请饬疆臣酌量剿办解散。

请饬各督抚宣谕逃匿教徒，各归乡里。

请饬驾外大臣遴保通达时务人才，破格任用。并注意出洋留学生，量才登进，俾得循途自效，免致自投他国，有楚才晋用之诮。

慈禧对许寒咏的奏议颇为称心，遂交军机大臣商酌采纳。其时，人马结队，鼓乐喧天。地方上大小官吏趁此难得机遇，争相报效，以示忠心，纷纷给慈禧献出金银玉帛。膳食服用更是百般周详。

许寒咏安顿妥当，自然要做一番引荐了。可武子齐说自个空身一人，如何见得？他笑道："帅正兄，你这个清水衙门也得改改了。这吧，我先给你垫着，完了再说。"

武子齐问多少？他给出几个指头，摆了摆。武子齐一看，摇头道："这么海式的，你拿得出，我可还不起你的哟！老弟，我看就意思意思得了。"

许寒咏哪里肯依，道："你这身架，少了不行。再说了，老佛爷这般恓惶，我们不帮谁帮？眼下洋人到处肆虐，可有些百姓还在助纣为虐。国难当头，我们要救国，只有先救皇上和皇太后了。这些不说，你也解下。眼下这般紧要，你得掇量掇量。况且，这对你是个难得的茬茬嘛。"

武子齐瞄他一眼，黯然道："老弟一片苦心，我何尝不知，可河西不比河东啊！当下民众都为这捐那税的闹腾，我也是疲于应付。这下我再来个雪上加霜，这颗心往哪儿搁呢！"

"这吧，我这里你暂且不用考虑，慢慢还我。咋样？"

"那么，干脆点，你就包揽了算了。啊？"二人笑罢，武子齐接道，"听说，北上的李大人奏请老佛爷立刻回京，以安抚混乱局面。你说，堂堂大清王朝的'九五之尊'流亡四野，像个什么！"

"这个，你也知，这个义和拳是老佛爷一手鼓捣起的。你说，除非洋人善罢甘休，否则她哪敢返京？这会儿，她觉得太州也不安宁了，非久留之地，便想着要去西京。估计再过几天，就要起驾了。"

"噢，乖乖！你这一说，倒让我想起了张养浩。一个赴关中赈灾，一个却要去关中逃难。唉，还是那个字'苦'啊！一部历史，百姓苦；一部元曲，也数他的苦。"武子齐说着，便吟咏起张养浩的那个《山坡羊》来——

峰峦如聚，波涛如怒，山河表里潼关路。望西都，意踌躇。伤心秦汉经行处，宫阙万间都做了土。兴，百姓苦；亡，百姓苦。

"有这般闲情逸致，不如做点正事。"许寒咏调侃他一下，又道，"我打算把老佛爷护送出境，再来清剿拳患。这个，这么个……要不，让她娘们随你回去——噢，就是我的老四和我的六女儿。她娘儿们好几年没回过娘家了，眼下也要学着老佛爷的板样，想回趟河西避避祸乱。正好碰上这么个茬茬，托给你，我也省心。"

"呵呵，你呀！要不是章起弘，我还蒙在鼓里呢。你说，你这不是金屋藏娇嘛，连俺扶苏的花魁你也探得着，真是身手不凡哪！不过，眼下这兵荒马乱的，弄丢了她，我可赔不起的哟。"

许寒咏回笑道："这个章道台，他在你面前肯定没说我好话。先前那点锅汤没烧开，还能怨谁！其实，那桩事与我无涉，我从不裹缠那些东西。不过，对你例外。"他看武子齐蒙着，压低声音道，"我说老兄，如今你孤身一人，该有个帮衬的。你看，兰家那个老三咋样？咱俩若能做个挑担，那该是一副什么样的光景！"

武子齐听他这般说，自然动了心。有人说兰家老三是扶苏的头号"赛貂蝉"，这章道台都玩不转的，自个也怕悬乎。迟疑间，又听许寒咏道："我知你在想甚，你与他是两码事嘛。有我来操弄，这个，保你马到成功。"

"看来章起弘说得没错，你是拦路虎。他还说了，你爱吐酸水。可别在我面前，你一边喝着小酒，一边吐个没完。啊？"二人一起大笑。不提。

且说武子齐忙完事，便惦念起白玉青母女来。这日，他正要派雏大川去打探一下她俩的行踪，忽收到西川县发来的加急信函，说乡民拒交"烟囱捐"，聚集了几百号人到西川城里闹事，要他尽快赶回。他只好把雏大川留下，叮咛了些具体事宜，道："河东这头，有半拉子路不好走，不如换成'驾窝子'。再者，不得喝酒。听说那个兰孜益喝酒当喝水，除了你不能喝，也要把她管拉好。"言毕，自己带着另一扈从疾驰而归。不在话下。

且说雏大川几经考量，把许寒咏备好的三畜车辇辞掉，另雇了一个驾窝子，便带着兰孜益母女上路了。这驾窝子其实就是骡马抬轿子。通常是把一台大轿子，架在前后几匹骡子之间，吆着上路。对于路况不好的崎岖山路，这玩意比车辇好多了。遇到路况好时，一天也能行个七八十里地。

一路行来，倒也顺风顺水的，没遇到啥阻碍。只是他骑在马上，懒洋洋地陪护着这个驾窝子，快不得慢不就的，未免憋屈。要不是兰孜益那个贴身丫头让他生了些许怜惜，那就更为熬煎的了。看这丫头，倒是个蠊首蛾眉、桃腮樱口的小巧女子。只是这娃貌妍心冷，言多话少，常常让他欲近不前，欲搭无由。

兰孜益看在眼里，知这后生起了心思。平心而论，二人还是蛮般配的，只是许寒咏把这丫头许给了他的远房外甥，若不然……嘻！几天的相处，她对雏大川好感连连，可这丫头对他冰言冷脸的，未免让她急躁。若在平常，她也许会对丫头叨叨几句，或对大川有个照应。可此趟行程弄得她昏头涨脑的，提不起一点神——先是四岁的云鹤不安水土，闹了几次肚子；后是这丫头突然身上来了东西，没个抓拉的，让她措手不及。再就是夜间的狼嚎鹰叫，令她备受惊扰，夜夜失眠，天天头痛。

雏大川只好收起性子，闷着头来呼哧呼哧往前赶。到了黄河东岸的古渡，这才让他长出一口气来。他辞掉驾窝子，把她们安顿到一家客栈，便谋虑起渡河事宜。来到河边一看，黄河涨水了。两岸渡口阒然无人，连个船影子都没有。他知道搁渡了，可又心不甘，跑到驿站去打探情况。人家告诉他，还得一两天才可过河。

兰孜益听了，眉头一挑，身子倒轻松了不少。这下也好，在河边停停，休歇一下，理理行囊，宽宽心绪。虽说归心似箭，望故乡却不再渺邈。

这天，四人又来到河边，只见河水依然湍急，拍打着对岸。间或有几个人影，伴着几声狗吠，却仍不见船的影子。兰孜益倒有些耐不住性子了，她不住地瞧瞧雒大川，似乎在他的眉宇间能捕捉到什么来。他心里也急，嘴上却淡然，劝慰道："这河水没个一定，来得猛，去得也快，看样子明后天就能过河了。"

"那敢情好。"

"等咱过了河，那就一满没麻达了。"他看她投出疑问的眼神，才悠悠解释道，"俺是说，那边路好，俺给咱弄个三畜车辇，走快点一天就可到家的。"

她闻言苦笑了下，道："俺倒不心焦，只是这个鹤娃一满不安生，整天闹腾……哎，大川，将来能在这达修个大桥，该有多好。"

他瓮声瓮气道："还没听说黄河上能搭桥。"

"俺倒听说了。据说左大人那些年头跟洋人拉谈过，趄摸着在兰州那边架个桥。不知为甚没谈好，就搁了下来。"

"那得要问问武大人了。"他话一出口，便拉了回来，"照这么说，等许知府把官做到了京城，俺看在这达弄个桥，不会有麻达。"

她一听，媚了他一眼，低下头咯咯笑开了。他莫名地看着她，想：莫非自个的话有什么毛病？她似乎看出了他的疑惑，便微微颔首道："算俺走眼了。这么多天，看你稳盘似仙的，说话不多一个字，不少一口气的。嘿，总以为你是个木头桩子，没想到……呵呵，真没想到，你还会绕嘴八匝的！"

他笑笑，不再言传了。她摇摇头，叹道："只怕咱们等不到了，娃们能等到就好了。"说着，一个巨浪拍上岸来，溅了她一身泥水，她一紧张就喊叫起丫头来，"孛儿，孛儿，快把鹤娃揪留好。"只见孛儿拉着云鹤戏闹着，听到叫声，便抱起云鹤朝这边走来。

晚饭后，看着孛儿陪云鹤睡去了，兰孜益突然起了心潮。这天是她与雒大川说话最多的一次，回味着，颇感愉悦。一阵思量后，她便来到他的客房，说她嘴馋了，出去一起喝个小酒。他磨蹭了一下，想着快到站了，便陪她进了一家酒坊。二人坐定，她要了两瓶汾酒、两瓶竹叶青。她给他斟了一杯汾酒，给自个满了一杯竹叶青。举杯时，才见他摇起了头，拿起茶碗说："俺不会喝酒，就这个吧。"

她颇感意外，便盯住他："那，那，你这是……"话刚出嘴就打住了。她突然灵醒，他是为了陪她喝酒而来的。这些天她也感觉到了，只要她说的，他就按她的去做，从没拧跩一下。可眼下这酒，让自己一个来喝，还有啥味道！想着便把两个酒杯倒了过来："那么，喝点甜酒总可以吧？"

这下他与她碰了。放下杯子，他挺了挺胸脯，正经道："夫人，俺今个犯禁了。就这一杯，若是武大人知了，都得处罚。"

"嘿！这个武子齐，真是一介武夫，只管他自个喝。甭理识他，有俺挡驾。再说了，山高皇帝远嘛，除了天知地知，还能咋？"

"这个，武大人走时给俺千叮万嘱，说照护好你们，不得出一点差池。这个，请夫人体谅一下武大人。"

"俺才不体谅他呢。"她说着，自管自喝了一杯，微微一笑，"不过，俺得体谅你。这吧，逢事成三，你再喝上两杯，这个甜水子也碍不了什么事儿。"

他把两杯碰完，就端直看她喝酒了。她又一笑："大川哪，你一路忙前忙后的，够磨烦了。今个又这般……哦，俺是说，你是个细法人。不过，这会儿算是失手了。哦，你就不怕喝倒了俺？"

"夫人酒量俺知，一斤不倒。"

"呵呵，你是听了哪门儿的风声？不过，有这么个英武后生陪着，喝倒就喝倒呗，还能出什么乱子？"她看他正襟危坐的模样，故意摇晃了一下身子，道，"才才说了，俺得体谅你。这酒嘛，那就留着回去喝。"

"不碍事，夫人海量。听说，夫人作诗填词也了得。"

他这一说，她一振，随即摇摇头道："老皇历了。人常说，感于心而后发于声嘛。如今哪，人虽不老，心却荒了。辱没得像个困在笼中的鸟，早麻木了，还能吟风弄月……不过，这次出来，俺倒是有了点感发。今个，站在黄河岸边，肚里翻腾出这么个东西来，不成模样。你就给咱顺啦一下。"她一边说着，便口占一词来——

一水晋秦隔望，两村鸡犬闻风。

咫尺宛如千里路，洪浪恰同百丈峰。

千年路不通。

若使虹桥飞架，何须彼岸放声！

天亮出门他省去，日暮回家谈笑中。

任凭风雨浓。

（调寄《破阵子》）

"嗯，蛮上口的。夫人通达，词便畅快。俺看，这个造化总会来的。本来嘛，嘿嘿，那就……为夫人这般心境，俺还是冒它一次吧。"雒大川显然有了触动，犹豫了一下，把辫子往后背上一甩，便自斟了一杯汾酒，与她碰了。

她喝完放下杯子，用手绢轻拭嘴唇，低眉偷了他一眼，忍不住咯咯笑开："这个大川，净哄俺，让俺怎么担待？要罚你，不忍心；要不罚，嘻！今嘛，俺看咱都不应喝了。你看这晚霞多美的，明儿准是个好天气。还是那句话，留着回去喝。"

"夫人金口玉牙。那，俺就自罚三杯。"

她看他，从信赖到依赖，那目光是正定的；从依赖到依随，这顾盼就多了乜斜。先是他躲闪她的目光，随后却反了过来。她硬撑着，突地眯眼一笑："真也是的，你看俺，说不喝的也喝了不少，这身子软不啦叽的，咋像个泥鳅嘛。嗯哪，来……"

他见她伸出了纤手玉腕，缓缓递了过来，一咯噔，却又把持不住。迟疑间，他起身搀扶起她，送她去了外间。待她返回，看他一边喝着小酒，一边嘴里哼哼着："任，任凭那个，风雨浓……"

"风浓、雨浓、酒更浓！来，来，甭窝屈了俺那个词句。"

　　二人遂眉开眼笑的，兴致也渐渐浓起。又喝了一气，他看她两颊绯晕，双眼沾糖，好像杨妃醉酒一般；她看他像景阳冈上武教头，歪着腿，晃着身，却透出一股英气来。朦胧蒸腾起黏糊，黏糊间愈发朦胧。于是，二人相拥着融化在酒浓中了……正是：

　　　　　竹枝浸酒笑言堆，处子无心心也随。
　　　　　素幔张时风絮起，红丝牵动晚霞飞。

　　欲知后事如何，且待下回分解。

第九回　情有钟静心难平静　意无绪烦事愈磨烦

且说武子齐接到西川县的告急信，就急忙从河东赶了回来。

原来，西川知县陆启良奉武子齐之命，训练警生、开办学堂，多方筹措起来。本来这是个顺时而为的善举，可他因资费拮据便擅自开征"烟囱捐"，以每个烟囱年征收制钱三百文，在民间强行征纳。而这些年头，西川等县偏又遭了天灾，民众日子都难以为继，更是雪上加霜。所谓官逼民反，就有几百号乡民聚集到西川县城，请求免除这"烟囱捐"。陆启良火头子一冒，就把几个闹事的首领抓了起来，投进牢房，严刑拷打。这下可不得了，闹事民众推举出新的首领，队伍越集越大，强闯县衙，捣开牢门，一发不可收拾。

武子齐看着垂头丧气的陆启良，气不打一处来，揶揄道："你，你，成事不足，败事有余。常说你脑瓜子还利，就这么个利法？点子不多，火性倒不小。我是说了，靠山吃山靠水吃水，就这么个吃法？我看哪，你这是靠着烟囱抽大烟！过瘾不？嘻，这把瘾好过，那把铃就难解了！人常说，解铃还须系铃人。你拉下的这摊屎屁屁，自个拾掇去。"

陆启良干瞪起眼，他真不知道这摊屎屁屁该如何去拾掇。武子齐看他这副模样，气便消下了半截，想：歪好他是呼家的女婿。那心便有了担耐。遂叹了一口气道："事已至此，怕是没退路的了。不过，弄事还得要仔细些。我看，就以退为进吧，好好价琢磨一下这个缓兵之策。啊？"

陆启良这才醒悟过来，连连称是。回去后，他只好放下架子，与闹事首领商谈了几轮，答应了他们的一些要求。事态暂时归于平息。

不几日，雏大川携带兰孜益母女平安到站。两头的事儿都已了结，武子齐总算睡了个好觉。这晚，他又梦见了白玉青，醒来后怅然若失。想想也怪——白天里自己总在想宝贝女儿亦如，可梦里总是跟白玉青讫搅。这次去太州，未见到她们母女，心里像是吊了个秤砣，沉甸甸地圪拽。这日午间，他正在云游，见雏大川陪着个俊俏的女子走进门来。看那女子，面呈椭圆若瓜瓢，肤润凝脂恍云飘。眼波澄碧，棱角细致。发作浅褐色，蓬松披在削肩上；脚蹬皮质靴，显然一双大脚板。俯仰得体，顾盼欲飞，真一个横波再世，小宛降临。若此女子，哪一个不瞪目张嘴，夺魂摄魄！

看他愣着，雏大川似有所悟，赶紧做了介绍。兰孜益便捷步上前，莺转鹂啼道："武大人眼高，不肯下视。小女子倒是见过大人的风采——还记得那年太州的新军演练不？"

武子齐这才立起身来，嗷嗷道："原来是许夫人。早就闻知兰家的三朵金花，可我只见过那个老大。快坐，快坐。"唤她坐定，他详细询问了她们一路的行状，佯狂道："我只怕大川喝酒，捅出什么娄子来。还好，哈哈！这下，我就可以给许大人交差了。完璧归赵，哈哈，完璧归赵。啊？"

兰孜益听他这话，扫了一眼雒大川，秀腮上飞出不易觉察的两朵绯晕来。雒大川则慌眉突眼地摇晃了一下身子，把眼光飘向了窗外。窘迫间，她还是老到，就这也那也地夸赞了一番大川，说着说着漏了嘴："他呀，什么都好。就是喝了酒，有些那个疯……"见武子齐端详起雒大川，她慌忙转了话题，"本来，俺早该拜访大人的，听说你忙着打理西川那边的事，才延搁到今日。嗯，俺今个来还有一层意思，就是弄个桌子，不说答谢，也就红火一下。嗯哪，你可一定得赏脸哪。"

武子齐听了，笑道："好啊，好。这个……不过，该我先给你洗个尘嘛。"不管兰孜益怎么叽咕，他掉转头对雒大川道，"你给白秉全打个招呼，就明天，碧云茶庄。还有，帛老那头你也道一声。"

翌日下午，雒大川把几路人马招呼好了。兰家只来了三姐妹，还拽来呼家小妹天菲。佳人俱是粉黛薄施，淡妆点金。帛柏霖夸赞了一番她们，说笑间却等不来武子齐的大驾。白秉全正欲起身，忽见雒大川陪着武子齐匆匆走进门来，他赶紧接驾。武子齐扫了一眼众姐妹，不等落座，就抱拳致歉："刚才碰到个急事，不好意思，让……"抠捏词当儿，就被兰孜益接住了："让四个傻妹子傻等，真是望眼欲穿哪！"

一阵哄笑后，帛柏霖也玩笑了一把："过了，一满过了，孜益这话不当。人常说，傻婆姨等汉，等了个空叹。俺看，咱这达婆姨都不傻，也没等空了嘛。来，来，秉全看着把酒斟满，今咱都得尽兴啊。"

武子齐又巡视了一下众姐妹，最后把目光落在呼天菲身上，不禁有些讶异。原先他与她有过照面，虽说匆匆间一闪而过，那风华自不待言。眼下这天菲近在咫尺，仔细瞧了，倒像揉捏后的百合，虽韵味不减，却是一副蔫不啦叽的样子。

兰敏益睹此，便说了些天菲如何如何难产，又如何如何身子不适的话。帛柏霖顺嘴插话说，天菲那只是阴阳不调，以后慢慢会好的。

这时，兰思益扑哧一声笑了，瞬即便捂住了嘴。武子齐这才打量起她，感觉到她的不俗来。想起许寒咏的那段荤话，他浑身一阵澎湃。兰家这小妹使得——虽说她不及二妹子花哨，却是淡然中透出一种超凡脱俗的韵味来。帛柏霖暗暗戳了他一把，他才缓过神来。一咯噔，就把什么架子全扔到呼兰河里去了，忙不迭地说："让才女们久等，我就干脆，先喝上它三盅，算是自罚。啊？"说着三盅酒下了肚。

兰孜益当然也察觉到了这细节。低眉间，她突然反应过来，抬头叫道："咋了，武大人，夫人呢？"见他跟帛柏霖交换起目光，便显狂道，"亦如是俺扶苏的沉鱼落雁。这个，你犯不着金屋藏娇吧？"

帛柏霖这才见识了许夫人的嘴巴。他想：这层纸终归是包不住火的，可眼下还得要包，那就先打个埋伏吧，遂道："你们也知，武大人为国尽忠，疏于理家，至今膝下恓惶。到咱这里后，见亦如这娃伶俐，弹拉吟唱也不赖气，就动了慈怀，收她做了养女。这个，玉青也很通达，没什么说辞。只是想消停一下，再来告知大家，没想到让你们误会了。啊哈，这下你们乍翻开了吧。"说着，他见白秉全怔怔的模样，圆场道，"玉青跟武大人原来就相识。她这么关照武大人，其实也是为亦如娃着想的嘛。"

武子齐在尴尬中轻轻点了点头——这老兄弄事还是滴水不漏。想着，就听兰孜益接了话："既如此，当是好事，也该恭喜的嘛。"说着，戳了一把大姐。

兰敏益起身端酒，道："虽说大人跟俺妹夫是结拜兄弟，可当面聆教还是头一遭。若不是孜益，俺怕没缘分给大人敬这杯酒的。来，今个所有的祝愿全在酒里了。"说完便一饮而尽。武子齐笑笑，也不答话，随她而尽。

兰孜益笑着也端起了酒，先与他一碰，再道："南唐冯延巳有词曰：'绿酒一杯歌一遍，再拜陈三愿。'俺嘛，与君也发三愿，一愿大人高升，二愿亦如康健，三愿如同梁上燕，垒窝明年见。"

帛柏霖一听，哈哈大笑起来："俺看，这第三愿最当紧。孜益，你人脉广，好好价给武大人瞅捏上一个，赶明年就能抱上一窝了。啊？"

一阵笑后，兰孜益佯狂道："武大人哪，可瞧得上咱这穷仡佬的女女？你们听没听过那个《七笔勾》的海嘈？说什么'可笑女流，鬓发蓬松灰满头，腥膻呼呼口，面皮赛铁锈，黑漆钢叉手，驴蹄宽而厚，云雨巫山哪辨秋波流。因此上把粉黛佳人一笔勾'。你乍说，武大人咋肯低眉迁就……"

不等她说完，武子齐打住道："那可不是正经话，纯粹是一派胡言嘛。我走南闯北不算少，见识了大半个中国。若论文化，论女流，咱这里也算上乘的嘛。就说咱扶苏，那可是貂蝉的故里喽，代代相承，风华不减哪。像你们兰、呼、白、伊儿大家子，比上比下都绰绰有余的。啊？"说着，又扫了一眼兰思益。

帛柏霖见状，心想：这老兄真是鬼迷心窍了。早给他说过了，兰家这小女女名花有主了，使不得的。嘻！想着就把话岔了开，对兰孜益道："你那个'三愿'拜过了，可'歌一遍'还没兑现呢。咋个，是不是给咱来一段信天游？"

兰敏益却接过话来："孜益哪里能唱！要么，叫俺小妹给武大人唱上一个曲儿。"说着便给兰思益递眼色。

对这个大姐，她从没违拗过，可……兰思益慌神间又瞅瞅二姐。只见兰孜益盯了大姐一眼，道："虽说现时不大唱了，人也老塌了，可帛老让俺唱，俺就不能愧对武大人。唱得好赖不打紧，只要能唱得武大人动了心……"

只见兰敏益一口把酒饭喷了，然后抱着肚子没死地笑。大家一瞬间也明白过来，可谁也不敢造次。

武子齐睹此状，呵呵一笑："这个孜益啊，你就是把我唱得动了心，又能咋办？我可不敢哪，哪怕动得你一根毫毛，河东头那个人肯依？虽说我的功夫比许大人略强一些，可你说，这手心手背都是肉，我下得了手嘛。"

大家这才跟着笑了起来。只见雏大川偷了一眼尴尬的兰孜益，俩人一对视，便都埋下头去了。不提。

且说兰孜益回来后忙忙乱乱的，里事外事一大堆，穷于应酬，心都漂浮了。该来的月事没来，她也没在乎，以为颠倒了。又过了月余，她才觉得不对劲，静下来突地起了反应。没错，跟怀鹤娃时一个样。她暗忖道，一阵喜悦涌上心头。自生下云鹤后，她再也没怀上过，未免熬煎。不说多了，再生个一男半女的，云鹤有个靠，她也能在那个大家族长脸嘛。可万事由天不由人，她只能耐心地等待着。盼不来，想不来，不盼不想却来了。正所谓：有意栽花花不发，无心插柳柳成荫。

喜着，喜着，心头又一颤，肚里这娃……她这才想到了古渡那晚的尴尬。俩人正风流快活着，正欲入港，却被孚儿的敲门声止停了。那几声闷响把雏大川惊呆了不说，她也瞬间慌张起来，羞愧难耐，自责不已。好在……她想着，要不然这肚里的娃真也说不清了。原先她多少有些怅然若失，埋怨那毛手毛脚的孚儿；这下子她倒是庆幸了，多亏了孚儿的毛糙。想着，便摊开纸墨，给许寒咏写了一封信。

回信让她意外。他叫她安心在娘家待着，等坐完月子，再回太州来。多少天的喜悦一下随风走了，融了暗暗的田野里。不说这坐月子有讲究，而且……唉，那只能听夫君的了。心慢慢安抚了，那躯身子却又躁动起来。是的，所谓身心，其实是分离的。她的心在夫君那里，她的身却不由得往雏大川这边晃。白天，她盼着夫君的来信，哪怕是墙外一阵驴蹄子的踢踏，她都要探门而望；夜里，她听着窗外的猫叫，只要有一点门的响动，她就猜想，会不会是雒大川黉夜闯宅？

这日，她无聊间上了层楼，凭栏望去，一股凄凉袭上心头。此时正是深秋时节，川原萧索，冷风飒飒。一个铜盆大的晚阳，只留得半个在山坳里，容颜如同坐完月子的少妇，欲白不白，欲彩无绪，被枯叶衰草恓惶着。收回目光，却见墙外一块平地上，几个碎娃用罗筛套住一只鸟，嬉闹着。忽而放飞，忽而拉回——原来这鸟被一根长长的线绳缚住了。幼时她也这么耍过，一次把个小鸟的爪子拽断了，为此伤心了好几天。

正在凝神，兰家大哥踅了过来，悄声道："俺有个事，跟你拉拉。"俩人回屋坐定，兰敦益搔了搔头皮，才道："前天帛老给俺说了个事儿。好像是说，是说那个武知府对咱小妹有了意思。这事你知不？"见她微微点了下头，又道，"这又是一个崖畔畔，喜愁愁。不过，孜益，俺想听听你的主见。"

她不接话，只顾摆弄手镯子——抹下来，套上去；再抹下来，再套上去。他见她这般凝重，只好悄然一旁。良久，她才道："你的心思，俺解下。可是，一来咱爹那里好不容易转过了弯子，不说铁板钉了钉，也决不可当成儿戏。二来，咱思益跟天骏蛮般配的，二人性情也搭，方方面面都靠牢。三来嘛，唉……"

"什么天骏不天骏的，都是敏益胡折腾！咱爹也不知咋了，那个'呼兰不择亲'是上了铆钉的，咋就能随意松动！俺说孜益，咱家几个姊妹门当户对不说了，那进士、那知府更是响当当的。你说，思益哪点不比你俩？可这个呼家，论门楣倒还罢了，若是论天骏那娃子，嫩皮嫩脸的，有时还痴呆。将来嘛，也不会有什么出展。这个，俺跟昉益拉谈过了，他说，兰家的大事就咱俩来铺排。只要你能有个态度，咱爹那头好说。"兰敦益边说，边瞅着她。从她的脸色来看，有几分不悦。

"态度俺当然有，那事不成。你们别再给爹添乱了，好不？再说了，你们不心疼思益，俺可是心疼她的。"

他一听她这话，脾性突地躁了，也不管她是谁的太太、谁的宝贝，摆起了长子的架势："哦，哦，好像俺们把思益往火坑里推，就你好！甭再显眼了，你以为你是……哼，昉益没你亲？人家一个衣胞产的，不比你心疼！"

大概觉得自己的话有些爆了，兰敦益便守住了嘴。静默了一会儿，他欲言，却终于没能说出来，便端直起身走了。

兰孜益哭了。是的，这个大哥从来没对她这么横过。况且，自从做了知府太太，哪个不对她恭谨有加！即便是老爷子，对她都是慢声细语的。若是放在先前，她二话不说就甩手东去了。可眼下，她只能压压火气。不管咋说，这肚里的娃当紧。有道是：

闭月羞花几度违，几回佳丽待深闺。

问谁挡道为谁泣，百事恼人一事催。

欲知后事如何，且待下回分解。

第十回　逛街庙抽签惹思绪　择新居解困释前嫌

且说兰孜益被大哥呛了一下，难过了几天。静下心来想，自个这嘴也不当。许太太的架头摆惯了，嘴头便少了个把门的。嗐，即便是亲兄妹，说话也得有个分寸。想着，便豁然开朗。这头一松弛，便又想起雒大川来。古渡那晚的撕扯，固然因了酒精，可酒精消弭了，欲念却固执下来。不时莫名地搔心，阵起阵伏，这种感觉先前不曾有过。大概是闲来生非吧？想着，便独自笑出了声。

这天晌午，她午睡起来后，照例洗漱一番。百无聊赖间，看看窗外天色不错，便带着云鹤和孛儿上了街。一来图个散心，二来嘛，说不准还能碰着雒大川呢。便绕着大理河畔转了个圈，她逗着云鹤，给孛儿指指点点，尽量把脚步放慢，眼光却不放过匆匆的行人。虽说这似大海里捞针，却强过守株待兔。云鹤不肯走了，孛儿背起了她。

兰孜益也觉得该歇歇了，抬头时看见娘娘庙，一想何不进去抽个签子？便拉着她俩进得庙来。静穆中她抽得一签，看时却是个中平签子。上曰："天气逢辰转太和，心期雨泽渐滂沱。总说藏器时犹待，一自秋成好稼禾。"

她看着，琢磨着，似明似黑地摇摇头，轻轻叹了一声。寻思间，便叫孛儿也抽得一签，看时是个中上签子。上曰："姻缘造物自相接，休叹凡间事莫谐。此地好听琴瑟奏，莫教夜雨滴空阶。"

孛儿自是欣喜。虽说她看签子如同看星宿，不辨稠稀，然这"中上"显然好于"中平"嘛。兰孜益见状，一笑道："此地好听琴瑟奏？这说辞有兆头！孛儿，看来在这儿你会有好运气的，不要老念叨着回太州了。"

二人相视一笑，便又捐了几文钱。

从庙里出来，她心头又蒙上了些许烦躁。看着来来往往的行人，听着远远近近的吆喝声，间或一疙瘩黑白相间的人团里，飘出说书人的拿板作调。她才意识到今是个集日，便若无其事地逡巡起来。唉，这完全还是小时候的那般光景。自从做了许太太，她再也没能置身这般俗境中，想来也有几分隔世之感，又生了几许喟然之叹，便对孛儿说："走，咱到八角亭那边瞭瞭去。"

三十三颗葡萄六十六颗枣，
四妹子虽好那个眉眼高。
六十六颗荞麦九十九道棱，
四妹子虽好是人家的人。
…………
天上那个起云响雷声，
地上那个树儿止不住风。

妹子你拾掇起想干甚，

撑起把雨伞就不见了人。

…………

刚上亭子坐定，信天游随风撩拨过来，惊了林鸟，皱了秋池。她不由得循声眺去，茫茫然不见人踪。嗐，自个又漂移了，他怎么会来这里呢！索然间风儿飘来，又起了一阵子的泼烦。她意绪无定，俯远近斑驳，仰天地迷茫。

孛儿睹此，心神随之流连，遐思未免飘溢——从古渡那些天的遭遇里，她显然有了触动。加之刚才那个签子，更让她闹心。虽说四婶没直说，但她能感觉得来——莫非四婶想重新洗牌，把俺许配大川？

兰孜益从孛儿的眼神里，似乎也读到了一些东西。她静静看了孛儿一会，正欲唠叨，却听得有人唤她，显狂道："你这大门不出二门不迈的阔太太，怎肯露脸儿，就不怕被人瞧了去？"她回头一看，却是呼家的天盈——她少女时期要好的伴儿。一瞬间，她就喜上眉梢了。

"咱又不是黄花闺女了，还怕谁瞧！你呀，过去稳坨奄奄价，待人接物总是那般品姿搁言的式样，几年不见就变得活妖似的，跟谁学来？"

天盈见她语态平缓，面色淡定，内心一抖，赶紧接道："哎呀，俺知你心里结了个疙瘩。可别埋怨妹子，好吗？你也知……"

"俺知，俺知——俺咋能不知嘛。陆知县，他还好吧？"

"他差点被那些乡民给吃了。嘻，那些天，俺也把心提到了嗓子眼上，担惊受怕不说，还遭人辱贱。你说，不是妹子不抬举你……"

孜益再次打断了她："刚说你活妖似的，咋又变得烦沓起来，咱姊妹俩还用说这些话嘛！"

"你说，俺才才回到这边，正要给你支桌子呢。也好，你大概应酬得差不多了，俺就给咱来个收摊，把那摊场弄得红红火火的，把咱们的兄弟姊妹全邀上，再雇上一班吹手，几个亮嗓门的……"

孜益这才笑出了声："哎哟，不说你了，越说你，你越来疯。你这是出嫁俺，还是咋地，啊？哟哟哟……"

二人笑着拍打在了一起。听见了云鹤叫喊，天盈才注意到不远处还有两个人。她仔细打量了一番字儿，又过去搂住云鹤看了又看，叹道："鹤娃长得这么大了，将来又是一个'盖满街'哟！"遂一把抱起云鹤，边亲着边对孜益显狂道，"你这是咋弄的嘛，这么俊的娃子就不说多生几个？看看人家，骨碌骨碌的，滚下了一满炕的。"

"人家看不了！你也不就一个辰溪嘛，还笑话谁来。"

"嘻，俺那女子咋能跟鹤娃比嘛！再说了，俺还有个辰浩呢。虽说不是亲生的，但俺看他亲，娃也没把俺当成后娘……"

孜益听她这般磨烦，再也扛不住了。她撩撩头发，看看字儿，才道："俺和你婶子拉拉话，你跟鹤娃先回去，晚饭就不用等了。"

看着孛儿背起云鹤走了，天盈才道："走，干脆到俺那里去。俺那达啥子都有，咱俩边做着边拉着，甚也不误。"说着拉起她，刚走出城门，就见一骑疾奔而来。近了，那人翻身下马，正要跟兰孜益说话，却一怔："陆夫人咋也在这达？"

见这情状，天盈看看孜益，疑惑道："怎么，大川，你也认得许太太？"听他把先前那个护驾过程道了，她才恍然一笑，"怪不得，怪不得你不上心，原来，原来如此！"说着，她又诡异地瞧瞧孜益。那一说，这一瞧，可就不得了了。大川慌眉突眼与兰孜益一对视，赶紧跨上马背，把辫子往脖颈上一缠，头也不回地撂下一句："俺这会儿要去西川送个急件，你俩慢着聊。"便似落荒而逃那般去了。

望着他绝尘而去，天盈摇摇头："你说这个后生，平时可没这般毛躁嘛，稳实起来让人着急。唉，你可不知，武知府要俺给他瞅捏个女娃，俺好不容易拼对了一个，人家那是水圪灵灵的好女女嘛，可他就是不应承。许或，他是看上你家那个丫头了。"

妈哟，你吓死俺了！就说嘛，俺还当大川那个臭嘴巴漏了风……兰孜益想着，吐了一口气，这才轻松地接道："天盈，你这眼窝子也够毒的。没错儿，大川是看上了孛儿。不过……"她顿了顿，就道了实，"不过孛儿已定了亲。俺看，你就再费点心，大川这么个英俊后生，用不着多费劲的。"

"可不是嘛，这阵子俺又想着把俺家丫头给他说呢。俺看，还是你家孛儿合适。哦，定亲也不算个甚，就看大川有这个福气没……”

二人就东家西家的女女如何如何，谝开了。拉着拉着，兰孜益就把自己怀孕的事给她道了，征询道："老许让俺在这里坐月子，可孴儿这娃一满待不住，当下就想回太州。麻缠还多着呢，在娘家坐月子有讲究，怕得要赁个地方的。你说这？到如今，俺是左思右想，拿不定个主意。"

"这有甚麻烦的，就听许知府的。丫头嘛，就是个使唤，还能由了她！赁个地方，你就不用管了，俺大哥抽锅子烟就给你秉办了。你常不回来，这下子正好，住上个一年半载的，咱姊妹俩乍把那肚里的东西往外掏。"

孜益自是欣喜。她拍了拍天盈，也妖了一把："跟你厮守一起，不说少了劳顿，少了烦恼，还能让人多活几年！"二人越说越起劲。不提。

且说这天，兰敦益趑进门来，也不吱声，闷着头在地上踱来踱去的。兰孜益正在打理家什，见他这般行状，瞪起眼琢磨着，不知他哪儿又不舒服了。少顷，他不再转悠，一屁股坐在龙椅上，干咳了两声，才道："你为甚要在外面赁地方？"见她不理不张的样子，接道，"这个，天翼给俺说了。"又见她欲言不言的模样，加重了语气，"就是想赁个院子，俺给你弄不了，还是咋地？你这不是……嗐，丢人也丢在家里嘛，你把这人丢在了外面，到底为个甚？"还见她不言传，这下他来了气，"就算俺这个当哥的说了几句重话，你也不至于要搬到外边去住嘛！"

看把他憋成这副模样，她心里好笑。本来，她是要把怀孕的事先告知大姐的，让兰敏益再慢慢传开。看来，这远水是解不了近渴的了，不说出那个事，这误会也没法子解。可妹子咋好意思张嘴，对哥去说这号子事嘛！

静默中，只见他咯噔一下跪在了地上："哥给你磕个头，哪怕千刀万剐俺也成，你就甭给咱兰家丢，丢人现眼了……"

这时，丫头凤儿走进门来。

这事若让旁人知了，那还不磨破嘴皮！孜益急中生智，不屑道："俺说大哥，就为一个铜钱弯腰马趴的，把裤子弄脏都划不来。"遂掉转头对凤儿道，"你看看，恶心人不，掉地上一个铜钱，就这般撅股子尥蹄的！"

再说敦益感觉有人进来了，急忙想往起站。一听孜益那话，便装模作样在地上寻找了起来。这般架势，凤儿焉能看不出来，便捂了嘴笑。孜益只好拉住她，显出一副想笑又想哭的模样，道："咱这个神仙呀，把板数弄尽！来，凤儿，正好凑在一起了，俺有个事儿要说。"遂一五一十地道了自个怀孕前后的事。

敦益在一旁听着听着，咧嘴笑了："孜益啊，这等大喜的事，你窝着藏着干甚？嘻！"瞬间的释放，让他一蹦而起，给了凤儿一个怪笑，"你看看，人家毕竟是知府大人嘛，人家那个谋虑，比你二姑强多了！这下子好了，你二姑就可以安安价在这达住着了。凤儿，快去给老爷、太太报个喜儿。"

且说赁地方的事很快就有了着落，选定了一处坐北朝南三孔窑、东西两厢的院落。摊场虽小，却也古朴雅致。一进门楼，东西两个小花坛。正窑穿廊台阶，东首是个套间，中窑窑掌里有个暖阁，暖阁前一色朱红细工雕漆的桌椅、妆台，既可起居，也可会客；穿过槅门，里间窗前是一盘大炕，窑掌一排衣柜和方桌，整洁而利落。只是边窑简陋些，摆着杂七杂八的家什。兰敦益起先不太中意这个地方，嫌离兰家偏远了些。可兰孜益正是看中了它的僻静，就定了下来。粉刷打整时，她让匠人把套间分开，里间另开了个门，把槅门封死了，那个梳妆台正好能放进门框里，空间便显得宽敞多了。边窑临街，既破旧也不保暖，权且作为客房兼厨房使用。一切料理好，她就急着要搬过去住。

这时，兰铭勋发话了："急什么急？天渐渐地冷了，等过完了年，天气暖和了，再搬过去也不迟嘛。"

"爹爹，不是俺急，你这个宝贝鹤娃，闹腾得不行，俺是一满揪留不住了——你说，咱这头虽也门户不小，可大的大、小的小，没娃跟她耍在一起。那边小伙伴多，鹤娃一过去就要赖不走。你说这个？"

兰铭勋眯起眼，想了想才道："你们搬过去也好，鹤妡就不会整天哭闹着要回太州了。这吧，平时你们就熬个稀饭什么的，正顿餐俺打发人送过去。天冷了，能放得住。"

孜益一听，立马蹿起身子，依偎他身旁摩挲起他的胡子来。他嘿嘿笑着，道："娃都那么大了，还像个小娃似的戏耍要，让人看见不笑话？"看着她傻笑，补了一句，"就是思益，也没这么个路数。"

说到思益，她止住了笑，想了想道："这一阵子，俺哥尽是眢乱——咋说嘛，就是武知府，他嘛……"她顿了顿，不知该不该说那事，端详了下他的脸色后，才一吐而罢，"那个武子齐啊，看上了咱的思益。再嘛，你家大儿子撺掇俺，让俺给你套话。起先嘛，俺也没当回事。后来嘛，就跟俺哥顶杠了……"

兰铭勋先是一怔，随后听她黏黏糊糊了一气，就摆摆手，陷入沉思。良久，他才圪矃道："他撺掇你，还跟你顶杠？真是不懂规矩！这事你不用操心，只管把自个身子养好。看来，俺得找他问个子丑寅卯了。"

孜益听爹这般说，心稍稍有了安歇。想着几桩事都有了着落，一阵轻松袭上心头。又不顾爹爹的黑眼，摩挲起他的胡须来。正是：

心中有念意难藏，话到嘴边唇齿僵。
斩断尘缘终不易，温柔乡里梦犹长。

欲知后事如何，且待下回分解。

第十一回　事中事触发悱恻心　情外情歆动绸缪人

　　且说兰铭勋听了那番话，颇感意外。就把大儿子招来，面色严峻地问道："俺前天听孜益说，那个武知府咋了？"

　　敦益看看爹，不肯言传。这事非同小可，如今兰、呼两家刚接茬，说好说坏自个担待不起。想了想，便轻描淡写地说道："爹，那个武知府嘛，也许是随口说。事嘛，不当面挑明，都不算数。"他见爹爹缓下颜色，又想：那道藩篱你想拆就拆，把俺这个长子全不当回事。哼！那咱们就半斤八两，俺今也就全不顾了。遂磨蹭道："前天，噢，应是大前天，帛老到俺那里，把事情淡淡揭了一下。"

　　呼缙昌显然听明白这个"淡淡揭了一下"是指什么了。顿了顿，才道："这个帛老头，许是他不晓得思益跟天骏的事？就是不知，也该上这里来嘛，给俺递个话嘛，咋能这么个弄法！人常说了，父母之命，媒妁之言。他就是做媒，也不能做到你那里去嘛。况且，这是给武大人做媒，非同儿戏嘛！"

　　兰铭勋说完，随即是一阵寂静。敦益想：亏俺慎重了一下！便顺势道："俺就觉得不合路数，没给你说。不过，俺觉得帛老对这事也不上心，怕是他拗不过武知府，才勉强应承了。答应下这桩事，却又不敢见你，就跑到俺那里来。所以嘛，咱今个提起了，就权当一阵子风。至于帛老那里，俺给他回话就行了。"

"昉益，你说呢？"

几天后，兰铭勋把二儿子叫到了跟前。兰昉益早先听了大哥的磨叽，虽说心里别扭，但也未明确表态。这下老爹问了，趑趄道："俺也说不好。不过，人家毕竟是知府嘛，这事不宜唐突。一来，俺哥不能回话，得叫帛老来咱家里说；再嘛，这事得搁搁，不要匆忙行事。爹大概不知，武大人一生闯荡，只顾尽忠，顾不了尽孝。如今不说没个内人伺候，他呢连个娃都没有……"

"哎，白家那个小女女，不是给了他吗？"不等他说完，兰铭勋就急急问道。

昉益想了想，把白亦如跟武子齐那堆事说清后，谨慎道："俺哥嘛，他就是不想废了咱那家规。其实嘛，俺看，他也未必对武知府有什么想法。你大概不知，他对章道台倒是有些不舍。这些都不说了，事到如今，俺看要拿稳些。许或熬个时日，几方面都能摆顺。"

小儿子这不偏不倚的话，让兰铭勋陷于沉思。显然他被两个儿子的话动了心肠——一个是欲擒故纵，一个是淡定观望。想了几天，他对两个儿子说："你俩的心思，俺解下。这吧，择个日子，俺到帛柏霖那里去一趟。至于怎么说，你俩也动动脑子。"

这晚，他咋也合不拢眼。对武子齐的功业和品行，他打心眼里钦佩。如今突然得知，他竟然过着这般恓惶的日子，未免唏嘘。唉，天下好女女多的是，你为何要这般？想着想着，他又想到了章起弘——看来，大人物不止爱美，尤其钟爱才女。是的，思益论模样，比不了锦若。可没见过哪个官吏寻上伊家的门。想着，就睡不着了，索性下了地转悠起来。如果这事放在先前，又会咋样？他自问自地嘟囔着，心里七上八下，终不得安寝。

一夜没睡好，神情为之萎靡。兰孜益看了爹爹那副神情，未免起了柔情。本来她不想掺和娘家的麻缠事了，免得将来有了什么翻腾，徒生烦恼，却又想：俺这个二姐，也不能把妹子的事当成儿戏。便左右品对了，才对爹爹道："俺哥不管咋说，一门心思就是护着那个家规。呼兰不择亲，可他要择的，就是能帮他壮大家业的那种。呼家的天翼，算是跟他穿了一条裤子。你说，两家的长子这么一根筋，咋行嘛！要俺说，你老家可要把持住。至于你要到帛老那里去，俺觉得不去为好。爹爹，俺知道你心肠软，不要为了小事坏了大事。这吧，武知府这档子事你就不用管了，俺来相端着给咱铺排吧。"

天哪！一个女客竟然要掌管兰家的大事，放在以往不说是牝鸡司晨，起码也是僭越非分之想。兰铭勋异样地打量着她，又想：上次章道台那事，俺还是听了许寒咏的规劝，哪有你的份儿！如今，俺怕也得听听他的意思了。

想着，听她又道："多年不见一满生疏了，跟帛老有些话不太好说。俺想，就干脆麻利些，直接跟武子齐把事说清。这样少了转个梁子，免得话传话的，不是走了调门，就是歪了意思。"

兰铭勋瞪她一眼，依然不肯言传。显然在他看来，她这么做更不可取。良久，才摆摆手埋汰道："羞经，你这是羞经！不要觉得如今眼头高了，就可以任性子。"

孜益被老爹这么一呛，满心的羞恼。胸脯一起一伏间，还是按捺了下来。在兰家儿女中，她是唯一敢跟爹爹耍性子的人。兰铭勋也能容她，不只因她是许太太，在几个儿女中，他从来就宠惯她。所以，那个"惯"和"坏"总是紧紧相依。夜间躺下，她品味着爹爹的话，想着这些天来的乱象，一再辗转。且辗转了几天。

且说帛柏霖等不来兰敦益的回话，知道兰家里面有分歧，便琢磨着要交差事了。这日，他正打算去武子齐那里，忽见兰孜益上他门来。该等的人没来，却来了个不该等的。一刹那的诧异后，他嘿嘿笑道："人常说，凤凰不落鸡架子。今个许太太驾临俺这烂地方，莫非是迷了路吧？"

"你老家说歪了，这叫'无事不登三宝殿'，却也像做贼似的。"她笑着，他琢磨着她后面那话。她赶紧接道："俺今儿惊动了你老家，可不能再惊动俺家老爷子了。这么个，俺是背着他来的。这个，你得替俺担待？"见他恍然过来，又道，"俺今个来，想把肚里的憋闷倒一倒，让你老给俺解两个疙瘩。一个嘛，你大概知道兰、呼两家的事吧，为何又这般麻糜不分？再一个，武大人向来钢骨，为何又这般执拗？"

帛柏霖还很少遇过，一个晚辈竟然对他如此说话！他愣了愣，还是放下架子——兰家这个二女子向来硬茬，如今架着许寒咏的威风，连武子齐都得让她三分，便朗声道："你这两问，问得好哇！俺先说第一个。你大概也知，这人嘛一上了年岁，就两眼昏花，甭说分不清麻子、糜子，有时连孜益和思益都分不清了。"

闻得此言，她才有了醒悟——这老头话中带刺的哟。可她又不是那种轻易肯低头的人，便借题发挥道："这个不当紧，你老分不清俺姊妹俩不当紧。只怕是分不清婶娘和丫头了，那才是个麻达事儿。"

她只管自个笑，他故意板起脸："你这张嘴呀，俺恨不得拿个锥子攮它个稀巴烂。嘻！甭闹了，听俺说第二个。其实嘛，这'钢骨'和'执拗'是一母生的双胞胎。你大概觉得，这是风马牛不相及的两个东西，然而并非如此。据说，武大人当年因戍守边关有功，朝廷奖赏了他一位夫人。这位夫人为他生了一双儿女，可都先后夭折了。随后嘛，夫人也因病辞世了。从此武大人变得郁郁寡欢，性情寡淡。许多友人为他提亲续弦，都被他一一谢绝了。你说，他这是钢骨，还是执拗？"

孜益听他这般说，呵呵笑道："依俺看，他是等着朝廷再赏赐一个格格呢！"

"嘿嘿，你尽会颠踉跄。听俺说来……"

她正听得上劲儿，却见他提了提裤子，起身出了门去，便急着喊道："你讲完了再上茅房。哎哟，人常说，懒驴……"她猛然觉得自个的嘴巴又滑溜了，便没命地笑。

旋而他返回："噢，俺不是屎尿多，才才去了一趟书房。"他说着递给她一张发黄的相片，接道，"当年的郎才女貌啊！你看看，他的夫人长得像谁？"

她仔细瞧了起来，摇摇头，终不可说话。

"后来嘛，他遇到了一位知音，只可惜走失了。再后来，许知府你那夫君，要跟他做挑担，他踅探了一段时日才答应下来。你知为甚？他才告俺，说思益跟他那位夫人不光貌似，而且神似。这个貌与神一旦勾起往日时光，便有了刻骨铭心。你乍说，这是钢骨，还是执拗？"

…………

帛柏霖的这些话，让兰孜益久久萦怀。她听得来他的良苦用心，尤其是那句"这'钢骨'和'执拗'是一母生的双胞胎"的话，显然是在旁敲侧击。英雄恋美，自古而然。可武子齐显然超脱了，他是在寻觅知音！看来，夫君的考量，也不是空里抡板斧，他俩一定有个相互揣摩。想着，她幽幽动了心肠，那内里能触摸到的东西，开始翻卷起来。

在夜的翻转中，她又想到了雏大川。迁居已有半个来月，这一夜她尤其想他。从古渡到眼下，已有两个多月了。除了几面之缘，再连他的影子都没捉到。甭说自个了，就连孛儿也起了翻转……突然，她听到榀门那边的如厕声，心里却有了触动。自上次去娘娘庙抽了签子，她总有那么一股抵触，一旦孛儿说起大川的什么，就浑身硌硬。眼下这夜的寂静，寂静中的响动，突然又给了她想法：凡事总得两相讫凑，才能宽展。大川自不待言，这孛儿如今解了风情，眉眼都不似往昔了——那就顺其自然吧。至于许寒咏的那个外甥，暂且搁一搁。想着，却又想：自己得个拿捏的东西。俗话说，柳树的屁股——坐下就扎根。切不可让他俩随了性子，弄出什么事端来。就像那放风筝，自个手里还得牵根绳子。想到这儿，她轻轻叹了口气，睡了。

翌日早饭后，她把夜里的遐想又反复捋了捋。常言道：夜晚的叫声是梦呓，想法是云雀；黎明的叫声是雄鸡，想法是耕牛。她琢磨来琢磨去，觉得昨夜的想法有些唐突。犹豫了一会儿，还是决定先去拜会一下武子齐，再做打算。另外，他跟思益那些麻缠，也可顺便探探虚实。本来就心有顾虑，走到半路被一块小石头绊了个趔趄，顿时幡然。她心想：这可不是个好兆头！所谓心急吃不成热豆腐，这么大的事不跟许寒咏道一声，未免荒唐。旋即折了回去。

晚饭前，孛儿跟她要钱买东西，她才意识到来时带的钱已花得差不多了。又想起行前许寒咏的话：没钱了，去武知府那里去拿。嗜，借这事探探他的口气，也没个甚。人常说，想看邻家女，因嘴借叉子。便决定翌日再去武府。

武子齐那是多了几分热情，还有几分腼腆。他一边陪侍着，一边猜想她的来意——莫非她是为妹子的事？寒暄过后，她却绕起了弯子，把帛柏霖讲的话道了一遍，说："武大人的'钢骨'俺可没少听，可帛老说的那个'执拗'连老许都没给俺提起过。俺今个来嘛，就是想请大人详细讲讲。"

他只是嘿嘿笑着，不肯多说一句。偶尔看她一眼，又急忙低了头去。不时搔搔头，像在沉思着什么。

她想他忙，便欲告辞。望望窗外，云霓渐消，抹出冷阔的山影来。唉，今个怕是碰不到大川了。失落间，突然一阵生理反应，她忍了几忍，便强行捂住了嘴。见他睁大了莫名的眼，欲语却止的样子，她勉强舒展开容颜，把自个怀孕及许寒咏叫她在娘家坐月子的事，齐齐道了一排场。

他连连称好，祝福言、客气话、嘱托语，说了一大箩筐。最后打趣道："上次给你洗了个尘，没准让你受凉了；下来嘛，得给你暖暖身子的，还是我来弄。咋样？"

她知他所指，也笑了一把："哪能哪能，俺的那个答谢席还拔凉着，再不暖暖，俺可要挨冻了。那几天，天盈老揎掇俺弄个乔迁之喜，这样吧，那就暖窑和答谢一并来。这次，大人可不能再推辞了。不然，俺那冷窑冰炕的，只怕天天要往你这暖席上蹭呢。"

他一听，哈哈大笑起来，搔着头皮道："这个嘛，你说，我能不乐意？"

她才知自个又漏了一回嘴，让他又捡了个便宜，赶忙使劲地摆头。

他见她云鬟纷扬，绯晕飘颐，怜惜顿然生发。兰家小妹与兰家姐，那是多么飘逸着特殊的韵味！许寒咏说的话还是中听——俩姊妹与俩拜识一旦搅和，当是一副别致的光景！噢，此刻，兰家姊妹在他心里浑然一体了。

她在余光中乜了他一眼，见他盯住自个不松眼，便欲嗔非嗔、欲羞不羞道："俺知你心思。咋说嘛，如今老许也给俺说了，只是……哦，只怕思益她，在乎不在乎你的那些执拗——俺是说，俺家思益可是老生生哪，是俺家爷子捧在手心的宝蛋蛋！你呀，能有耐心乖哄她？"看他傻笑着，末了又道，"其他的好说，只怕思益惯坏了，不听老人的摆布。你说……"

他听了一怔，仰头间，用大笑来做了遮挡。正是：

> 一念生发一念归，几人迟步几人催。
> 问谁挡道问谁怨，何事精明何事非？

欲知后事如何，且待下回分解。

第十二回　两知府笃定做挑担　一昏灯无端乱风情

　　且说"暖窖"这天，气温骤降，滴水成冰，仿佛空气也在凝固。欲雪时分，天地晦暗，一片空蒙。早上除了小贩的吆喝，鲜有声息。时近中午，街巷才有了行人的嘈杂。

　　"武大人怎么还没来？"兰孜益左顾右盼，点着来客，且喜中带急——该请的全都到齐了，左等右等却不见武子齐的身影。但愿如上次那般，姗姗来迟本是大人物的风派。可这次，她感觉有些不妙。唉，只能耐下心去等了，即便再晚点也得等。呼天盈却灵醒过来，附她耳旁说："你呀，老大不懂事儿的。他只是说说嘛，这种场合，他能来吗？"

　　说时，就见雏大川进了院子，手里拎了一堆东西。孛儿喜圪盈盈地迎出门去，赶紧接了，引他进了自己和云鹤住的屋子。

　　孜益叫天盈替她招呼着客人，自个赶忙去照面大川了。她看着他，欲语却凄楚。他木木地挤了一丝笑，道："大人今个忙，叫俺过来。你看这些，除了吃的什么的，他还让帛老画了几幅画儿，说是给新居添个喜气。还说，等他闲下来，一定前来拜访。"她这才舒展下心来，便拉他去坐席。他说自个也有事，得赶紧走。她一急，狠狠瞪了他一眼，便把孛儿支出了屋子，不爽道："你们这是干吗，老的小的一圪板板，好像俺辱没了你们，得是？就算嫌弃俺，也不能不在乎……"她忽地止住了。是啊，不在乎什么——是孛儿，还是思益？她一时语塞，只愣愣地盯住他。

他闻言也一愣又一愣，琢磨她话里的意思。有关大人与思益那点事，他隐约听到了。是的，在这节骨眼上大人不给夫人面子，于情于理说不过去。可是……他只有心里嘀咕着，欲言又不能。

她看他眨巴着眼，那般傻傻的模样，柔情顿发。这般傻模样她也只在古渡见过，恍然有隔世之感，却又是那般刻骨铭心。若不是隔壁有耳，她真想扑进他的怀里……

他看她双目喷火的眼睛，躲闪了。仓促间扭过脖子看了下窗外，才道："夫人，俺说过了，等有空了跟大人一块来。"

"俺可没闲工夫伺候你们！"顿了下，她稍微放缓了语气，"这几天多少人忙着转，秉全还带了个厨子，不就为武大人，还有你嘛。天盈看俺身子不利索，不让俺动弹，把自个累得盲不起腰。你说，往后俺还能铺排这事?！"

他见她依然盯住自个，侧转身子道："那，那就明天吧。武大人明天有空。"

"一言为定。那就明天下午，若是……"

"夫人放心。"

她还是放心不下，说让孛儿过来接应。大川犹豫了一下，回道："这冻天冻地的，她一个娃跑甚咧。夫人放心，若再有差池，俺就来负荆请罪！"

她看着他迈出了大门，怔怔了好一会儿。然后自言自语道："还是李儿管用。"便若无其事地过去招呼客人了。

且说客散后，天盈帮着收拾完摊场，正要走，见李儿拿了些东西过来，以为是兰孜益要送她的，遂客气道："你呀，反反了，该俺送你才是嘛。"

"嘻，咱姊妹还有个什么反正，谁有了甚好吃好喝的，打个平伙嘛。"孜益见她这么说了，也就顺水推舟接道。

天盈翻看了一阵，说："还是你留着吃吧，俺好好的，吃这些东西也糟蹋了。"说着又看见一卷东西，打开见是四幅花草画儿，一笑道，"这个也送俺？"便品赏起来。孜益终于憋不住，就把这些东西的来由向她说了。她一听摇摇头："哎，你呀！弄了半天，俺差点把武大人的心给拔凉了。哎哟，嘻嘻……"

孜益捶了她一下："你甭想歪了。他巴结俺，那是有用处的。"

"呵呵，你以为俺不知？听老陆说，他欠了许知府一屁股债呢。这下，莫非是想让你吹吹枕边风，寻个开恩。"

孜益听她这么说，扑哧一笑道："如今哪，只怕要借北风来吹了！"

笑罢，天盈问道："今个咋没见着三妹子？"

孜益闻言眼珠子一咯噔，遂转身把书画卷了起来，似乎不曾听到她说什么。

天盈睹此，一时莫名其妙。她忽闪着眼，疑惑道："你这算咋了？洋洋雾雾的，是不耳朵不好使了？"

孜益摇摇头："唉！还是给你说了吧。咋说嘛，就是，咱们的功夫白费了……"遂把武子齐与兰思益那堆麻缠事道了，末了，她反而释然道，"老许几次来信，要俺把这桩事一定促成。你说这——俩知府铆着劲要做挑担，谁能挡得住！唉，也真是的，天骏这几起几落，全是因了这个武夫子。许或这就是命！"

这下，轮到天盈沉默了。是的，费心绸缪好的阁楼，眼看就要打桩基了，却被勒令停工。而这一停，在她看来就意味着终结。

孜益看她这般神情，安慰道："俺说是命，命！天骏的命，本该是亦如嘛。亦如摇身一变，如今成了武知府的养女。俺看，都是老天爷安排的。"

"不成，不成，亦如不成。天骏的命里总有个搅拌！"天盈摇摇头，叹了一声，又道，"你可不知，俺家老陆跟武知府已经拉谈好了，他俩要做亲家了。"

"哎，你是说亦如跟辰浩？这个武夫子，尽揽好事！这边要做挑担，那边谋划亲家，好不忙乎。嗐，那么说，天骏这下可一败涂地了！"她见天盈不接话，半是宽慰半是调侃道，"不过也好，毕竟你还是捞到了一半嘛。将来嘛，你这个婆婆跟辰浩的那个丈人，不就搭在一起了嘛。"

天盈瞪她一眼，回敬道："你这么一说，倒还来了。说不定，俺还要跟辰浩的那个丈母娘——噢，是将来的那个丈母娘，讫搅呢！"

二人虽说笑到了一起，却是那般地勉强。不提。

且说恍惚间兰孜益坐起身，看看天色昏暗下来，还以为是凌晨呢。忽而想起雒大川说下的事，才清醒过来。一阵愉悦，她爬出了被窝，又一阵哆嗦，便唤孛儿过来，给中窑加了把炭火。道："饭菜都是现成的，等他俩过来了再开火，也不迟。这会儿没什么事，你就歇息去吧。"孛儿说钱钱饭刚煮好，问她在哪里吃。她摇摇头，说不想吃。待孛儿出了门，又喊道："你俩也少吃。留下肚子，晚饭再吃八碗十六件。"

数着时辰，那是愉悦里渗着急不可耐；瞅着窗外，却是混沌里飘来几星雪花。哦，这是入冬的第一场雪，又增了她舒畅的心绪。看着看着，不禁一咯噔：若雪下大了，他俩别不来了。嗐，这鬼天气，不早不晚的……由愉悦到舒哉，由舒哉再到慌乱，前后也就半个时辰。她心神不宁地胡思乱想起来：这点雪，算不得什么。况且大川说了……嗐，负荆不负荆，请罪不请罪，还不是一句话嘛。

一阵寒气渗窗，她才想起大姐送来的两个棉窗帘。拿出挂好后，屋内一下暖和了不少。她便拿着另一个去了隔壁，把棉窗帘递给孛儿，又跟了进去，见云鹤围着被子喝稀饭，便说："鹤娃屎尿多，这么冷的天，下地太督乱，不如把尿盆放在炕圪佬，方便些。咱这大的炕，不碍事的。"孛儿边挂着窗帘，边应着声。她拉好门抬眼一看，雪渐渐大了。忧心又一次裹缠，却自我安慰道：没事儿，雪再大点也不碍事。想着，就趸到院门口，张望起来。

　　且说雒大川真还把那事给忘了。晚饭后，才想起昨天的应承，也无法给武子齐说了。他心神不宁地上了炕，思忖良久，便下地穿上外衣，出了门。雪的纷扬，对他似乎并不存在；思绪的纷飞，却是扑打着他。踏着积雪，他一会儿疾走，一会儿又放慢了脚步。是的，想到孛儿，古渡的冰脸转换成昨天的热眸，令他心旌摇荡；再想兰孜益，肯定又是一顿猛嗑。不管咋样，为了孛儿还得周旋。况且，自个立了军令状，负荆请罪是必须的……想着，他已转过正街。一走进小巷，那个清晰而又模糊、熟悉而又陌生的门楼，便映入眼帘了。

　　恰在这时，呼天骏和陆辰浩在谁家喝完酒，摇晃着过来了。雪渐渐小了，冷索的街面除了他俩，还是他俩，仿佛那"柴门闻犬吠"的萧然，横在眼前。突然，隐约见一人绕着过去了，他俩便嘀咕开来。辰浩说刚过去的那人是雒大川，天骏说这么晚了大川来这儿寻魂呢。二人争得没个开交，便打起赌来。

　　"这人若是大川，俺给你十两银子；若不是，你给俺五两，就行。"

　　"那你输定了。"辰浩不等天骏应承，就拉起他朝那人追了过去。

　　虽然灯火熹微，雪的映照依然能看清街面轮廓。大川站在那个门楼前，徘徊了一阵，才感觉有两人向他靠近，便不再犹豫，轻轻推下院门。果然，门是虚掩的。再一使劲，门轴子嘎吱响了一声，在寂静中却是十分刺耳。他便一点一点往里推，那门缝刚够侧个身子了，便一闪而入。待合住门缝，他见一户窗子亮着灯，才放松下来，拍打了一下身上的雪花，想着怎样去圆腔才好。左思右想都觉不妥，那就直说好了。想着，侧耳在那门缝听了听，轻轻一敲，门却缓缓开了。他等着里面的应声，可一直不见动静，索性推门跨了进去，却见有个小女人坐在炕角的尿盆上，嘟囔道："俺刚叫鹤娃尿过了。四婶儿，你就……"说时她一抬头，立马怔住了，眼睛睁得跟嘴巴一样大；他凝固了，不比外边的枯树桩子有灵气。好在看清是雏大川，她才没叫出声来，却又蹲着不敢动弹。他看不是看，走不是走，只好仰起头侧过身子来。只是眨了几下眼的工夫，二人觉得像过了几个时辰。

孛儿见状一激灵，起身探着头一下吹灭了油灯，麻利地钻进了被窝去。

寂静弥散开来，他才松了口气。身子依然僵着，大脑却快速地飞转。嗐，这可如何是好！兰孜益没说她住哪孔窑，他更没有问。要命的是，他见了灯光，就像灯蛾那般一扑了去。眼下该咋办？退，岂不等于告诉孛儿"抱歉，俺走错了房间"。那么，就只能闭住眼睛瞎摸摸打了。隔壁那边没法管它，负荆请罪以后再说。想到这儿，胆随意起，人随性走。他试探着孛儿的反应，磨蹭着上了炕去。静静坐了一会儿，他便脱了靴子，接着是两下不轻不重的落地声，似乎给这寂然的空间甩下两个幽美的音符。

孛儿也在想：说好下午会餐，你却没来。莫非这会儿饿了不成？可是……不对，不对；莫非昨天俺对你热心了一些，你便借着雪夜来督乱俺？可是……也不像。莫非……她不能再往下想了。蜷缩在身边的这人，本来是自己烦心的。自抽了那个签子后，才稍稍有了翻转。眼下他又这般莽撞，除了令她十分不快，还隐隐有些担忧。只是因了隔壁，她才不敢发作。唉，咋办？撵他走，又有些于心不忍，况这冰封雪扬的夜晚。随他待着，这像个什么！唉，她想着——那就让他先暖暖身子吧，等会儿再来打发他走。

蒙眬中，她听到了他的鼾声。作为武知府的跟差，他每天兢兢业业的，也很劳累。一丝柔意瞬间涌出，她蠕动了几下，却依然不敢动弹。夜在渐渐冷去，好在她把炕烧得暖和。哦，他这般到底是为了什么？又不知过了几时几辰，她感觉他往自个被里蹭。她伸出手臂，想着推挡他一下，才觉着夜空更冷了，热炕也渐渐消了暖意。唉——她这才叹出一声来，索性把自个的被子给他盖了，然后钻进云鹤的被窝里了……

秃笔一支，话分两头。且说兰孜益在那头更是熬煎得一塌糊涂。先是她急躁地等着大川和武子齐，直等到孜儿泄了气，云鹤上炕睡去了，她才死了心——俺看，你如何对俺负荆，如何对俺请罪！迷糊间，突然听得院门那嘎吱一声，起身隔窗一看，虽隐隐约约的，依然能辨得是大川。霎时一股暖流夹着莫名的心绪弥散开来。不管咋说，今晚可不能爆性子，人家毕竟还是来了。想着，便下地冲了一杯热奶茶，给他暖暖身子……然而，在那嘎吱嘎吱的踩雪声的反复后，却没了声息。她刚想开门，却听到隔壁的门轻微响了一下，再没声息了。她心头猛地一颤，骂道：你个马虎虫呀！旋而，她静了下来，想他走错了，应该会过来的。等呀等，只等来门缝吹进来的冷风，挟着几瓣颓然的雪花。她索性大开了屋门，一任寒气裹身。是的，她需要冷却自己——莫非昨天他领会错了？这个念头一闪，立马就被否决了。莫非他与孛儿有个私约？那是更不可能的……蹊跷的是，隔壁一直安静着，哪怕有点滴响动。无论怎么去想，这般状况实在令她匪夷所思。摁着心跳，她又贴在槅门上仔细听着，当听到两声靴子的落地声，她一阵晕眩，差点跌坐在地上。随即，她咬牙切齿，从牙缝里挤出连自个也听不清的话来："你个龟儿子，竟敢这般糟践俺孛儿！以为，以为老娘不敢把你提拉过来？"她真有那么一股冲动，可是，冲动是魔鬼呀！这个雪夜，这个令她无法理喻的雪夜，让她泣血。她是无法入眠了，怨愤一起堵在心窝，只剩下发疯的份了。忽地，一个念头划过她的脑际来。正是：

纵然鬼使也难谋，一笔两张雪夜图。
门锁锁来谁与拟，红娘自是叹弗如。

欲知后情如何，且待下回道来。

第十三回　叹门锁哪知锁里秘　索字画才得画中隐

　　且说隔墙的鸡叫声唤醒了孛儿。她侧耳听听临窗那边，见他依然睡得香甜，便伸出腿蹬了他一脚。他翻了个身子，依然睡去。这下，孛儿来了气——折腾俺一夜没睡好，原来你是跑俺这达睡觉来了！不能再耽搁了，她先穿好衣服，再点亮油灯，然后一把掀开他的被子，悄声道："快起来，该走了。"

　　他被冷气一激，醒了。又听见一个女娃的声音，以为自己还在梦里。黏糊间，见孛儿端着尿盆下了地，这才灵醒过来。又听见屋门咔啦一响，一股寒气钻了进来。看时，见孛儿立在门前低头沉思，那门扇凸进来一点，开了个拳头宽的缝儿。正在疑惑，孛儿掉转身子走近他，幽幽道："外边上了锁。咋办？"

　　噢，乖乖！二人瞪视着，那四只眼睛在说着话，只是同中有异——这把锁无疑是兰孜益上的了。然而，为何却要上锁？两双眼睛显然眨巴着不同的意味。孛儿先是讶异，慢慢有种意外中的感悟，神情还算镇定；他则是心知肚明了，这把锁是发向他的怒火，未免有些不安。她的恍然设定在一连串的推演上——四姊怕要把生米熬成熟饭；他的不安，是怕这把火烧着了孛儿。

　　二人谁也不作声，咋说都是没用的。他看看她，又把屋前屋后看了个遍，除了此门，别无出处。咋办？冷气依然往门里灌着，冷着身子，清着脑子。他看看熟睡中的云鹤，赶紧下地关严了门。

孛儿依然默思着，不时抬头看看他。

他看她这般情状，想着咋样来开导她。他的心绪很颓唐——因自己的马虎，让孛儿往后面临咋样的境遇？起码，一主一仆的关系不好维系了。当他正要张嘴，却听她嘟囔道："既然四婶儿给俺做了主，那俺就嫁你吧！"他一听她这般说话，急忙转不过来弯子。细细想了一会儿，才大概有了个推测。不管咋说，她后面这话再清楚不过了。他一激灵，便一下抱起了她，轻轻放在炕上："没说的，俺一定娶你。"

他瓮声瓮气的，那话像一块重石击入空潭。她轻柔的声音，如同屋外的雪花临窗："地下冷，你也上来吧。"

若是两个人的心碰合了，一切都不在话下。窗纸已然透白了，她的容颜也在渐渐清晰。那盘俊俏的脸，又添了深沉的妩媚。那双水圪汪汪的大眼睛，似碧湖清潭，荡漾眼前。这情景，让他急忙无以应对，只僵硬着傻傻地看她，直到她悠悠闭合了那双大眼……随着"俺要尿尿"的一声叫唤，初阳渗进了窗纸。原来云鹤醒了。

"这大雪天的，狼没得吃了，就到处乱窜。"兰孜益一边圪嚷着，一边开着门锁，"往后记着把门插好，俺可不会常来给你们上锁的。"

孛儿帮着云鹤尿完，就听见门外兰孜益的絮聒。云鹤忽闪着

毛眼眼，盯着大川傻笑，孛儿赶紧又哄她睡去了。随后撩开窗帘
一看，冰花已布满玻璃。她哈了口气，才隐约看见兰孜益伫立在
穿廊边沉思。一阵渗骨的寒气，把她又赶回了被窝……

　　且说兰孜益渐渐从懊丧中缓过神来。起先她自责上锁的冲
动，这有失她的身份。后来才觉得，这也不失为一种鞭笞。俗话
说：三句好话不如一马鞭。可在孛儿看来，这事无论如何怪不得
自己。所以，余后的日子里，二人都选择了沉默。

　　却说呼天盈把扶苏这边的房屋整端了一下，心里自然舒畅起
来。每逢年节，她一家子大都在这边过。而眼下这个年，又非同
寻常了。一想到兰孜益，她就来了劲，搞得呼天翼直摇头："你
呀，花这搭子钱干什么？不就睡个觉嘛，弄得像个皇宫似的！"
她可不理识他，该咋整就咋整。甚至还给兰孜益备了一床崭新的
绸面被褥，以便两人话匣子长了，窝在一起谝个够。

　　这天，她打发鸣珠去帛柏霖那儿取字画，她想他应该弄好
了。半晌午过去了，还不见丫头回来，心里未免着急，便又打发
辰浩去探探。辰浩正要出门，却见鸣珠相跟着孛儿进了院子，
手中空空如也。她窝了一肚子火正要发作，因了孛儿便压了下
去，淡然道："等过了这段忙碌，大正月里你们想咋疯，就咋
疯去。"

　　鸣珠当然看到她的脸色不比以往，局促间对孛儿悄声道：
"你还是回吧。那些事儿，俺完了去说。"

　　孛儿看看呼天盈，腼腆一笑，一缕刘海挂在白皙的额头，似

初蕾临风，谁见了都心疼。只听她说："婶子，那些字画在俺四婶那里。她说她想看一看，叫你抽空过来取。还说，你这里忙不过来了，让俺搭个手。"

原来如此。天盈一听，心就软了半截。也不问这字画咋就跑到兰孜益那里，只觉得自己错怪了鸣珠。那么，就得弥补一下了。遂拉住孛儿亲了一口，道："俺这达也没啥事了，把你四婶陪好，哦？这样吧，你跟鸣珠一起，去街头买上些黑粉、油旋、羊杂碎，晚饭就在这达吃。"说着要去拿钱。她还没进屋，就听辰浩喊道："娘，俺兜里有钱。"不管她作何应承，拉起鸣珠和孛儿，一径去了。

翌日，呼天盈吃了早饭就急急出了门。她想着那些字画，只怕这位许太太另有所图，截留了去。还没进门，她就在穿廊里喊开了："孜益，你大概闲得慌，故意折腾俺！"却不见有回应。只见孛儿出来拉住她，低声说："俺四婶身子不舒服，你等等。"遂敲了敲中窑门，道，"俺呼家婶子来了。"

进得屋里，她才见龙椅上坐了个男人。光的反差，使她急忙看不清那人是谁。趑趄间，瓮声瓮气的声音来了："是俺，大川。"她便显狂道："这老早的，不怕把耳朵冻掉了？不好好伺候武大人，跑这达来干甚？"

不等他应声，从暖阁里飘出声响来："天盈啊，你没见大川的耳朵又大又厚的？你这大早的，就不怕把自个冻黑水了？"随着窸落，兰孜益披衣出了暖阁，瞄了一眼她和他，"你俩是不是昨夜商量好了，一大早就往俺这达跑？"

听这话，天盈才有了琢磨，瞧着大川道："俺平时连他的影儿都摸不着，还商量啥子呢！怕是大川搂了一个还不省心，这会儿又瞅上了一个。啊？"

这回大川镇定多了，他知她所指，便嘿嘿笑了两声。兰孜益却犯了窘，干瞪着她。正好苧儿端来几碗热奶茶，孜益这才思转过来，回道："大川哪儿敢！俺这丫头说了，她谁都不嫁，要伺候俺一辈子的。"

这茬子接得顺。大川看看兰孜益，咳嗽了两声，说他有点事，要走。天盈哪里肯依，道："苧儿刚端来热茶，你却要走，不暖暖身子，娃的心倒要凉了。"说着硬把一碗茶塞他手中。他只好两嘴抿了，起身离去。

兰孜益看她揪着苧儿不放，便想起昨天的事，奚落道："不瞧瞧你家的那个现世宝，嘻！叫苧儿说去。"苧儿一听，赶紧扭身出去了。她瞧天盈不解的神情，便道："歪好也是个公子哥们，一满不值价。你猜，他昨天要干甚？他缠着苧儿要亲嘴儿，苧儿不依。他咋说？他说，俺娘亲得，俺就亲不得？"

天盈一口喷了奶茶，哈哈大笑起来："哎哟！原来你说的是辰浩。实打实说，这娃呀是俺把他兴坏了，调皮捣蛋的，狗都嫌！不过，你家苧儿就是让人心疼。俺昨天亲了她一下，大概叫辰浩瞅见了，就照葫芦画瓢了。"

"啧啧！你别护着他，后娘也有后娘的路数。昨天苧儿努着嘴回来，俺问咋了，她起先不肯说，后来便说了那个亲嘴。俺看她那个对襟子上面掉了个扣子，便又使劲问她，她才说是辰浩扯掉的。还说，嘻！让人硌硬，没法给你说了。"

这下天盈不笑也不吭声了，良久才道："你也不是外人，俺就说了吧，都是陆家人调教的。你刚说后娘的路数，其实后娘一满没路数，一家一个样。俺呢，轻不得重不得，不过辰浩娃还是听俺的。为这事，俺老早就跟掌柜的戚叨，让他赶紧给辰浩娶上房媳妇得了。可他不知拧跶甚，一会儿说娃还小，一会儿说没个好茬茬。如今哪，好不容易瞅上了亦如，可辰浩一满不搭茬。你乍说……"

孜益摆摆手，欲言又止。想了想，才接道："俺嘛一满解不下了，你到底是亲天骏呢，还是亲辰浩？就这么一个亦如，颠来倒去的。好了，再给你说个事。亦如嘛，亦如是玉青跟武子齐的娃，亲圪崭崭的娃。原来说养女，只是磨不开面子。这个，是老许才才告俺的，他让俺守住嘴。你说，俺这嘴……"

天盈这下愣住了。好久才吐出一口气来："这么说，武知府也算俺的姐夫了？呵呵，这姑舅姐夫，也不算远嘛。嘿，太好了！亦如娃这下有了靠了。还有，还有玉青这下也有个着落嘛。"是的，这个一家三口若能团圆，此刻成了她最大的心愿。

孜益瞧她模样，默默点了点头。思量间突地想起了什么，赶紧起身把那几卷字画拿了过来，边往开摊着边嘟囔道："你也不问问，这些东西咋就跑到俺这里了？不是俺多事，这么个，帛老腿脚崴了，武知府叫大川去看望了一下，帛老顺便把这个给了大川。"

"哎哟，这个大川，俺跟他圪搅得比你多了去，他还是看着你亲！"天盈边说着，边端详起字幅来。却见那端正、硬朗的笔法，走出了这么一溜字：眼内有尘三界窄，心中无事一床宽。

孜益一边瞧字，又从旁翻开画，且笑着捶了她一把："嘿，那还应说？给你说了吧，俺家孖儿跟大川……"突然间话止住了，默了片刻她转而道，"你看，天盈，你这几幅画儿与俺先前那几幅，多了什么名堂？"

天盈扭头扫了她一眼，怪道："你咋扢棱半切的，说着孖儿一下又跳到画儿上来！"看她凝神于画，便凑上前仔细瞧了，才恍然道，"帛老嘛，弄甚都是别出心裁，画画儿嘛更是讲究弄个点缀。哦，俺看，画儿配个诗，倒蛮雅气的。"

"配个诗嘛，有甚稀奇的。你再仔细抠抠，这诗里好像掖着什么……"

真也是，俩人交换了一下眼神，就听天盈道："这四幅画里藏着四个美人，得是？可为甚是俺们四个？再说了，这般花人相照，也未免牵强了。"

"不是有句话嘛，'买眼镜对眼哩'。他那眼窝子，又与旁人不一样，老是瞅着俺们四人。"

"玉青跟敏益，倒是他常常念叨的。咱俩呀，俺看，是他的眼中钉。不过，这个牡丹，倒是蛮搭的。看来，他只是嘴上烦你，心里嘛则是好评连连。你说是不？"天盈说着，便吟起那些配诗来——

牡丹

天韵国香贵夫人，荣华身里显纯真。

孜孜益把明妃效，更那玉环沐早春。

玉兰

一枝带雨更忧伤，总把幽香寄远方。

洁玉青霜唯尔是，遐思点点洒余芳。

芙蓉

春风不写神之韵，秋雨方牵韵之神。

一俟霜天盈百叶，倩魂犹自点黄昏。

凌霄

弄巧攀缘借蔓藤，只缘谨敏益从容。

汉宫飞燕何所似，舞尽扇底杨柳风。

吟罢，俩人又叽叽喳喳一阵子。只听孜益道："依俺看，唯有你那首有些味道。另几个嘛，就有些牛头不对马嘴了。尤其敏益的那个，整篇形象模糊，意思也连接不起。俺踅摸……"

天盈把目光移出画幅，等她下言。还没等来她的话，就听院子里起了响动。又听孛儿隔窗唤道："四婶儿，武大人来了。"

二人息声探头一看，不禁愣住了。正是：

姊妹双双性本纯，非亲犹似一家人。

谁知几度翻转后，剪断恩仇自此分。

不知武子齐为何而来，下回接叙。

第十四回　问羞涩缘起哪般绪　答缱绻始了久违情

且说二人探头一看，见是武子齐来了，赶紧起身迎出门去。若是放在以往，那是少不了天盈的聒噪。可这时，她像见了新女婿那般，抬头看他一下，立马低下头去。或扯扯孜益的衣角，显得手足无措的样子。

这与往昔大相径庭的举止，武子齐岂能觉察不到。他猛地一想：莫非白玉青把底里透给她了？这也再正常不过了，姑舅姊妹还有什么不能说的！噢，宝贝女儿的表姨，在他心中的分量和亲和，自然远远超出陆夫人了。二人各怀心思，那般拘束自不待言。

兰孜益真想随着性子把他俩揉捏一番。照以往行事，她最痛快的把戏，就是把姐夫和小姨子放在一起来搓搓。可眼下不行，这层薄纸在未被捅破前，那不仅是粗鲁和无礼，更是一种不担表。所以，她只是幽幽地挤出一丝诡笑来。

这个，武子齐也觉察到了。从外表看，人们感觉这个武知府总是那般粗犷的架势，其实，他的敏锐往往非常人可及。他又想：莫非天盈的嘴巴也漏风了？

三人的心底各有各的揣测，这氛围就可想而知了。就连纵横捭阖、驾轻就熟的兰孜益，此时也有些犯憷。她真想一吐为快，把这种别扭扔到呼兰河里算了。嘻！她终于喊出了声："你俩咋像不相识似的，还要俺把你们往一块讫凑不成？"

"大人穿得单薄了些，可能受冻了。俺这就去烧些奶茶来。"天盈还算机灵，这么一接茬，自然而妥帖地溜了身子。

武子齐看着她疾走的背影，凝神了一下，才笑道："孜益，人们都说你跟天盈像亲姊妹，果不其然嘛！这年前大忙天的，还形影不离的。我可要给陆启良上话了。"

"人家天盈招你惹你甚了？你干脆给许寒咏上话去，让他这会儿把俺拽回太州好了。这样，你就跟你的小姨子……"妈哟，孜益这滑溜嘴简直没救了。

这阵子，那层窗纸似乎已飘在风中了。武子齐当然不会去扯拉它，而是死死摁住孜益："咱俩的戏还没唱呢，你不能走。就是老许来拽，他也拽不过我的……"

说笑间孛儿端着奶茶进来了。天盈跟着她，一时也复了常态："孜益啊，这两个知府拽来拽去的，虽是热闹，只怕拽出个什么麻达来。要俺说，这么个……"她一下卡住了，转而道，"武大人眼红咱俩，其实犯不着。人常说：亲不亲，就看怀揣滚烫心嘛。你们哪，往后搅稠稀的日子长着呢。哎哟，俺这得走了。这一向整掇屋子，乱差差的人脚都踏不进去，得赶紧收拾一下了。你俩慢慢聊，到时别落下俺就行。"

天盈的埋汰，却让他俩心里格外舒坦。武子齐看她出了门，松了一口气，就势接起话头来。二人把大川跟孛儿的事，细细议了一下。当兰孜益听他提了太州那边的担忧后，漠然道："这个没甚，有俺呢。只是，当下……俺是说，不能亏着了俺孛儿。"

武子齐听了，又有些疑惑。大川比之许的外甥，自然有许多不及处。那么，你舍长取短到底是为了哪般？想归想，他还是要为大川撑个架势，遂道："这个嘛，弄个地方不搁事。再嘛，钱财方面我能帮他一些的。"

兰孜益要的就是他这话。好了，她最堵心的地方释然了一些。随即，她又放了一丝忧虑："既如此，那就赶紧把俩娃的事办了。你说两个人常常黏糊在一起，久了怕……"这次她止了这头，却把滑溜嘴抛向了那头，"你可不知，陆启良的那个小子也瞅着孛儿。咱紧着把事安顿了，免得他整天督乱。"

武子齐一震，却欲语而止。陆家那小子分明是指陆辰浩了嘛，可陆启良这些天一直跟自己上话，想做亲家。难道……想着，便胡乱应道："也好。那就等天暖和了，把地方先拾掇一下，就可操办了。"

"说你木，可急起来又这般猴样子。"孜益这般说了，又觉得不当，遂咯咯笑着，掩嘴道，"什么，这热豆腐还得慢慢吃呀！再说了，你光顾你，看看俺这肚子！"笑罢，二人就把日子择在中秋前后，那时秋高气爽，她身子也利索了。

其实，兰孜益还有另外一层谋虑。她见他起身要告辞，赶紧拉他坐下，悠悠道："俺还有个事儿，要给你说呢。咋说嘛，就是那个事儿嘛。这个，老许给俺安顿了，俺家老爷子也松动了，眼下就看你的了。你就给俺摅个话，下来俺才好下抓嘛。"

　　果然如此，帛柏霖的话不虚。可他装着听不懂她的意思，道："那个这个的，下来上去的，你这肚里的弯弯肠子，我咋就能弄得清。"说弄不清，也不全是托词。那以往的冰雪，瞬间融化成小桥流水，着实令他感慨。

　　兰孜益听他那般说话，突然意识到了什么，诡异一笑："听大川说，帛老腿脚崴了。那俺得去看他一下了。这个嘛，完了俺跟他拉拉。嗯？"

　　他见她这么一应变，不禁呵呵笑了，道："大川也说了，帛老的腿脚不碍事儿。这冻圪哇哇的天，你就甭去了。要俺说，不碍事，啊？一满不碍事嘛。"

　　二人近乎暗语往来，这眉传眼递的，实在让孜益忍俊不禁。她咯咯笑着，又说了些话，便把他推出了门去。这一推，又恰是一个肢体语言，意思是：下来嘛，你就不用操心了，该怎么个弄法，有俺呢。

　　武子齐可从来没有遭遇过谁把他从门里往外赶。眼下这一推，让他意外，意外得一塌糊涂；让他尴尬，尴尬得满心舒畅。这个许夫人，嘻！他早先对她的一贯做派，还是有微词的。这下子，一风吹了个漫天晴。俯仰间，他不禁有些晕乎了。

　　且说武兰联姻已无大碍，诸事齐备，就等择日子了。雒大川顿时轻松了半截。然而自孛儿正月底回了太州，龙二月都快出去了，那头音信全无，又令他焦虑迭起。没奈何，他想了几天，只能硬着头皮来向兰孜益循迹探问了。

　　这天，暖阳泻地，薄霾浮空。风摇酒旗，马嘶城池。穿过熙攘的城门，陆辰浩迎面撞着了雒大川。二人似乎都想回避，已来不及了。匆匆打了个招呼，就见大川急急拐进了一个小巷。纳闷间，又见大川从巷子里出来，朝南街去了。这下他来了劲头，便远远尾随着，直到看见大川进了那个令他揪心的地方。

　　"莫非又相端孛儿去了？"他自言自语着，心里一咯噔，便也顾不得什么，快速地蹿进了院子。趄进穿廊，他才听见中窑有说话声。想了想，拿了个主意，便趴在门侧探听。隐隐约约、断断续续传来兰孜益与雒大川的对话——

　　"……俺也说不准。甭急嘛，孛儿回去一趟不容易，还不住些时日……那边嘛，老许没来信，真也不好说……"

　　"要不，俺跑一趟太州，打探打探……"

　　"劳人费事的……俺看，你就款款待着，说不定她正往回赶呢……"

　　"那……好吧。你还有甚吩咐的？"

　　"没了，没了。哦，俺困了，今个真的困了……这腿脚近来不听使唤的，老是抽。你嘛，给俺揉揉……"沉寂了片刻，又听她道，"不赖气，你还真会伺候人……好的，好的，俺这就给老许写封信。这个，你帮俺寄出去……晚上，你来拿。"

　　"劳你大驾。那俺就不打搅夫人了……"

　　他感觉大川要出来了，躲闪怕是来不及了，便一扭身进了边窑。凤儿猛然见一个大后生闯进门来，惊得睁大了眼："妈哟，你吓死人了！"凤儿一出口，他打了个"嘘"字，笑道："这大白天的，又来不了鬼，你怕个甚嘛。"

凤儿见是辰浩，低眉想了想，立马綻出了两个酒窝来，眯眼打趣道："你怕是溜错门儿了吧？"

"没，没。俺娘叫俺过来看看兰家二婶，顺便先瞅瞅你，还有……"他瞭了一眼炕上睡着的云鹤，接道，"这娃黏芋儿，你哄得了她？"

"俺没带过猴娃，出娘胎头一次。不过芋儿快回来了，俺就凑合一下。"

"噢，噢，那俺问你，芋儿干吗要回去？"见她摇头，诡异一笑，"说不准是跟那个瘸子定亲去了。你信不？噢，再给你说个事儿，鸣珠也有人家了，你知不？俺说，你也该瞅捏个人家了。要不……"

凤儿烦他，不再搭理，径自跃上炕给云鹤掖被子去了。那一腾一挪煞是轻盈，舒展开她微翘的腰臀来。辰浩瞧了，才觉得这妞儿被自个漠视了。正呆看，屋外有了响动，他探头一瞧，见大川出了院门，便回头对她嬉笑道："这个骡子准是瞅上你了。你瞧，他给你二姑上话呢。"说时，从槅门那头传来唤凤儿的声音。他赶紧对她道："甭说俺来过，俺改日再来看婶娘。"说毕便悄然溜出穿廊，一径去了。

且说雏大川总觉得不是个滋味，但为了芋儿，他只能屈就着，哪怕效命疆场也在所不辞。这天傍晚，他果然如约而至。进得门来，见兰孜益坐在龙椅上沉思。幽暗的灯影烘托出一个美丽的贵妇人，极具油画底质。他品味了一番，便悄然立于一旁。

"你先坐下。这个信嘛，俺还没写好。俺想，再等等……"
她抬起头来，看他有些失望的神情，安慰道，"孛儿由俺做主，
这个，你且放心。哦，你坐下，俺给你说个事。"她把辰浩中午
神秘的行踪道了后，提醒他说，"听说这小子对孛儿很是在意，
你要担待些。还有，你往后出入俺这里，要留个神儿。"

大川似有所觉，点头道："俺知。那，夫人，那俺这得走了。"

她默了一会儿，道："好吧。三天后，你再来。"

雒大川出了院门，便有了警觉。他走了几步，猛然一个回头，
见有个人影晃进拐巷。他不再含糊，撵过去一看，果然是辰浩。

"呵呵，这晚的，猫在这儿寻鬼呢？"

"你才寻鬼呢！"辰浩见他撵来，端直迎了上去，不屑道，
"不就是武知府的跟屁虫嘛，有什么张头！"

闻此言，大川攥紧了拳头。可还是压了压火气，闷声道：
"凤儿什么都说了，许夫人不高兴。俺说辰浩，你到底想干甚？
人常说：想看邻家女，因故借把米。是不？甭那个乞气！"

"你才乞气呢！不知为个谁，整天往婶娘怀里钻。嘿，骡
子，你不硌硬，俺倒为你硌硬哇哇的！"

二人终于恶言相向了。那话捅在了大川的痛处，他又攥紧的
拳头，恨不得一脸上去。然而，还是慢慢松了下去。面对这个县
太爷公子，冒失不得，他只能作罢。可他还是撂下一句硬邦邦的
话来："你损凌俺，没个甚。若是惹恼了许夫人，连你老子也收
拾在一起。你好自掂量着。"

"哎，张扬个甚呢！你就会胡扎二五，是不？你以为俺稀罕

凤儿，是不？咱走着瞧，俺非把凤儿的嘴给攥烂不可，让她胡说。"辰浩说完挥了挥拳头，振振而去。不提。

且说三天后的一个黄昏，雒大川在街上转了几个来回，确定无人跟踪后，才来到兰孜益那里。他把那天晚上的遭际说了说，提醒道："俺看，辰浩这狗日的对凤儿也起了歹念，你可得留点神儿。"

兰孜益摆摆手："他是冲着苹儿来的。好啦，不说他。"她静静看了一会儿大川，才慢慢道，"给你说了吧，老许昨天来了信。是他把苹儿扣下了，还说让俺另外找个丫头。"她看他有些丧气，又道，"甭怕，俺有法子。苹儿是俺的使唤，俺离不了她。除非他连俺肚里的娃也不要了。"她见他缓了颜色，微微一笑，道，"你嘛，以后得好好待苹儿。她就像俺的女子，懂不？"

大川嘿嘿一笑，却不知如何接应，便低下头来寻思。

"真管用。俺是说，你那天给俺揉了揉腿脚，如今舒畅多了。不然，苹儿不在，俺这起居就不便了。"她说着，便起身进了暖阁。

"噢，夫人保重。"他见她没有回应，一时不知如何是好。抬头时，那古渡般的晚霞射进了天窗，染红了暖阁的帷幔。正是：

　　　　原本逢迎为报恩，几回撕扯却难分。
　　　　莫说戏场几番雨，真作假来假亦真。

欲知后事如何，且待下回分解。

第十五回　白亦如闻喜吐娇嗔　兰思益憋闷诉衷肠

　　且说武兰双方在不紧不慢中筹措着大婚，日子选定在辛丑的五月初九。顺当起来便有了偷闲，武子齐颠倒之余，品着杂杂沓沓的起伏，一桩心事又爬上心头。蹉跎多年，唯亦如这个血亲是他最大的熨帖了。那份沉甸甸的依存，日里夜里裹缠着他，甜里且又带些苦味。瞅着镜子里年过半百的苍颜，黯然间便是心跳与愧疚。日月如梭，时待我何？一想那个养女之名，心便沉沉突突。唉！这父与女之间，罩着个"养"字，算是哪门子的冤孽！如今要往前多走一步，如越鸿沟那般。先是玉青，后是亦如，都有难言的羁绊。然而，至亲的血脉渐次澎湃，疼着却摁着不能宣泄。这般憋闷，非亲临者不可全解。更起了窝心的，便是兰思益这道坎——惜时的隔巷姐妹瞬间成了母女，无论是亦如还是思益，内心咋个安帖！恐怕这父女的交心更遥遥无期了……想着，见雏大川趸进门来。

　　"大人，俺有个急事，得去太州一趟……"

　　武子齐听他说去河东接孛儿，一激灵，便让他给白玉青捎个话，再探探母女俩的近况。大川挟两重使命，不敢轻心，把前后时辰又做了调整，才上路了。

有了上次的摸排，他很快就找到了白玉青母女。亦如看到他自是欢喜，缠着要跟他一块回扶苏。他看着她那双水圪汪汪的眼泛着殷切的神，真是拒绝不得，又无法应承。唐突间只好敷衍说，自个身上还有公务，等办完了再来接她。就因他的这个撒谎，给亦如心里烙下了阴影。此为后话。

且说白玉青听了他递来的情状，愣了愣，转而笑道："嘿，这两个老夫子，真也是的！碎碎点事嘛，还用你远路风尘地跑一程。你回去就说，到时候俺和亦如娃一同回去，去赶他那个事。你说，他唯一的养女和养女她娘，能躲七溜八吗？好了，亦如娃听俺的，俺自有盘算。这吧，你走时再来一趟，俺给他捎个东西。"

她看似轻飘的话与眉眼间的凄然，让雒大川凝神良久。可不是，女人的眼泪有时是用洒脱包装着。他应诺后，就打点另外一件事去了。

这天早晨，他来到许寒咏府邸外，隐在一处观察着院门周围的动静。这座府邸，他来过几次，并不陌生，只是他不知孛儿眼下身在何处。不一会儿，许寒咏走出院门，坐着车架去了。他拍了拍衣袖，朝许府大模大样走过去。门丁先是一愣，才认出了他，连忙堆笑道："哟，是雒官员，你这是……噢，许大人才才出了门。"大川朝院里瞭了一眼，平静道："俺刚从扶苏来，四夫人让俺把孛儿接回去。这个，你先给她道一声，俺在这儿等着。"门丁听了这话，显得手足无措，想了下才道："那俺把娘娘叫来，你跟她说。"门丁刚要走，就被大川拉住："听说孛儿被娘娘关了起来，这是为何？"门丁摇摇头，又道："要不，俺把崔婆子给你叫来，她掌管着孛儿的起居。"大川一听这话，觉得事态不轻，便要来纸墨，写了个条子："你把这个递给孛儿。"

一锅烟工夫，孛儿从西边的小院门钻出，急急向大川走来。只听崔婆子跟着喊道："上个茅房，跑这达干甚？"

大川一见，赶紧迎上去截住崔婆子，把给门丁的话向她复了一遍，又掏出一串钱递与她，悄声道："完了给娘娘说，就说孛儿上完茅房不见了。"那婆子看见这么多的钱，眼睛一亮，却又迟疑起来。他见此又道："这个不关你的事，你就照俺说的去做。俺这儿还给许大人留封信呢，说俺把孛儿带走了。"那婆子听得此话，圪眯一笑，双手在衣襟上蹭了几蹭，便悠悠接住那串钱来。大川一喜，转身对孛儿道："你赶紧收拾一下，咱立马就走。"他返回给门丁也撂下一串钱，又写了个便签，道："这个你交给许大人，就说四夫人要俺来接孛儿的。"说时，孛儿提着个包裹来了……

且说白玉青把东西备好，可左等右等没等来雒大川，未免疑惑：咋搞的嘛，大川可是个细法人呀？她那次回扶苏几进几出武府，都是大川从中帮衬的。唉，也许他忙中出漏，或者怕亦如裹缠他。自个虽说还能担待，可亦如这几天闷闷不乐，也一定埋怨着大川。这般相待，未免焦心。想了几个夜晚，渐渐萌了念头，思随绪走，情由境发。嗐，虽说难言，瞌睡总得眼里过。又趄摸了几天，她便把亦如叫到跟前，一点点，一层层，像剥苞谷那般剥开了那久封的皮囊。言毕，她如释重负地吁了一大口气，干脆把武子齐要娶兰思益的那堆杂沓，也齐齐给亦如做了个交代。

亦如在太州待了这么些天，早就闷翻了。她想回扶苏，嘴上又不好对娘说。这次雒大川的到来，让她喜出望外，可又叫她灰心失落。她也想了许多，从大川与娘的神色上，她似乎捕捉到了一丝异样的东西。尤其是她从门缝里听到他俩叽叽咕咕的，虽说听不清楚，可那个"养女"的长来短去，她还是听到了。一系列的事让她迷惑，可再怎么想，也决然想不到她竟然是武子齐的亲生女儿。如今娘把底子揭开了，吃惊自然是少不了的——从知府夫人到养女的转换，她都倍感不适，转瞬间又成了知府的亲女儿！怪不得——嘻！他大概早就晓得俺是他的女儿了。一种解脱后的激越、激越中的兴奋、兴奋后的温馨，一起涌入心房，奔腾全身。可她依然迷糊——为啥还要让她做亲爹爹的养女？所以，她陷入沉默，一句话也不说，忽而却露出任性来。

娘见她这般神情，知她在忸怩。是的，这么大的转折，需要点时间来适应。这天，白玉青看她缓了颜色，就拉她到跟前说："你爹爹有他难处，缓缓吧，等眼下这阵子过了，他自有安排。养女不养女，只要你爹爹心里有数就行了嘛。"

亦如先不吭声，突然一下扑入娘的怀里，哭了："俺不要，不要那个'养女'嘛。俺要，俺要嘛……可俺不要，不要那个，那个嘛！"

这是她憋了多少天后的爆发。喷涌的是喜，是怨，还有那种任起性来的撒娇。虽说是亲娘，白玉青还是头一次遭逢她的这般娇嗔。唉，多少年来，娃为自己没有亲爹而遭受了多少人的冷眼！如今她的亲爹，那个如雷贯耳的知府亲爹一下降临了，她那种撒娇纯然是天性的回归。白玉青紧紧抱住她，爱怜地摩挲着她的头，一边乖哄着，一边想：她后面的那个"不要"显然是指兰思益了。是的，她好不容易得到了这个亲爹爹，还没顾得倾诉，没得温存，怎能容忍另外一个女人闯进来。唉！世间诸多事，咋就……想着，自个的眼泪却像珠子那般滚落下来，滴在了亦如那微颤的身上。

　　且说兰思益的心在颠簸中渐渐失落，几无挣扎之力了。兰铭勋的重新摆布，令她困惑，这不是爹爹惯有的做派！尤其是二姐的突然转变，更让她不解——她明确听兰孜益讲过，婚姻不求富贵，但求实在。怎么一眨眼间，成了这般结局？退一步说，呼家也好，天骏也罢，那也是挑不出什么瑕疵的，难道仅仅因为亦如吗？她听二姐说过，如今亦如咋了，天骏又如何了……可不管咋的，婚姻可不是儿戏，想咋就咋个变法！先前只是老大有些杂音，可那掀不起什么风浪的。莫非眼下他掌控了爹爹？不，不可能。要说掌控，二姐也绝不可能。无奈间，她想到了呼天菲。对了，虽说这关乎兰、呼两家的隐秘，但她与天菲那是无话不说的要好姐妹。主意打定，她便去了伊家。

　　自天菲嫁到伊家，二人的来往几乎中断了。改换了门槛，思益的脚自然就沉重了。况且人家已是日月二气的光景，自己未免闹心。免说其他，光那个"背兴"就让她沉了脚步。其实，多是因了那个欲说还休的锦松……

且说天菲一见她，尴尬中挤出笑来："哟，你咋肯登俺这寒门的，莫非是，是给俺送什么好吃的来了？"话一转弯，才觉更为失当，也不看她两手空空，就胡乱搭腔。嘻！天菲言不搭调，愈显得尴尬，便赶紧拉她坐下，借故去端了一盘红枣过来，才搪塞道："奶个娃，费身子，老想着吃呀，吃的！"说着，看她不搭腔，默默坐着，才有了思量，端详道："是不是，天骏又淘气了？"看她仍不吱声，猜测其中必有什么说辞了。想了想，便又拉起她："走，俺也闷得慌，咱出去散散心。"

爬上疏属岭，来到八角亭坐下，她才道出心中的困惑和不快来。天菲听着听着，也隐了笑声。二人默了一会儿，又听她道："怕是俺二姐有了什么考量。俺是说，两个知府在中间怕有倒腾。这样一来，俺爹只能屈就了。"

"嗯——看来是。你说，俩知府想要做挑担，你二姐也没法子。"天菲知她摆不下天骏，可不摆又能咋？在眼前这般态势下，只能劝导劝导她了："要俺说，你大姐是进士太太，你二姐先是知县太太，后来才做了知府太太，可你好哇，一下子就是知府太太了。这不正应了人们海嘈的'兰家姊妹都不赖，一个更比一个拽'嘛。什么理儿都不如命，什么事儿都不冒。俺说思益，那个'呼兰不择亲'看来动不得的，这不正应验了嘛。"

她看了天菲一眼，欲语却止，遂站起身来向远处眺去。其时正是万木吐翠，百草欣然，鸟啼柳外，燕曲回廊。一轮胭脂般的晚阳，沉醉间被对面的卧龙山托住了。风撩林梢，霞映苍茫。她收回目光，才幽幽回道："天命可信，可不信。父母之命，不可违啊！只是天骏……俺不能再哄着他了。你看？"

天菲点点头："好吧。既如此，就得了断。放不下，也得放。俺看，该要说的，那就倒一倒。不过，千万别把小弟弟弄哭了。啊？"在这般情态下，天菲还不忘玩笑一把。

思益全然不像往昔那般，要使劲掐她两下，只是轻轻拉起她的手，凄然道："这会儿，不知他在干甚呢？"

那般恋恋而凄楚的轻音，不禁使天菲背转了身子……

掌灯时分，思益来到天骏的小屋。他以为她来熨帖自己了，故而显出了一股顽皮的神态，或戳戳她，或要她给自己剪剪指甲。言谈间，他才觉得她有些木然，或语不搭调，或语焉不详。他异样地盯住她，她挤出一丝笑来，仍不肯多说什么。临别时，她悄然把一页信纸放在了书桌上。他送她回来后，才见是一首小令：

风前雨后绕昨宵，

梦断湿鲛绡。

迟步倚门回首，

却把青梅抛。

凤阁在，

琴已销。

思益遥。

应知春去，

杨柳千丝，

犹系心槽。

（调寄《诉衷情》）

他又仔细地看了几遍，才觉得事有出因。尤其那个"思益遥"，字面字里的双关意味，再明确不过了。原先他隐隐约约听到家里人拉谈，说是兰家又请先生算了一下，他跟思益的命相不合。又听得旁人絮聒，说亦如成了武知府的养女。莫非思益又要成全他俩？此念一闪而过，觉得不合情理。思益的心他能摸着，看来兰家又生出了不谐之音。咋办？如今的姐姐，那般分量已超出了妹妹许多，不容他作何想了。恍惚间，他便追了出去，却在兰家门口止住了。徘徊许久，他索性上了疏属岭，倚在八角亭，呆望着兰家那座大庭院。树影婆娑中，犹见那个熟悉的屋，亮着熟悉的灯影。一连串的往事浮在心间，似烟如絮。抬头时，一钩初月挣扎地浮上山头，却又被浮云遮了去，或隐或现。薄暮中，谁家的玉笛随风袅来，如泣如诉，不绝如缕。风也飘飘，声也萧萧。蓦然间，他心头一滑，一首《诉衷情》油然生成——

今夜心声何处寻？

已非昨日琴。

袅袅梦回耳际，

始知相忆深。

香阁掩，

谁敲门？

思益沉。

此时唯愿，

婆娑影里，

依旧清音。

这当儿，那钩斜月踅出云来，已高出山头许多。隐隐约约的是卧龙岚翠，影影绰绰的是雉堞篝火。这两处留下了他俩多少足迹，想那笑声也刻进了岩壁和墙垛中了。一阵风起，再看那座熟悉的院落，灯火已阑珊。

不知站了多久，突然听见有人呼他。近了，他才听出是辰浩的声音。噢，在夜的寂寥中，这呼唤又是多么亲切！正是：

花前月下暂相逢，谁送离音悼落红？

自古有情非眷属，白云出岫本无从。

不知辰浩为何而来，下回接叙。

第十六回　情场失意棋场斗气　东边飘雨西边散云

且说辰浩气喘腾咽地爬上山来，对天骏说："俺就知你在这达窝着……俺娘、俺小姨到处找你呢。"见他还痴愣着，又道，"赶紧走，甭让她俩犯急。"

呼天菲一见他俩相跟着来了，才放下心来。她转身对呼天盈说："你去歇吧，俺改日再过来。"言毕，拉天骏到墙角，低声道，"咱爹让俺给你说个事，就是兰家那头靠实了。本来嘛，你跟思益就命相不合……"

"俺晓得了。"他打断了她，然后又拉住辰浩，"走，到俺那达下盘棋去。"见他迟疑，又看看天盈，"大姐，你就放辰浩一马。"

天菲在一旁叹出一口气来，捏了捏他的耳根，道："辰浩能像你一样，到处胡跑乱窜的！再说了，人家还要温习功课呢。这样吧，你去给咱娘道一声，就说今晚在俺那里住。本来，俺还有些话要给你说呢。"

一路上，她就给他道了："大姐才才给俺说，说咱娘就撂不下锦若。原先嘛，有些烦咨，说换亲不换亲的，这下爹爹也不吱声了。你看，论模样、论针线活，锦若都不比思益差。要俺说，锦若就是有些强势，其他方面都好着咧。你若愿了，咱就跟俺家婆子上话。咋样？"见他不接话，又道，"那你先度量度量。在咱娘哪儿，不要再耍性子了。慢慢价大了，得有个稳实嘛。"

天骏这才张了嘴："二姐，俺想出去念书。先前听思益说，昉益和锦松要去东洋念书，两家大人都不肯放，说把孙儿生出了，才放他们走。俺现时无牵无挂的，正好出去。不然以后想去了，又有一大堆磕绊。"

"不行，不行，你还没成家，娘咋肯放你走？再说了，人家俩都考上了举人，你呢？还是款款价，甭好高骛远的，把该做的事做好，就有个靠头嘛。俺想，你先紧着考考，再把媳妇娶了。这样，娘准会放你走的。你没听说，谁家的小子娶了个东洋娘们，就不肯回来了。俺说天骏，听姐的没大差，就是将来爹不让你去，姐可供你去东洋。咋样？"天菲一边说着，一边悠悠盯住他。

"俺不想考那个举人，尽要琢磨那个八股，烦死人了。你说，费那么大的劲儿弄个破玩意，有甚用？还不如早点出夫，学点正经东西。"他见她不言传了，悄悄道，"你不要给咱爹说，其实天帆也想出去呢。他也说了，跟着帛老弄那些八股文是荒废时日，糟蹋世事。还说了，早点跳出去早有出息。你看那吕布、韩世忠，都是咱街头的人，都不是少年得志嘛。若窝屈在门圪佬，还能成什么大事?!"

"你俩呀，借个羽毛就想飞！"她不好跟他再往下说了，突然一转念，压低声音道，"再给你说个事，就是亦如——俺听大姐才说，亦如原来是武知府的亲女儿哪！如此一来，闪失才大了。这个，亦如你也不要指望，快快断了念想。"

天骏一听却兴奋了，琢磨道："俺知亦如心思，她也想去东洋呢。这样吧，俺若去了东洋，她才好撺着跟过来。嘿嘿，俺俩走得远远的，不应再跟这个那个的胡讫搅了。二姐，让俺先去东洋吧。"

真没想到，转了个圈子却又转了回来。天菲无奈地摇摇头："你若真想出去，那就先成家。不管哪家，哪怕今天办完事，明儿走都成。举人嘛，你不想考就拉倒。至于亦如嘛，如今咱高攀不起。俺看就锦若了，嗯？"

她不厌其烦地劝着，说时，二人就进了伊家院子。

伊锦堂正在院里习练拳脚，一看这阵势，莫名道："你俩这算咋了，这晚的讫凑在一起干甚？咱娘寻了你几次，好像要安顿什么事。才才上炕睡了。"

说时，就见伊母推门出来，天菲赶紧上前扶了，道："俺回了趟娘家。这不，天骏缠着要跟锦松下棋。这俩夜猫子不折腾一下，不省心。"

伊母晃了他俩一眼，埋汰道："锦松那个下棋，也该收揽些了。常爱往棋堆里钻，没明没黑的，千万不敢把骏娃也带坏了。"

说时，伊锦若也蹿了出来，只听她清脆的声音道："俺三哥哪有那闲工夫，跟他磨蹭。他那般臭棋，怕连俺这关都过不了的。得是？"

　　天骏听她这口气，嘿嘿笑道："牛皮可不是人吹的。你若输了，咋办？"

　　就在二人斗着嘴时，伊母接话了："还没听过女子也能下棋。"排侃着，却也乐了，对锦若道，"还能咋办，连带嫁妆一块都让骏娃拿去！"

　　天菲扑哧一声笑了，挽住锦若道："你甭掺和了。这吧，去给那俩夜猫子备点吃的。他俩一上阵，就没明没黑的。"

　　"还当成正经营生了。甭理识，吃屁喝凉水，圪蹴在阳南地。"伊母拉住锦若，却又唤来贵贵，道，"俺们歇去了，你来伺候那两个神仙去。"

　　天骏这才觉得饿了。一看贵贵端来麻花和奶茶，便大口吃喝起来。谁知锦若又蹿了过来，缠定他俩要下棋。天骏见罢锦若多时，看她出落得有轮有廓的身段，未免眼睛一亮，顿时心神黏糊起来。锦松知自家这妹子，缠定个什么总能烦死你。便说自个困了，让天骏陪她玩去。然后倒头在里炕睡了。

　　天骏未免晦气。才才把棋盘子摆好，心里头已琢磨好了应对锦松那中炮盘头马的凌厉招式，可让锦若搅了个没趣。他看她跪在棋桌前胡乱摆弄，不时问这问那的，倒又生了怜惜之心，便把棋盘摆正，试了她几个招式。哪想到，她都准确无误地应对了。这让他大出意料，二人便楚河汉界地厮杀开来。没走几步，他就陷于困境。只因冲马太急，后续招数没跟上，被她捉死了一马。那就权当让她一马。他想着，不料又被她破了相。这下，他才觉得不妙，拼死收拢棋局，采用邀兑简化局势的战术，总算弈和了她。

"没想到，母鸡也会叫鸣的。"

"少见多怪！你以为呢，俺家养的母鸡就会。"

二人咂巴了几句口水，就又开战了。这回天骏不敢大意，每步都得按规矩出招。锦若自然招架不住，险象环生。当他拿掉她一子，她不依又拿回放好，嘴里不停地嘟囔："你咋这样嘛——吃人家的子，也不跟人家说一声！不行，俺得重走。"

"会下棋不？只有吃老将时，才会给你说。"他说着就上茅房去了。回来后，她催他走棋。他摸了一把中炮，才看到她跳了个卧槽马，赶紧应对时，被她摁住了："摸甚走甚，不得悔棋。"

"哎，你跳将咋就不吭声？"

"你吃子吭声了？"

俩争执起来，谁也不肯让谁，把个里炕熟睡的锦松吵醒了。

"哎，几时几辰了？"他揉了揉双眼，看了看桌上的闹钟，叹道，"这么晚了，还驴嗓门吼叫！"便起身撵锦若走。她哪里肯依，非要天骏认输了，才可罢休。

天骏看主帅要登场，便嬉笑了一把锦若："算俺输了，行了吧？不过，以后嘛，俺可不会碰这个神娘娘了。"

"输就输了，还嘴硬！俺娘说了，若俺输了，连俺带嫁妆给你；那你输了咋办，把你给俺？呵呵，俺才不稀罕。要不，把你家月娥给俺算了，俺正缺个使唤的。俺娘常说，这满城里就俺俩圪缠晃架的，天生的一对对撑天柱子。哎哟，你可不许赖账的。"锦若讨得赢局，自是欢喜，只管自个瞎叽咕。末了，伸了个懒腰，径自去了。不提。

却说锥大川带着孛儿回来，着实让兰孜益吃惊不小。她劈头盖脸把二人骂了一气，喝道："谁拉下的屎谁拾掇去！"责令大川把孛儿送回太州去。她咋也没想到大川竟然这么糊涂，这么胆大妄为。是俺惯的，还是他自个抽了？她索性把自己关在暖阁里闷着，等待夫君的发落。果不其然，许寒咏来信把她生生排侃了一顿，最后要她干脆回太州来坐月子。这让她黯然神伤。是的，她可从没遭遇夫君这般盛怒，这般揉捏。即便她擅自主张了一回，让孛儿回去了结那桩亲事，他也只是来信规劝了一番。她一气之下回信说，刚刚请人算过，这肚里是个男娃。兰家哥正缺个小子，等她把娃生下了送给哥，就立马回来。

许寒咏见她来了气，也就不了了之了。

这事与她无关，可她还是揽了起来。既是为大川，也是为武子齐争个脸面。闷气出了，下来该怎么个摆布？她确然六神无主了。

孛儿经了一路颠簸，恰时身上来了东西，回来后已是疲惫不堪。又遭受了兰孜益的一顿猛侃，才知这是大川的僭越行为。几茬子合在一起，她终于病倒了。

且说孛儿回来后，兰铭勋就把凤儿招了回去。这日子虽说回归了往昔，兰孜益却有了隔膜之感。若论理家看娃，凤儿是比不过孛儿的。可凤儿的乖巧和善解人意，让她很是少不了念叨，撒不了手的。本来她想留下凤儿，可拗不过老爷子，未免扫兴。这下看到孛儿拖着病体伺候自己，心里很不是滋味。

这天，她见孛儿丢三落四地前脚不搭后脚，不快道："你身子不好，就不要硬撑着。给你呼家婶子捎个话，把鸣珠借咱用几天。趁着日头长了，紧着把棉衣、被褥拆洗了。你看俺这肚子，想来搭个手都没点气力。往后嘛，你也得走了，俺正踅摸着……"正说着，就见孛儿跑到院子里弯下了身子，欲吐不吐的样子。她隔门瞅着瞅着，心里一紧，莫非……紧着慢着问了，孛儿只顾难受，那还管了她说什么。一个仔细问，一个语焉不详。她愈加急切，便独自琢磨起来。越是拼对，越觉得有些蹊跷。突然，心里又一紧：这个茬子对不上，里面有大麻缠呀！

呼天盈听了她说，细算了一下，才道："你估摸的不会错，孛儿这身子应是二月里怀上的。大川跟孛儿前后足有两个月没在一起，这娃肯定不是他的了。嘻，孛儿不肯说，就甭问她了，除了你们那个外甥，还能有谁嘛。你乍说，你这边刚把生米熬成了熟饭，许知府那头却又把熟饭熬煳了。眼下这般搅和，谁也头疼。真是染匠踅到粪池边——咋个摆布？"她见兰孜益眉锁愁云，脸罩迷雾，一副蔫不邋遢的模样，宽慰道，"你也甭愁肠。人常说了，歪脖子骑驴——光朝一面扭。要俺说，既然孛儿这般了，那只能紧太州那头了。赶紧让俩娃把事办了，其他的权当一风吹了。"

"可是……"

"甭可是了。就算孛儿热乎大川，你可不敢胡拾翻，乱中添乱。再说了，孛儿依托老许那头，将来日月也好过嘛。"

兰孜益不接话，只顾盘算：肚里的东西不是大川的，就一定是那个外甥的了？恐怕还难说，等以后慢慢再来套孛儿的话了。她想着，却不能说透，便接道："你说的也是。不过，这事俺得跟老许拉谈一下，才好安顿。"

"哎哟，碎碎点事儿，看把你熬煎的。这吧，俺给你再雇上一个丫头，好好把你这个家打理一下。"

果然天盈麻利，她让鸣珠相端了一个女娃，带给孜益，说："这鸣翠是鸣珠的本家妹子，知根知底的。只是娃还没来过城里，一打眼邋遢些，可娃不笨。甭看娃岁数小，重活儿累活儿都能扛得动。当下，你这儿的路数、规矩她还摸不着，趁孛儿身子还利索，可以调教调教她。俺看，不出半月二十天的，娃就能出挑了。"

看惯了孛儿和凤儿，这鸣翠咋说也入不了兰孜益的眼。不说模样如何，单就那个邋遢就让她皱眉头。听了天盈这么一说，她勉强应承下来。又想：鸣翠这娃身子骨硬朗，让孛儿带出个样子来，将来用她换凤儿过来，也未可知。遂唤孛儿烧水伺浴，又拾掇了一堆自个的衣物给了鸣翠。

转眼到了暑天，孛儿的肚子却一直平平的，这让兰孜益又陷于迷糊。不几天，孛儿身上又见了红，这才让她大呼"不当"来。原来，孛儿因病和焦虑，才停了经。呼天盈闻知也惊得一塌糊涂，说幸亏她谨慎了一下，不然这麻缠就弄大了。

虽说了了一桩心事，可另一桩欲散不散的。兰孜益便趔摸着套套孛儿的话："大川，他说了那个……俺看你俩，那个晚上，怕是做下了。俺想，也就这了。人常说，生米做成了熟饭。唉！"

"啥，大川？他胡说甚嘛，净瞎扯！"孛儿慢慢理清了头绪，就把前后的杂沓来了个竹筒子倒豆子，爽然道，"四婶儿，其实俺们甚事也没得。"

"那么说，你如今还是女儿身？"见孛儿微微点头，她眼睛一亮，拉孛儿坐在自己身边，看了又看，似乎要看出个什么端倪来。二人的泪水夺眶而出，又汇聚在一起。唉，此刻，多少的话儿全融在这泪水中了……正是：

> 一般遭际两厢分，万种风情千种因。
> 只道五行能演替，人间自有对头人。

欲知后事如何，且待下回分解。

第十七回　郁闷女见机动心机　失意人面壁图破壁

且说孛儿前前后后捋了一遍，大致理出个头绪来。雒大川的雪夜闯宅、兰孜益的那把铜锁子，以及其他事情，她便有了七八成的猜忌。唉，这般捆绑令她不爽。尤其是大川这次"假传圣旨"，给许府平添乱象，让四婶难堪。最让她难于容忍的，竟是他那无中生有的胡扯……唉！她想了几个夜晚，终于拿定了主意。这日，她见兰孜益投来关切的目光，欲言又止的样子，知她在想什么。便鼓了鼓劲，道："四婶儿，俺想好了。俺，不想嫁人了，谁也不嫁。许或，一辈子不嫁了。"

这突如其来的话，令兰孜益诧异。她盯着孛儿看了会儿，才道："莫非想出家当尼姑？"看她摆头，遂笑道，"俺只见过光棍汉，还没听说哪家的女人不嫁人。甭说傻话了。这个，俺看……"她见孛儿依然在摆头，就咽了后面的话，想：都是自己的不是，让娃经历了这么多的辛苦和委屈。所谓一朝被蛇咬，十年怕井绳。况娃刚经世面，不谙风情，身心哪能承受这般揉捏，娃心里确是有了阴影。想着又道："也好，暂且缓一缓，都摞一摞，搁一搁。你嘛，岁数也不大，论模论样，论品论行，不说百里挑一，只怕这远近也难寻上几个。慢慢价，四婶儿说不定能给

147

你趐摸个更帅正的。"

"俺谁也不嫁。就让俺伺候四婶儿一辈子吧。"

她看孛儿凄楚的神情,也不好再说什么。默了默,转道:"等坐完了月子,俺想带你去一趟京城,看看颐和园。听说圆明园被洋人烧了个精光,若是洋人再烧了颐和园,那咱想哭都没泪了。"

孛儿闻此扑哧一声笑了:"四婶走哪儿,俺都随着。"

这么多天来,兰孜益难得见她一笑,未免柔肠百结。便拉她在自个身前坐定,絮叨起来:"如今咱多了个人手,你就不应舍身子了,杂七杂八的事儿就让鸣翠去做。鹤娃黏你,你就多哄哄鹤娃。再给你说个事儿,就是你呼家婶子想让你帮带一下鸣珠,她女红老是做不好。你有闲了,就过去帮教帮教。"孛儿答应着,便听鸣翠隔窗唤道:"二姑,有客人。"

声到人到。就见呼天骏两手提着东西,闯进门来。俩人还没反应过来,就听天骏道:"俺娘让俺过来,说拾揽了些吃的,也不知是些什么宝贝。"说着就把东西递给孛儿。

"哎哟,你看看,这——俺这身子。本来,俺早想过去一趟,看望一下二老。你看这……等月子出来,俺可要过去一趟的。"兰孜益喜圪嫣嫣地说着,刚要回头吩咐,见孛儿低着头,那乜斜却滴溜溜地射向天骏。她一顿,又笑将开来,便唤鸣翠烧水沏茶。孛儿才灵醒过来,一溜烟出去,又急急端了一盘水果返回。

这么近地面对面,天骏还是头一次看孛儿,未免心里嘀咕起来：辰浩这尿，眼窝子还是不赖！只可惜，他那碗酸菜汤喝定了。

兰孜益看他木木的，不多言传，就寻话道："听说，那个伊家的锦若给你说呢，得是？"见他摇头，一笑道，"你呀，这算个什么式子——是不愿意，还是不晓得？"

"这个，兰家二姐，这全是空里的事儿。"

"空里的事儿？"她眼睛一转，笑道，"那么说，还是你胡拧跶了。"

"俺二姐说了，书中自有颜如玉。叫俺心无旁骛，把正经事弄好。"

"哎呀，那个说法老掉牙了。俺看，书外也有颜如玉嘛。"她瞄了一眼孛儿，品了口茶，才道，"就说你二姐天菲，颜如玉甭提了，就连武知府也说，她是咱扶苏的头号'赛貂蝉'。那个锦松读了几本书？怕还没天菲读得多呢。"她又瞄了一眼孛儿，"你看俺家这女女咋样？那个大川连俺的诗都读不懂。唉，世上的事嘛，哪还有个一定！"

他便又端详了几眼孛儿，不好再说什么，只顾喝茶。孜益愣愣地看他，似乎在品对他俩。是的，看着眼前这个标致的后生，她又一阵心堵。多好的一对对，硬是把思益拉给了武老头子。怨谁？自己虽说尽力了，却也是独木难撑。嘻，谁也怨不得，命！也罢了，其实，亦如跟他也蛮搭的，若论方方面面，亦如跟他才是天生的一对对。只是，如今这里面倒腾太多，不知老天咋捉弄的？！

"哎，天骏，你跟亦……"她猛然醒了过来，赶紧收住了话，又愣愣看着他，才一笑道，"你跟以，以前大不一样了。还记得不，你小时候不跟别的娃耍闹，只爱寻思益耍。后来嘛，又寻亦……"妈哟，这嘴又不听使唤了。越是要回避亦如，这亦如总是缠着你不放。她只好再转个向："又寻益，找敏益和俺撒欢。你记得不，那时俺常常抱你，你说就爱闻兰家姐姐的味道。呵呵，再后来，就死缠上了思益。一次把思益惹恼了，你就……"她看了孪儿一眼，接道，"这个不能让孪儿晓得。"

孪儿眯眼一笑，就溜了出去。

"以前的都不应提了。俺看，思益也好，亦如也罢，那都是命。锦若嘛，命不命的咱不说，只她那个洒打流野的样子，俺看不合你。你嘛，俺想，俺再给你……"

他大概看出了她心里窝着的东西，打断道："噢，这么个——听辰浩说，他看上了你家孪儿。可是，大川那边咋弄着？"

"啧啧，你呀！甭这呀那呀了，俺孪儿，谁都不给。除了，除了给你。"她看他一愣，不禁笑开来，"吓着了吧？甭怯乎，闹你玩。"笑罢，又仔细瞧他：哟，孪儿跟他蛮搭的，哪怕给他做个小的，看着也蛮舒心。呼家若是得了孪儿，那是他们的福分。那大的家业，须得这么个女人。论持家什么的，怕少有孪儿这号荏苒了。可眼下这堆乱麻，几头都得好好理顺，才能行动……

天骏看她云游着，不好搭话，便起身告辞。她哪里肯依，非要留他吃饭不可，便唤起孛儿来。他不习惯在别人家用餐，便推说还有事，改日再吃。待他出了门，她才想起什么，让孛儿拿了一包东西追了出去。

"哎，哎，哎——哎，叫你呢！"待孛儿最后加重了语气，他才止了步子，侧转头："你'哎'个什么，即便不叫个'叔'叫个'哥'也行嘛。"

孛儿羞涩一笑，双手递来一包东西："俺四婶儿给你的。说是人参。"

"这个，糟蹋了。还是留给你四婶儿吧。"

"哎，不是给你的，说是孝敬你家二老的。这东西俺四婶儿多着呢。"

"一会儿说给俺，一会儿又说不给俺。你这是咋说话的？"

孛儿知他逗自己，圪眯一笑，低下头去。天骏看了，幽幽生了些怜惜，便双手接住了那包人参。怪哉，她的手却不肯松开，盯住他想说什么。他便腾开一只手捏住她的一只玉腕。她一个颤抖，绯晕顿时染了脸颊。欲缩不缩，欲罢难罢，只悠悠松开了另一只手，背在了身后。他却依然捏着她，悄然道："俺姐家辰浩看上你啦。甩了那个大川，嗯？"

她摇摇头，抽出那只被他捏住的手来，不知所措。又低下头磨蹭了一阵子，才掉转头来跑了回去。不提。

且说辰浩得知大川接回了孛儿，肚里那股子酸水直往口腔里冒。他从爹爹那儿拿了一张地图，把从太州到扶苏的沿路客栈掇量了几遍，骂道："俩驴日的，保准干下了好事。"可不是，别人嚼过的馒头还有甚味道！虽这么想，可真要抛了孛儿，又让他难以割舍。

又想到亦如，他摇了摇头。虽说爹娘心仪她，可他找不到一点感觉。尤其是天骏跟亦如那般黏糊，更让他多了排斥。

这天他见了天骏，说着说着还是把不住嘴的，给小舅敲起边鼓来："俺娘你姐尽瞎弄，异想天开。你说，人家知府千金，谁能高攀得起！这得怕……哎，小舅，你知亦如待在太州干甚呢？俺有个估摸，怕是那两个知府要做亲家呢。要俺说，你就死了那个心。"他看天骏瞪起眼来，赶紧守住了嘴，一笑挑明，"俺是说，咱俩一起去东洋念书。一来二去嘛，转个圈圈，外面的天地大着咧。咋样？"

天骏沉默了一阵，才摇头道："嘻，说你井底蛙，不妥；说你水中鱼，那是确当！不是你告俺说，许知府连个小子都没，他们咋做亲家？"见辰浩拍着自个脑袋傻笑，接道，"得长点心呀，就像见了这个忘了那个，不敢再见了哪个把孛儿也忘了。嘻！如今哪，俺是哪儿都不想去了。跌倒爬起的，不说败阵也似逃难！你不是还瞅着那个孛儿，咋舍得撂下她要逃？"

辰浩听了，不知该如何应答。天骏侧眼闪了一下，那肚里的话分明是：你追你的孛儿去吧。至于亦如，咱们等着瞧就是了。

只是一年多的光景，白亦如的身子便扭了三次麻花。这让呼天骏时悲时喜，东瞅西望。面对"武夫人"的无奈，他低头认了命；突然间那个"养女"的降临，又使他缓过神来。无奈秦晋相隔，望眼欲穿。在天天盼着亦如的归来时，却又盼来这么个"知府千金"的难堪！二姐说的话，他还不以为然，这下辰浩的一咕哝，他才觉得麻烦不小。是的，许知府虽说不可能，那么李知府、王道台、张巡抚呢？她老子岂能让她下嫁？然他还有一丝企盼——如能见到亦如，跟她当面拉拉，或许还有个什么反转，也未可知。

呼家大丫头月娥，看天骏这些天情绪低沉，也生了心疼，就不停跟他叨叨些话儿。虽说她从小寄寓呼家，可与天骏不多言传。只因呼缙昌想把她给天帆做小，她便少了丫头的乖顺，多了几分矜持。自天菲嫁到伊家，天骏却像霜打的禾苗，蔫不啦叽的，一半魂儿没处安顿。月娥便像嫂子那般，不时体贴他一下。他才又像活过来似的，蹦跶开来。这个准嫂子，比之天菲不足，可比那些老嫂子，自然多了几分随意。老的像他的娘，动不动要板个脸什么的；月娥则像天菲，总能跟他耍一耍，戚戚楚楚一气。

这天，月娥说给天帆做的鞋子不合脚，让他试试能穿不。他一试蛮合脚，就要起笑来："哎呀，正应至。这双鞋子你本来就是给俺做的嘛。"调笑间，他把辰浩说的那些话给她翻了一遍，感慨道，"俺如今哪，真是一口吞了个鞋帮子——心里头没底儿。月娥，你就给俺拿个主意吧。"

她听了倒没多少吃惊，想了想道："其实嘛，说心里话，先前俺就觉得亦如不合适。这下嘛，辰浩说的理儿不偏。要俺说，还是锦若稳妥。老爷的那些话，没个准儿，还不是听了嫂子们的叽咕，说锦若洒打流野的。锦若看起来咋咋呼呼的，其实，她心地善良，也没坏毛病。你呀，就听你娘的。不知你信不，这怕就是命。"她那是一半为天骏着急，一半又有些连自己也说不清的裹缠。

他听她这般说，神情轻松了一些，但心儿还是堵得慌。锦若不锦若，那是以后的事。当下，他想知道亦如到底咋想着，便找了辰浩说："要不，你陪俺跑一趟太州。不管咋地，不能让尿把活人憋死嘛！"

若放在先前，辰浩哪有什么说的，小舅的营生那可推托不得。可眼下他就磨叽了，良久才道："这个嘛，得跟俺娘说说。她不放话，俺能行？况且，这远路风尘的，咋个去法？俺看，你也甭着急，反正亦如跑不了的。还是照俺小姨你二姐说的，先考考举人。把底盘弄厚实了，再弄什么也稳实。"

天骏听他这么一说，摇摇头，叹了口气。两人眨巴着眼端量起来，似乎彼此不认识那般。从此谁也不提亦如了。

且说天气渐渐热了起来，天骏懒得出去，便窝在家里琢磨起八股文来。呼姨娘觉得新鲜，想想应是帛柏霖的促使——这娃们就像那风筝，没个拴拉的不行。她一时气顺神扬，便让月娥给他加了些好吃的。这日，他正习练着，见月娥隔窗唤道："大秀才耳朵不好使了，咋地？"他还在迷瞪，就见月娥拉着孛儿进了门，一时不知如何招呼。

"哎，骏娃……"月娥刚出口，便失笑地捂住自个嘴巴，朝孛儿递了个眼色，"俺哪，跟着太太叫惯了，舌头就长了茧子。得得，三少爷，人家孛儿请你呢，赶快收拾一下，甭叫人家傻等。"

天骏诧异地盯住孛儿，就听她道："俺四婶儿备了一桌好吃的，说你答应她了。这不，让俺过来请你过去呢。"

"嗯？嗐，你这四婶儿！俺就顺口应了个景，她还当真。"他连连摆手，孛儿不依，非要他去不可。他想了一下道："这样吧，你四婶儿快坐了，等娃满月那时俺再过去，凑一下闹儿。得行？"

"那是那儿，这是这儿，一码是一码嘛。反正，俺没法交差。要不，你过去跟俺四婶儿说去。"

月娥扑哧笑了："你俩呀，真是捏了一炷香。既然去了还说甚，那些话不值跑腿费！俺说骏娃，哦，三少爷，人请人是个好事儿，你赶紧跟孛儿过吧，别让人家作难。再说了，你一走，俺这顿饭也就好做了。"

天骏看看月娥，再瞧瞧孛儿，露出无奈的神情。又磨蹭了一下，便对月娥道："要不，你陪俺一道去。咋样？"

月娥看这情状，蛾眉一挑对孛儿说："你且等一下，俺去去就来。"

屋里便成了二人世界，彼此欲语还罢，偶尔一对视，却又瞬间移了目光。局促间，她在想：他为甚要叫月娥陪他呢？他也在嘀咕：吃顿饭嘛，还要这么磨烦。未几，月娥换了一身新衣服进了门，一笑道："太太好说，老爷难说话。不过，俺这舌头一嚼，老爷就松绑了。好了，咱们赶紧走吧。"

　　兰孜益见三人进了院门，一喜一诧异，迟疑间赶紧笑道："这不是锦若嘛，多时不见了，这猛地长呀……"

　　几个一时都愣住了。还是天骏激灵，赶紧接住："兰家二姐走眼了。"遂把月娥拉到她跟前，"你再仔细瞧瞧，这个是谁？"

　　兰孜益遂把月娥上下打量了一番，佯狂道："哎呀，人不老，这眼窝子一满拙了。不过，要论腰身，月娥跟锦若一圪板板的；论那脸蛋嘛，也差不离，只是锦若更花哨一些。"大家笑罢，鸣翠便趄过来招呼大家入席。她一不留心，把月娥唤成婶娘了，又起了哄笑。月娥却倚老结实地摆起了谱，道："也罢了，她这么叫俺，却也应该。"

　　天骏和月娥簇拥着主人，孛儿与鸣翠隔桌而坐。按理说，这铺排也合路数，可兰孜益就是觉得别扭，提不起神来。心想：本来借这饭桌想跟天骏拉拉话，再借点酒劲把他与孛儿往一搭里推推。没想到他跟了一条尾巴，这……想着，就道："你们看俺这身子，想多陪你们一会儿也不得劲。这吧，你们几个想吃甚、想喝甚、想咋耍、想咋闹，由着性子疯去。俺去歇歇了。"说完便起身离去。真也是，她精心设的局，却让月娥搅浑了。正是：

　　　　一吐月下新词，哪管重山迢递。

　　　　问罢天涯孤影，才知悠长如此。

　　欲知后事如何，且待下回分解。

第十八回　道苦衷月娥明心迹　困幽情孛儿耍蛮横

且说应酬完饭局，天骏想去河里扑腾一下。月娥不依，说喝了酒不能下水。他叹了一声，说呼家又多了一个管他的人。

"俺才不管你呢，都是老爷的吩咐。再说了，俺又不是你呼家的人。"

天骏看她神情悒悒的，也猜到了七八分，就不言传了。一路走着，她看他也凝重，便问："你今儿为甚要俺陪着？"

"怪俺？你得问问你自个！本来嘛，俺只是信口说说，想让你挡个驾，可你却当了真。不过嘛，也没个甚，你别往心里去。人家挺着那大的肚子，还要咋？俺看……"

"你不用看。那大的肚子了，还不省心，为个甚？你再看孛儿，好像俺把她的馍给掰烂了，掉个丧脸。唉，你说对了，是俺没长眼色。人家那是只请你，俺嘛，搅了人家的好局！"天骏听她如此说，便也闷着不吭声了。想想也是的，他想再劝劝她，可说了也是多余。两人便只顾低头走路，随默而然了。

扶苏初夏的天，不到亥时是不会黑的。放眼望去，大理河里尽是打澡水的娃，还有洗衣裳的婆姨、女子。娃们不时把水里的嬉闹引到岸上，光着腚来回追打；女人们多已歇息下来，不是叽叽喳喳地絮聒，就是看着娃们戏耍——原来她们要等着薄暮降临，也下水洗洗身子，或扑腾一下。

"哎，月娥，你看——"天骏指着两个急不可耐地正褪去衣服的女娃，讪笑道，"要不，你也下去洗洗身子？"

"俺才不去呢。想看俺的浑不留，是不？那俺回去烧锅子水，也就洗了。走吧，回去让你看。"看他失笑地直摇头，又美美价瞪了他一眼，"甭绕那个弯弯肠子了，就是俺去下水，你也不许去。欸，今儿桌子上你咋蛮听话的，俺给你递眼色，你就不喝了？"

"这不是对了嘛，俺没多喝，就等着扑腾一下呢。"

微风顺着河岸吹来，花柳摇曳。天色渐渐暗了下来，随风送来娃们的嬉闹，切换成婆姨们的笑声和叫喊。月娥一时难耐，身子跃了几跃，还是把持住了自己。她看看他，幽幽道："这阵儿蛮舒哉的，要不俺们坐下拉拉话吧。"她看他乖了，就寻了一块小树林旁坐了，渐次依偎他身边。

"快说啊，有什么要说的？"

"拉拉话，非得要有事儿？"看他不吱声了，才缓缓道，"哎，你说，你说孛儿是不，是不瞅上你了？"

"你问这个干甚，又不关你什么！"

"不关就不关吧，反正……唉，俺常听你爹你娘拌嘴，就为个锦若嘛。如今二老不见干仗了，八成是你爹缴枪了。得是？"看他不接话，又道，"算俺多嘴。不过，俺也喜爱锦若。那个亦如好是好，但不牢靠。再说啦，如今人家已是知府千金了，那个'千金'脾气你怕担待不起。何苦呢，放着车辇不坐，非要骑驴过桥！"

"车走车路，马走马路，各是各的事。走吧，俺困了。"

咦？叫你走，你磨蹭着不走，犟得牛也似的；只几句话，你就不耐烦了，竟然要回家。她想着便道："天还早，再坐坐吧。"她似乎也要跟他犟一犟。

风儿又飘来河里的嬉闹声，二人却陷入静默。良久，他忽地蹴起了身子，对她说："俺娘说了，要把你给了俺……这个，你听说没？"

她摇摇头，又点了下道："这个，俺可没想好。不过，你才才不是说了嘛，呼家添了个管你的人。看来，俺不想管你，都不成了！"

他一听她这话，便坐回原处。静默中，琢磨着怎样来逗她。一笑道："哎，你看那些白花花的肥肉攒在一起，不硌硬？还喧声浪气地扭什么！"

"硌硬甚咧，谁还不知谁长个甚！"

他扑哧一声笑了，歪着脸对她："俺就不知，不知你的那些肉肉咋长着。"

"要死了你，不是！"月娥把脸歪向了另一边。

天幕渐渐暗下来，朦朦胧胧的，隐约看得一女子跃出水面，弯起腰来漂洗着长发，撅起的肥臀倒还明晰。她便呵呵一笑，用手遮了他的脸："硌硬了还要看！走吧，甭让老爷谴臧俺，说俺……唉，不说了。"

"说你甚了？"

她看他一眼，嘴唇一噘："不告你。想要知道，得答应一件事儿。"

"什么事儿？"

"娶了锦若。"

他见她又提了起锦若，就不吭声了。

她见他沉下脸来，觉得自个确实多嘴，便又渐次依偎他："好吧，告诉你——老爷说俺，只长个子，不长心眼。"

"那倒是。不过，你还是听老爷的。你这么猛的个头，配天帆正应至。其实嘛，俺看，你一点不缺心眼。只是你不听老爷的，他才说了气话嘛。要俺说，天帆他……"

"不说他！"她使劲捂住了他的嘴。旋而，一下扑进他的怀里了……

谁家的狗在远处叫着，影影绰绰有人打着灯笼。大概是有人寻找他俩了。天完全黑了下来。大理河经了一天的泼烦，渐渐歇息了。唯有河岸的小树林里，两颗心依然跳得欢实。

且说孛儿这次真的病倒了。

鸣翠本来就跟不上趟，不是木囊，就是做的饭菜不合兰孜益的胃口。这下，她要两头顾应，便显得捉襟见肘了。兰铭勋闻此，就把凤儿又打发了过来。这个小院一下子有了三个丫头，那个磕碰也就难免了。

这天，凤儿拾掇了一大堆衣物，让鸣翠跟她一道去河里洗。鸣翠说孛儿叫她到街上弹棉花，去不了。凤儿不悦，说："你连哪头轻哪头重都摸不着，要你干甚！"鸣翠努着嘴，只好随凤儿去了。直到天麻麻黑，俩人才端着洗好的衣物回来。芋儿一见，气不打一处来，生生价把鸣翠损凌了一顿，说她是"屎壳郎爬到了扫帚上——不识眉眼"。

兰孜益察觉三人起了生分，想了想，觉得还是要护着芋儿，便私下给鸣翠做了叮咛。芋翠之间顺畅了，凤儿却起了性子。虽说她小了芋儿一岁，却仗着东家的势头，全然不把芋儿放在眼里。又因了芋儿那天的指桑骂槐，才是憋了一肚子的气。这天，她又指使鸣翠到鸣珠那儿取个东西。俩姊妹谝着谝着就把时辰忘了，直到鸣珠要做晚饭，鸣翠才赶紧往回赶。一回来，冰锅冷灶的，芋儿拖着恹恹的身子，才不替她张罗了。鸣翠见状赶紧生火，急忙连火都生不着。呛了一脸的鼻涕眼泪，还是不中用，一急之下便央求凤儿相帮。凤儿晓得这是外面气温高，烟火上不去，便让鸣翠打开窗户，拿把扇子从门外往门里扇暖风。芋儿见她俩这般架势，又气又好笑，说这真是三个和尚没水吃，叫她俩滚蛋。

把气直接撒向凤儿，这事就闹大了。凤儿这次来是专职伺候兰孜益的，过完月子她就得走。那次带鸣翠去河里洗衣裳，还是看不过眼了，才做了一次分外之事。你芋儿不谢俺也罢了，还这般出言不逊。凤儿便执意要走，却也给兰孜益搁了面子，说她娘托人捎来话，要她回去一趟。兰孜益心知肚明，想也让凤儿过去消消气。

这天晚上，她咋也合不拢眼。想着三个丫头的闹腾究竟是咋了。细细想来，还是芋儿的不是。唉，娃先前可省心的，不是这般呀！即便说病了，也不至于这么尖刻、蛮横。唉，自太州回来后，娃就没过好心情！俺嘛，弄事总是大起大落，没个把握。老是自己想当然，好心戳了个烂窟窿。看来，天骏让娃伤心了。是的，是的，娃瞒不过俺，哪怕一个微小的举动，都在宣泄着对天骏的在乎。那么，咋办呢？嘻——为了娃，俺也就不顾老脸了。等做完了月子，再下盘头。不管咋样，要让事情有个明黑。

呼天盈听了鸣珠说，也心焦起来，便跑过来打探情由。她见兰孜益沉着脸，不似以往，就说把鸣珠打发过来，添个帮手。孜益咋也不肯，说凤儿只是消消气，立马就会过来的。天盈叹了一口气，道："你也不是常有的事嘛，就这些天当紧，可得仔细些。就是以后要让俺相帮，只怕没了因由。再说了，多个人手多个照应，哪怕出消料息、跑个腿儿什么的，也能顶点事。"兰孜益见她如此说，也就应承了下来。

且说鸣珠过来没见到凤儿，就舍起身子操忙起来。这么多的丫头一下子聚在身边，还是平生头一次。兰孜益美滋滋地品评着——论理家做活，各有长短；论相貌品性，也是春兰秋菊，各呈其妙。虽说鸣珠脸蛋略微平淡些，却也耐看。而那腰身忽闪起来，与孪儿的当有一论。且鸣珠性情厚实，处事稳重，是当家的好材甋。天盈说过大川看不上鸣珠，她觉得未免夸张了。若抛开其他说辞，鸣珠配他大川，那是绰绰有余的。这般想着，便起了念头：若能见了大川，不妨探探他的口气。

这天，大川听说孪儿病了，提了不少东西来探。二人久未见面，显得有些拘谨，但似乎暖热了一些。兰孜益仔细观察着他俩的情形，觉得如此下去，孪儿也许会春心复萌，再拉扯起来。她便决定两步并走，两手同来，该了的要了净，能起的就不要磨蹭。

果然，大川隔日又来了，孪儿的话显然比昨天多了起来。兰孜益看在眼里，想了想，便与他做了交底。

"大川，太州那边恐难了断，孪儿也跟俺说了，说她想歇一歇。俺看，你俩的事只能搁下了。另外，给你说个事，就是鸣珠这两天在俺这达帮衬，俺看这娃不错。你若有心，俺可以帮你们捏合一下。咋地？"

雒大川听了自是黯然，久久不肯言传。告辞时，他才撂下一句话："那就等孪儿歇起来了，再说吧。"

真是一事套着一事，事事纠缠，事事瞀乱。未了不了，要了难了；欲了却顾，不了心堵。唉，咋一个"了"字了得！无奈间，兰孜益沉下心去，睁一眼闭一眼了。

再说兰铭勋见凤儿过来了，以为她是取点什么东西。直到翌日还不见她走，这才问了。凤儿不好说什么，托言那边人手够用，等二姑快生了她再过去不迟。就这般为了消口气，可没想到，差点惹出乱子来。

且说这天，鸣翠慌慌张张跑来兰家，说二姑要生了。凤儿一听，顾不得什么，赶紧就跑。却又回头对鸣翠喊道："还愣着干甚，快去叫接生婆。"

鸣翠依然傻愣着，这接生婆到哪儿去招揽呢？她木囊着，却也不知把这事再告知兰家老小。幸亏兰敦益在街头碰见她，问了情由后才把接生婆邀了过来。就因她这个耽误，接生婆到达时，兰孜益已把娃生下了。又是个女儿，取名云竹，小名囡囡。

好在是顺产，也多亏了鸣珠的帮衬，便也没闹出什么事儿来。可兰铭勋知了底情后，狠把凤儿呛了一顿。对自己这丫头，他是蛮信赖的。把她打发过去，就是不放心那边的丫头，才做了个铺垫。然而还是出了这么个娄子，想着有些后怕。他一气之下，撤回了凤儿，打发兰敏益去守月子了。

这天，兰思益回了趟娘家，才闻得此事，便让凤儿陪她过去看看囡囡。可兰铭勋不依，说等满月了才可过去。她又见凤儿不似以往，沉着脸不多言传，便趸探着问了。一笑道："没个甚嘛，生头收收当紧，下来嘛就跟母鸡下蛋一般。老爷子那是心疼他的二女儿，胡冒火气。俺说凤儿，你就款款价，甭闷坏了身子……要不，俺跟老爷子道一声，你就到俺那边去，咋地？"凤儿听了自是欣喜。

兰铭勋听了三女儿的嘀咕，不肯言传。又扫了一眼她的肚皮，才缓然道："也好。你那头也得这么个丫头。这吧，完了给敦益道一声，叫他把小芹送过来，让凤儿调教调教，等带出个样样来，才好接茬嘛。"

思益赶紧操弄起来。说也顺当，半月以后，凤儿便踏进了武府。正是：

> 烦事哪能全了尽，好花岂有常开时。
>
> 忙来忙去即烦恼，叹后才知无了期。

欲知后事如何，且待下回分解。

第十九回　拟嘉联触景吐胸臆　调谑语顺情起柔怀

且说凤儿易主没多久，白亦如也从太州回到了扶苏。

这让帛柏霖长出了一口气："继棠的疙瘩解开了。接下来就是思益该给武家留个种种了。"他嘟囔着，就踏进了知府官邸。

武子齐喜事连连，自然神清气爽。一见帛柏霖就拉他坐定，唤茶递烟，朗声道："你来得正好，有个事想跟你拉谈一下。前些日子朝廷下了诏书，鼓动地方兴办新学。我有个琢磨，能否把眼下的私塾整合成一所公立学堂？"

帛柏霖一听摇摇头，旋而又点了两下道："俺也想过这个事，只是觉得火候未到。不过，由你来领料，俺看这事许或能成。"

武子齐见他有所保留，试探道："咱们这是秉承上头意旨，来为民众办事，两头沾热嘛。我看，这个火候正当其时。只是，操弄这事得个扛硬的人，还得四下里有个招揽。要不，你来执头，如何？"

帛柏霖连忙摇头道："不可，不可。一来岁数不饶人，俺这腰骨不行了；二来操弄这事得个有头有脸的人，起码能黏合住几个大户人家才行。"看武子齐静待他的下话，便挑明道，"让俺说，一个是伊锦荣，下来就是兰敦益了。"

几经权衡，武子齐锚定了兰敦益。一则兰家书商并举，门楣人气两旺；再者，敦益本就开着一家私塾，运作起来有轻车熟路之便。几方都往一处想，劲儿往一处使，事情就圪顷马扎地敲定了。

这日，兰敦益邀他去新开设的学堂看看，并给学子们做个训示。武子齐忙里叼空，兴致勃勃地考察了一番，道："摊场铺开了，事嘛总得有个弯转。其他的没啥，就是觉得尽是些光葫芦，是不是再搞个女子学馆？另外，把校舍旁边那块空地征过来，弄个小操场，让娃们有个蹦跶的地方嘛。"

帛柏霖连连称是，可兰敦益不敢应承，支吾道："这个操场嘛，好说；那个女子学馆，怕还有些麻达。你说，这大户人家的女女都是大门不出二门不迈的，如今却要跟男娃们混在一起读书，怕是没个接茬的。"

"那就先招些小户人家的女女嘛。只要肯来，学费暂且都免了。人常说，铺摊场，搭台子，等锣鼓响了，人们慢慢就围起了。我们如今建立新学，就是为着长远去谋划嘛。若要开启民智，那另一半不能叫闲着。有些事看起来麻达，其实就在于你做不做。好了，我还有些事。"武子齐安顿罢，就随帛柏霖去了。

且说兰敦益琢磨了几天，与伊锦荣一合计，决定还是在里圈圈先吆喝一下，便撺掇呼、兰、白、伊等几大家子，做个了响应。几经发动，左右开导，才召集起兰墨歂、白淑芬、拓嘉玲、呼晓春等七八个大户人家闺女，女子学馆总算有了个眉目。兰思益闻讯甚喜，干脆把凤儿也送来充了个数。

不觉暑热褪去，新凉乍生。薄袖轻衫，易生兴情。这日，武子齐兴之所至，便邀帛柏霖喝酒，想借着酒劲儿再把他督乱一下，听听他对亦如的安顿。

几盅子下了肚，帛柏霖道："你要俺说，俺不是不愿说。凡事嘛，总有个大的把握，还有个妥帖与否的把持，就看你在乎哪头嘛。今个借点酒，俺就叨叨了。不过，你也不要往心里去。"他把辫子兜到胸前，接道，"前面你说过，把亦如送回呼家。如今看来，不妥啊，有思益这道圪棱，易生是非。至于辰浩，亦如娃怕一时转不过来弯子。这个倒是其后，据说，辰浩跟孜益的那个丫头有些裹缠，还跟大川争风吃醋什么的。你说，亦如娃端端正正的，咋能搅和这些嘛！"

武子齐听了，琢磨道："孪儿这娃，先是跟老许的外甥，下来又是大川，这会儿咋又跟启良的娃圪搅上了！这些咱先不管，今个我想跟你打探一下，辰浩这娃到底咋样？"

"让俺说，不行。启良想跟你做亲，这俺高兴。可他这个娃，好赖咱不说，光那个调皮捣蛋，就惹人黑眼。亦如娃腼腆，得有个像……像嘉辉那样的娃，才适合。"他看武子齐莫名的眼神，补了一句，"这个嘉辉嘛，就是宗槐和敏益的儿子。"

武子齐听了点点头，又问了嘉辉的里外长短后，道："这怕是兰家姊妹又有了串通。这个，我倒要问问思益喽。"

"那倒不是。敏益早先就有这个意思，只是怕添乱。如今她看启良想上手，就有了想法。依老朽之见，这个茬子顺当。再论五行八字，亦如跟嘉辉一满没麻达。"

"顺当不顺当，自然要听你的。"武子齐嗯嗯两声后，又道，"我看不管哪头，亦如娃就缓一缓吧。有些事就得耐些性子、熬些时间，才有个把度嘛。"

"大人所言甚是。不过，人归人，事归事。人嘛，咱可以慢慢价趑趄，可择亲这事宜早不宜晚哪。所以嘛，你得常常放在心上，才是。"

二人谝着喝着，又聊起上次那个"格格"对联来："老兄堪称对子大家，我是打心眼里服气。"武子齐举酒敬了他一盅。

"不敢当。要说大家，还是拓宗槐了。年轻点的，当是兰防益功底好些。哦，宗槐先前出了这么个上联，俺好生琢磨，却也摆弄不顺。"说着，便用茶水当墨写出上联来——

雨打芭蕉一两声，都道离人秋心，合成一个愁字；

"这个上联，是他化南宋吴文英《唐多令·惜别》得来的，几年来无人对出像样的下联。大人功夫不浅，解解这个死疙瘩。"

武子齐虽说对楹联也有功底，可这联牵扯到字的拆合技巧，就让他有些吃不消。倒腾了半天，只觉得思竭神衰，两眼昏花，便闭目消歇。忽听得屋外秋风阵阵，归雁声声。他灵机一动，道："有了，有了。仁兄你看——

风遣归雁四五排，莫说游子心田，披着四海思情。"

　　帛柏霖看了，眉头一挑，赞道："不错，不错，真是大家手笔。对句缘情而发，更是触景而动嘛！"

　　武子齐得意之余，唤凤儿拿来纸笔，写了看了，随即摇摇头道："真是百思不如一见哟。你看，这上下联的'心'字重复了。再者，还有合掌之嫌。你出的是'合字'，我须用'拆字'来对。是不？"

　　"还是你心细。"帛柏霖琢磨了一下，又道，"大人功夫深藏，钦佩呀。依俺说，用拆字来对固然妙，用合字来对也未尝不可。刘勰在《文心雕龙》里讲那个对仗，虽然说了'反对'比'正对'要好，但俺觉得没个一定。只要意思到了，机巧自然而出。只是那个'心'字重复，倒是个瑕疵。不过，人常说，瑕不掩瑜嘛。"

　　武子齐知他在恭维自己，笑道："还是请老兄斧正一下。"

　　"哪能，哪能。俺说过了，这个联俺也试着对了几个，都不如意。俺看，难易别论，以意为主。若立意好了，可以放宽，切不可因辞害意了。"帛柏霖如此一说，武子齐又品了品，便收起了纸墨。不提。

　　且说兰敦益正在兴头上，便邀帛柏霖为女子学馆做个讲座。帛柏霖当仁不让，可不知如何入手。这晚他灵机一动，心里便有了底。

　　翌日，他满脸喜色地登上讲坛，先讲了近体诗的大致格律，然后把"雨打芭蕉"那个出联写在教板上，引导女娃们来对。眼看着台下瞪着一双双痴惑的眼神，他又把武子齐的对句附在下面，道："这是一位大儒对出的下联，你们仔细品评一下。然后做个参照，练练自个的笔头子。"

众女女闻言便叽叽喳喳开来，却似空谷回音，更无一人敢试身手。看这阵势，兰敦益便贴着耳根对他说："你老家一满糊涂了。虽说娃们有些底子，可这，这个联娃们能弄得了？你这不是对牛弹琴嘛……"

一语未了，却听得窗外俩后生笑出声来。兰敦益回头一看，见是呼天骏和陆辰浩在窗外蹙鼻吊眼地讪笑，正要发作，帛柏霖扬手打住，道："他俩八股文弄不好，却跑这儿笑话人家。正好，俺倒要探探他俩的深浅。"遂唤他俩进来，一试身手。

辰浩已有琢磨，心里有底，便救场似的挺身而出。他又上下拼对了一番后，颇自得地在教板上写出了下联——

花飘池苑八九瓣，谁遣伤春思絮，心落八方田野。

帛柏霖略微斟酌了一下，点头道："不赖气。辰浩倒是有些底子。这'思'嘛，失之于'心'，归之于'田'，真还不错！字拆得有章法，意思也顺畅，真还有些黛玉葬花的味道……"

一语未了，只听得天骏叫道："辰浩，这个'伤春'与上联的'离人'失对呀！俺看，似可改成'谁遣春闺思絮'，咋样？"

兰敦益仔细一捏掐，点点头道："要得。天骏果然心细。

还有，在意境上，'春闺'确比'伤春'要婉转一些。帛老，你看？"

帛柏霖点头称是，便催促天骏也来个应对。天骏见辰浩得意的样子，犹豫了一下，道："俺八股文都弄不好，头疼的就是那些对仗。不过，才才受了启发，勉强有了。"说着便给出对句来——

星散白鸥五六点，怎奈横塘愁绪，心坠五湖秋底。

帛柏霖一看，惊得嗷嗷直叫："不得了，不得了，后生可畏啊——拓宗槐拟的这个上联，连他自己都没能对出满意的，这俩娃却一下子对得这么好。尤其是天骏，简直与他作对嘛。他把'心秋'合成'愁'，娃却能把'愁'拆成'心秋'。不简单哪，不简单！敦益，你说呢？老朽那是无话可说，无话可说了！"

兰敦益也连连点头："可不是，天骏对得不光机巧，还蛮有味道的。"

呼天骏听他俩这么夸赞自个，不好意思地搔起头来。却听台下一小女子叫道："俺们这会儿，心也'坠'到秋底了！"大家一阵哄笑。

两个愣头这么一呼扇，女子学馆的氛围从此活泛起来。那些风雅理趣直如生了翅膀，飞入百户，飘在城头。不日便吸引了众多人家前来打探，女娃们日渐多了起来。

　　却说秋分过后，寒气渐起。这天，武子齐缩着身子回到府上，刚准备换件衣裳，就见仆妇踅进门来，道："老爷歇罢了，就过来吃饭。噢，太太今个闹身子，这会儿睡了。亦如上她姨那达去了，这会儿不回来，估摸在那头吃了。今个就剩凤儿陪老爷了。要不，俺把饭菜端到这达来吃？"他觉她有些烦沓，只哼哼两声。又觉得有些饿，就随仆妇去了厨房。

　　饭毕，仆妇才悄悄告他："太太今个小产了，她没劲地哭……俺乖哄不下，凤儿也没法子。完了你好生劝导一下子，给她解个心焦。其实嘛，这小产也是常有的，俺也有过。老人们说这是拨叉，烧上几炷香就好了。"

　　他听了一咯噔，接着是一阵晕眩。呆坐了半天，才缓缓去了卧房。这已是兰思益第二次小产了。先前那次他没太当回事，只请太医看了看。太医说是气候转换，气血不顺使然。思益再次怀孕后，他才格外关照起来，随后与她分房而居了。接连的流产，无疑在他心里蒙上了阴影。

　　回到书房，他点起了一支烟——他已好久未吸烟了。想着，一个寒战，他便披了大衣，在屋里踱起步来。仰头间，看到帛柏霖送他的那个横匾——否极泰来。可不是嘛，还有一句话叫：乐极生悲。这几年来，这个"乐"确当不少，"极"了便要寻个说辞。他又想到拓宗槐的那个出联，和自个的应对，越想越觉得事有来头。心秋合愁，心田成思。这个"愁思"不正预示着什么？帛柏霖懂得五行八卦，他莫非是在暗示着什么？凡事，多是否泰互缠，极了便是阴阳交换。可不是，眼下这个亦如也给自己提了个醒——

天上掉下个女儿，他还没疼够、亲够，却又面临着嫁出去的纷扰。本能地，他对嫁女儿产生了一种抵触。亦如死缠着天骏，玉青则是几头摇摆着。帛柏霖先是语焉不详，后来却顺着兰敏益去了。他呢，似乎对哪头都不太上心，只说女儿还小，不忙。在梦里，他也梦到过女儿的出嫁，可那个郎君是模糊的。细细想来，那个郎君倒和雒大川有些仿佛。梦归梦，梦本来就是扯淡。可是，他大概不愿坦承，那梦却是他心里头晃动着的念儿，是他的情义所寄。

正在胡思乱想，门缝探进个头来，做着鬼脸。他一看却是亦如，眉心一展，郁闷立马消歇了："咋地，不跟你姨住了？"

"你可别赖人哪，俺早把亦如交给你了。"声到人到，只见呼天盈一手推着亦如，一手拉着鸣珠进了门来。这下，他更摸不着头脑了。疑惑间，听她又道："你咋不懂规矩，又听哪个婆娘乱嘴了。你说，亦如这么大了，她能夜不归宿的嘛！"

他听她这话，舒心地笑了。一则能这样跟他说话的，除了兰孜益怕也没第二人了。今她这般腔调，显然比往前挪近了一步，端的半个主人似的。二则这大户人家的规矩，真真让他暧昧着。他幽幽地看着亦如——女儿已是实实的，不再那么飘忽了。

就在他张着嘴傻笑时，鸣珠说话了："武伯伯，俺过来给亦如做个伴儿。就那么个，就是跟她夜里拉拉话……"

他笑着打断了她："哎哟，你们想咋闹儿，就咋闹儿。只要天盈肯了，哪怕你天天待在这里，都好哇。"

"俺离了鸣珠那可不行。除非你把俺也搬过来……"天盈没说完，便大笑开来。

他跟着笑了一下，便止住了。看她，却又不似往昔。似玉青，似天菲？这三张脸一时朦胧成幻影，直教他飘忽起来。哦，这般飘忽全因连带着一个"亲"字。一瞬间，那失落多年的心被这温馨所包裹，渐渐这温馨在扩散……

天盈见他愣愣的，方觉自个失口了，便一转问起了思益的状况。他轻描淡写地道了下，她听罢唉了一声，亦悲亦喜道："老是小产可不是个好兆头啊，怕是有个拨叉什么的。俺看，得请个人看看了。俺说武……噢，姐夫，还是把俺姐请回来吧，嗯？"她看他低眉不语，吐了个舌头，寻思了下才道："今个晚了，俺改天过来看思益。"

他把她送出门去，看看夜色已晚，才想起雒大川来。又看她撂下俩娃单身离去，心里泛起一缕说不上来的情丝。正是：

> 忙乱平生，凡利禄随烟飘逝。
>
> 驰骋一世，唯风骚萦怀长留。

欲知后事如何，且待下回分解。

第二十回　依依别绪欲说还休　洒洒怀思各呈其妙

　　且说武子齐偶感风寒，在家休养。再过几天，就是他半百的生日了。想着玉青，一阵黯然，又一阵宽慰。要不是她，如今这日月就凄惨了。看来，老天还是有眼，赐我玉青，生我亦如。这下又配得绝代佳人，顺心遂意。只是思益这身子不得劲，有说是气血不畅，有说是时令不调，还有那个拨叉什么的。唉，恐怕自个上了年岁，体力与精血，双双不济啊！

　　正在寻思，忽见雒大川递来一封快件，他一看又是许寒咏的。信中说朝廷要派许出使俄国，想听听他的主意。也是的，这个许老弟，这事有什么好商量的！他扔掉信，随即下地拟了个回函，交给大川。又想了下，道："近来西川那头又不安生了，你得多留些心。有些事陆启良把不住头，你过去帮衬他一下。这样吧，给你个县丞搞搞。行吧？"

　　大川一时闷住了，这县丞可不是个闲差使，自个这把刷子怕是秃了些，便回道："要俺帮他没说的，只是这个县丞俺怕弄不了。"

　　"世上没有弄不了的事。给你扛上了，你就知道该怎么弄了。当然了，不熟悉之处多向陆知县请教。"武子齐这么说了，大川只能半推半就地应承了下来。没走出几步，又被他叫回：
"你跟孛儿那事咋弄着？"

大川回转身愣了愣，有些难为情地道了实情："俺得罪了许
夫人。所以，所以孛儿怨恨俺。眼下嘛，僵着。"

"不管咋样，切不可胡跷二郎腿。原来嘛，我不太赞成这个
孛儿。如今哪，虽说许知府那头松了口，还是慎重一些。这个，
你得要拿捏好。"

武子齐说着，又要回了交给大川的信函，打开后填了几行
字，道："把这个加上'马上飞递'，不得耽搁。"

且说兰孜益动身回太州前，得知大川晋升西川县丞，顿时心
里起了一丝悔意，又有几多怨恨。悔的是，不该放任孛儿疏远大
川。如今这么一走，大川与孛儿之间的纠缠恐要结束了。怨的是
公使夫人的位子，恐要落空。若放在先前，夫君赴俄肯定是让她
陪往。然而大川的那次鲁莽，让他对她有了怨恨和看法。哀叹之
余，她又梳理了这一年多来的故乡之旅，是是非非不少，总体还
是舒心的——大川的敦厚、天盈和秉全的关照、凤儿和鸣翠的体
贴、鸣珠在关键时刻的沉着冷静，还有她说不清也无法说的那个
惦念。毕竟多走一处，必有一处的收获。唯有思益与天骏的失
手，让她不时闹心。还有孛儿飘忽无定，竟然暗自对天骏起了心
思。唉，想来的，想不来的，似乎都随了定数。

想着，却见雏大川闯进门来。她看他神色恍惚，刚欲说话，
就见他掏出一把小巧且闪着金光的铜锁，双手递前道："听说你
要走了，俺也没甚好东西可送，这个，留着做个念想吧。"

"哦……你是个有心人。"她接过铜锁，看了又看，分明这是一把普通的锁。情思所系，意念所及，令她长出一口气来，叹道："好啊好，凡事都有个开合嘛！不过，俺还要回来的，咱们，许或还要在一块讫搅。"她说着，起身翻来一枚厚重的金戒指递与他，可他咋也不肯接受。她硬是塞给他："嘿，说是给你，其实俺是送给鸣珠的。但愿你俩，好事成双。嗯，俺与鸣珠没多讫搅，可也是情重如山啊！记着，把俺的念叨也捎给她。"

大川默然以对，显然他内心也在翻卷。一年来的里外长短都随风去了，唯有夫人的情义和高风亮节让他感怀。说什么都是多余的，只有一个深深的鞠躬，传达了所有。

兰孜益则是呆呆地看着他出了院门。那般凝神，隐约了更多的难言。

且说到了年根，呼天菲又有了身子。伊老太那是高兴得净是胡撩乱，整天围着她问长问短的。自生下尚勤后，伊老太便遍寻偏方，给她调剂，指东道西地说这方子如何如何。天菲耐不了她磨烦，便撒谎说，她请人算了，是个女娃。伊母一听，连手脚都不知往哪达搁了。伊家两代人里，总算盼来个彩凤。而这个宝贝，又是她的宝贝儿子所出。你说，这伊母能不乐疯了嘛！

锦松得了乖，去东瀛自然就得到了伊母的首肯。只是兰昉益那边还没起色，二人便静下心来等着，直到安氏也怀上了娃，才筹谋起东渡的事。

兰孜益也在收拾着行囊，打算回太州了。闻知此事，她便打算先把昉益送走，自己随后再行。她把这事给呼天盈道了，决定自己做一回庄，再热闹一番。天盈说自个也正想为她来个饯别，那就两庄合一庄，多邀上几号人，图个气氛。

这日，该来的大都来了，碧云茶庄坐满了两桌子，大多是呼、兰、白、伊的年轻才俊。只有兰敏益和白亦如因身体不适，未临场。呼天骏自是黯然，前后显得闷闷不乐。

酒过半巡，伊锦松便鼓捣兰昉益给大伙唱个小曲，却让呼天盈接过话来："两位才俊要赴东瀛深造，难得啊！俺看，还是来点文雅的。帛老桃李满天下，够舒心的了。那就，也该给弟子们煽火一把的。大伙说，咋样？"

兰孜益赶紧接住："是啊，让帛老给咱们点个谱儿。"

帛柏霖扫了大家一眼，摇摇头道："俺说不来，这个秉全非让俺来不行。你们看看，满场子就俺一个老头子，不说背兴，只怕也是添不了雅兴！好了，俺吃也吃好了，喝也喝好了，你们就泼烦去吧。"说着话儿，站起身来便欲离去。

天盈哪里肯依，道："不说昉益和锦松了，孜益立马也得走了。俺说你老家再坐坐，不要扫了大伙的兴嘛。"接着是一片附和声。

帛柏霖这才有了转变，重回座席，稍稍把持了下，接道："那么，就照孜益说的，俺给你们点个谱儿。"说着，口占一绝句——

一自顽童入世时，便无簇拥也无师。

　　　　　风烟望尽人何奈，笑对桑麻折几枝。

　　秉全赶紧记了，递给天盈说："你先招呼着，俺去送送老伯。"

　　待他俩走后，天盈就把帛老的诗递与大家传阅。叽叽喳喳中，只听锦松说道："帛老这诗不好，有些老庄味道。俺看，咱还是另起炉灶吧。"

　　天盈点点头，再看看孜益："你说呢？"

　　"其实嘛，这诗你没读懂。"孜益瞥了一眼锦松，接道，"依帛老的阅历，他是说了人生的三个醒悟：一嘛，说从顽童中醒来，不再觉得别人围着自己转了；二嘛，觉得到了心余力拙的时候，该度量度量自个的底细了；三嘛，万事心中，一事当紧。就是说，应该接受的，并去独享好了。"

　　听她这话，大家又起了嘀咕。天盈接道："不管什么意思，俺看这诗还行。下来嘛，俺们就照着谱儿每人也来一首绝句。咋样？"

　　"那就各抒己怀吧。大家可得仔细，诗的首句得以'一'字来打头。犯规了，罚诗三首。"昉益定了规矩。

　　天盈听他这么一说，就撺掇道："这规矩可行。那就昉益给咱先踢场子。"

　　昉益看看二姐，道："这锣鼓是谁敲响的，就让谁来先踢。"

　　孜益想了下，道："咱这扶苏，古称帝州，是个有品头的地方。上下几千年，风云变幻，才俊辈出。俺看，咱就顺着这道梁往前翻。"她看大伙无异议，遂道，"要说扶苏，俺就给咱先扬一下那个'扶苏'吧。"说着又拼对了一下，吟道——

扶苏

一自山泉泣扶苏，千年鸣咽道糊涂。

若依蒙帅谆谆语，血雨何曾洒帝都。

"哎哟，孜益二姐这诗了得！分明是借了杜牧的胆儿，排侃起古人来了……"不等锦松说完，昉益接道："那俺也跟着排侃一下喽。"便吟道——

蒙恬

一队秦军一包土，依依堆就小山丘。

何如统得兵十万，策马回师讨逆胡！

"可不是嘛，蒙恬那墓是三十万将士每人撩了一包土堆成的。将士们如此这般爱他，有用吗？他一死，一切都归了零。正所谓：将军一去，大树飘零！"辰浩嚷嚷道。

"一个糊涂，一个愚忠，都不咋样。俺来给咱转个弯弯，说一下咱的吕布。"锦松刚要接茬，就被天菲摁住了："俺急着要回去呢，来时咱娘都不依。这个吕布就给俺吧。"不等锦松应承，她就脱口而出——

吕布

一世驰驱百将非，三英只在戏中陪。

马中赤兔人中布，除却虎山不是威。

思益直叫好，说天菲这诗通顺、大气，尤其尾句不俗，便嚷嚷着要送她去了。刚离座就被锦松挡了回去："这席子离了才女还行！这个差事交俺就行了。"

说时，锦若搭话了："三哥，俺陪三嫂回去。你若一走，怕也凉了席子。"

就在几人争执不下时，天骏终于放下酒盅子，吭了声："你们谁也甭想溜腿子，还是俺来送俺姐。稍后，俺还要回来的。"

经他这么一说，大家才安静下来。锦松想了想，道："也好。不过，那个吕布叫俺家婆姨抢走了，俺得歇一歇了。"

大家还在哄闹，你看看我，我瞧瞧你。辰浩却抢了空当，说他最钦佩的就是乡党韩世忠，这个不能让别人抢了去。遂挤了个怪眉眼，吟道——

韩世忠

一去帝州征战多，长风鼓荡震山河。

闲来赏得青楼赋，原是侯门红玉歌。

天骏听了，回了辰浩一个怪眉眼，道："你这不是一脚踩了两只船嘛！"说着便拉起天菲走了。思益听他如此说，皱了下眉头道："这般若叫踩了两只船，那俺也不妨踩踏一下。"说完略微一拼对，便吟道——

李自成

一弯残月照京城，半壁江山丧后宫。

功败垂成因祸水？唐宗更是恋芳丛！

"好啊，还是才女不一般。自古以来，文人们总是埋汰俺们女人。这下思益算是说到了根子上了，为俺们讨回了公道。"天盈说着，也来了劲头，便跟着上了一首——

王嫱

一代风流出塞行，只缘媸画辱娉婷。

谁知因祸得天趣，更那弱身抵万兵。

天盈一吟完，锦松就笑了，道："人常说，一个王昭君抵得上霍去病的千人万马。谁说女流不如男儿？抛开武的，咱说文的，女流更有一番景光。就说那个蔡文姬，也可与屈子比拼一下了。"说着便给妹子递眼色。锦若听了瞧了，便颔首笑道："俺三哥前天才给俺讲了那个《胡笳十八拍》，这下正好热炒热卖的了。"遂仔细抠捏了一番，才吟出——

蔡琰

一曲《胡笳》天地悲，抛家弃子此心违。

不仁换得浩然怨，堪比《离骚》千古垂。

　　大家从来没领略过锦若的诗才，听了才识得小女子的不凡来，便纷纷说这"浩然怨"用的精巧，乃大家手笔。锦若说，这全仰仗着三哥的指教。锦松听了呵呵一笑，说这个妹子什么都不听自己的，唯有这个"浩然怨"她记住了。说罢，他借着氛围道："看来，天骏不会来了。本来，俺想把那个自家女女留给他，这个席子就算转圆了。那么，俺就凑合着给他收了这个尾。不过，这个貂蝉嘛，俺是一满看不上眼的，总爱使些连环计，弄得八家子不得安生。今个得好好价把她打扮一下喽。"一边笑着一边吟道——

貂蝉

一啼蝉闹走银貂，入世哪知风雨飘。

赌得青春人有叹，三朝分立赖千娇。

　　"你这个打扮，使不得。虽说是咱的女女，可也不能捧上了天嘛。即便俺们认可，那个罗贯中老先生怕也不许的！"昉益说着，忽听辰浩叫道："俺小舅回来了！"大家往门口一瞧，便都笑了。正是：

相交不在挤人堆，利势权情各自飞。

唯有知音方可待，高山流水奏欢悲。

欲知后情如何，下回接叙。

第二十一回　诗开云雾情罩空蒙　风展岁月人悼流水

　　且说大家见天骏进得门来，笑他赶了半趟子，那"貂蝉"早被锦松搂走了。昉益笑罢则说，咱帝州还有个呼兰妃，叫天骏凑合一下。大伙不依，说这"呼兰妃"纯属野史趣闻，只是个影子，不能算数。思来想去，谁也再掂不出个人物来。看来，天骏得坐冷板凳了。这时，不知谁喊了一声"梁红玉"，就见昉益连连摆手，说不行。这红玉既非帝州人氏，也没在帝州待过，八竿子都打不着。

　　说时，兰孜益发话了："要俺说，一竿子就能打得上。人们常说：那女儿是人家的人，媳妇才是自家的人。你们说，韩世忠与梁红玉比翼齐飞，驰驱疆场，咱扶苏媳妇里头，还有谁比这式子硬棒的！"

　　天骏闻之则喜，琢磨道："兰家二姐说得倒也是。只是，那个梁红玉做过风尘女子，这般模样恐怕……"

　　"甭怕！红玉精忠报国，朝廷都给她赐了谥号的，你还怕甚？要俺说，在巾帼榜里，咱这红玉怕是坐了头把交椅的。"锦松鼓动了一把小舅子。

　　在大伙的叽叽喳喳声中，天骏灵机一动，来了个"似非而是"的开首——

梁红玉

半是青霜半是虹，一开云雾现奇峰。

虎门沦陷高风在，巾帼丹青谁比雄？

在一片叫好声中，唯有昉益摇起了头："不是定好了规矩的嘛，你这是咋开头的？"天骏闻言不语，只管埋下头吃喝起来。这下大伙才灵醒过来，便嚷着要罚天骏。这时，兰孜益又让他吟了一遍，才搭帮说，那个"一"撂在后面也行。

锦松则不以为然，诡异一笑道："要俺说，天骏把这个'一'甩在后面，那是另有关子的。你们看，这前面两个'半'加起来，不就是个'一'嘛。"

"这里头还有个妙处呢，你们大概没仔细。那个'青霜'和'虹'岂不是把红玉的名儿化进去了嘛！"经孜益这么一点，席间又起了一阵啧啧声。谁也没料到，这个饯别宴竟然玩出了这么多的名堂。

酒酣兴阑，满桌子有些恹恹之态了。后生们都已醉打迷糊，女流们大都麻利着，尤其被称为酒神的兰家姊妹。只是锦若有些不胜酒力，坐在凳子上打起迷糊。天盈睹此，只操心着白秉全咋还不回来，该得收拾摊场了。孜益说不应等他，便自己招呼着收拾起来。

先行离座的是伊家兄妹。只见锦松搀着软不啦唧的锦若，一手搂在她的腰间，一手扶着她的胳膊。思益睹此，刚要上前，就见雏大川撞了进来，差点跟伊家兄妹撞个满怀。大家笑说思益的保镖真够猛的，得喝两口缓缓劲儿。辰浩见状刚要张嘴，就被天骏摁住了，叫他少生是非。大川遂抱拳致歉，说改日再奉陪。

思益看在眼里，让大川陪陪天骏，便起身出去了。

席间冷清了下来，昉益还呆坐着，说他们姐弟一个要东归，一个要东渡，各自一方，海天茫茫，不知何时再来相聚。非得要多陪陪二姐。

孜益笑道："你呀，你，这般模样了还不省心。真是泥菩萨过河，自身都顾不了自身的，还不快歇息去。"

天骏闻言与大川酒盅子一碰，笑道："今个就咱俩不是泥菩萨。"

"好啦，好啦，你俩也悠着点儿，甭收揽不住，一会儿也成泥菩萨了。三姐可没那闲工夫，去伺候你们。"

说时，思益从外面返回，听二姐这般说，就夺下大川的酒杯，对天骏道："俺俩也得走了，你就送送二姐吧。"说着起身拿起了外套。大川笑笑，只得尾随思益去了。

且说天骏把兰孜益送到了家里，转身要走，却被她叫住了。她静静看着天骏，久久不肯言传。顿了几顿，才寻话道："哎，想起了这么个事儿。过几天俺也得走了，再回来又不知猴年马月。天骏，俺这儿有些东西，平时也不怎么打理，放着也是累赘，你就挑几个拿去。"遂拉他进了中窑。

莩儿闻声抱着云竹过来了，顺手把娃递给她，两眼盯着盒子里的首饰，哑巴道："得得，头回见这么多的好东西。"

孜益接过云竹，便解开衣裳喂起奶来。她看看天骏，笑对孛儿道："别小眼，等你出嫁时俺再送你。"

天骏不肯要。孛儿眼尖手快，帮他挑了一对金耳环、一只碧玉手镯，在灯前晃了晃，便塞进了天骏衣兜。待她把他送出了大门，正要挪步，却见伊锦堂急急走了过来，劈面就问锦松和锦若咋回事，还不见回家。

"哎？他俩比俺们早走了半个时辰的，这倒怪了……"纳闷间，天骏一激灵，赶忙又道，"伊家二哥，俺看他俩醉得不轻，怕是迷了路，不辨南北了。这样吧，你就顺着这条道慢慢去寻，俺到那头去看看。"

伊锦堂一听，也不答话，匆匆而去。天骏端详了几眼孛儿，才道："俺也喝得八成了。要不，你跟俺一搭去，你那毛眼眼好使。"孛儿一听自是欣喜，她赶紧拉起他的手，去寻找锦松、锦若去了。不提。

却说光绪二十八年（1902年）初春，这城里又因一桩事泼烦了人们的口舌，盛传兰敦益的长女兰墨歆，嫁给了京城一位从一品内阁幕僚，做了填房。一石击水，波及满塘。纷言这扶苏城开天辟地头一遭，有了如此响当当的女婿。兴之所至，那个南门洞外又簇拥起一圈人来，编着一回又一回的演义。

白秉全这天有了闲，便也挤进堆里凑红火。他听了一排子道情后直摇头，朗声道："你们说的一满不对。咱们扶苏前有貂蝉，后有呼兰妃，若论女婿，那董卓、窝阔台比这兰家的从一品女婿排场多了……"

一言未了，只见一鹤发童颜者扬起声来："此言谬矣。尔等一满解不下，解不下呀！这个，这个……尽是些似是而非的东西。"说着便移步前去。

秉全闻言上前扶住老者，谦恭道："老伯难得今儿有闲，就给咱排侃一下。你看这些二捣锤，闲得无聊，净胡拾翻。你老就借一把春风，跟大伙泼撩泼撩。"

帛柏霖遂掉转头来，看看这个，又瞧瞧那个，点点头，又捋捋胡须，才慢条斯理道："尔等，俺看你们还是回家去吧。暖窑热炕，婆姨娃娃，该哄娃的，该抱婆姨的，那才是你们的正经营生。甭整天吃饱喝足了，圪蹴在这儿瞎鼓捣。"

见帛柏霖又要走，堆里起哄了："这老不死的才是吃饱了撑的，管得倒宽哈……"此音一落，彼声又起："你们看，他急着回去是要抱小老婆的……"

说时被秉全吼住了："休得无礼！"又见他搀住帛柏霖，"你老家甭理识他们，尽是些长了一扑混的歪毛。完了俺叫伊锦堂把他们好好价捋把一下。"

"不得劲，不得劲，这世道……"帛柏霖嘟囔着，用拐杖敲了几下石板地，刚一扭头就跟伊锦堂碰了个照面。

"啊哈，是舅爷，今个你老咋也蹚泥水来了？"

因伊老太称帛柏霖为小叔，伊家晚辈便这么称呼他了。说着锦堂便转向大伙："这个秉全啊，叫俺捋捋歪毛，罢了，罢了，俺舅爷在此，岂不有损斯文！"又回对帛柏霖道，"见罢你老多时了，俺娘也想你。不忙的话，到俺家里坐坐。嗯？"

"好，好，好的。不过……"帛柏霖应承着，却又自嘲道，"要说歪毛，还数俺啊。你们看，俺这一头卷毛呼喇的，你们谁个能比？"

大伙笑罢，锦堂接道："俺舅爷和秉全都是龟兹人，俺们驰家也是。"

"这个，这个……"帛柏霖似有难意，他灵机一动转了话题，"这个暂且不论。先前秉全说什么来着？噢，是说董卓，这个，俺来道一道。"他又捋了把胡须，把下巴支在手杖的把柄上，才道，"说董卓是咱扶苏的女婿，不当啊！其实，董卓与咱的貂蝉没一文钱关系，那样写是为了博大家眼球嘛。真实的董卓，并非那样。这个董卓嘛，其实不坏。为甚说他不坏呢？依老朽之见，凡是对民众好的，应该都是好人。这个董卓嘛，人很豪爽仗义，肯施舍穷人，关照民众。那个西域各个部落纷纷归附于他，他的势力不俗。再从历史上看，他也是有功劳的嘛。这个《三国演义》你们爱听、爱看，那么曹操、刘备、孙权的三足鼎立，称霸一方，是怎么来的？嘿嘿，若不是董卓废了汉少帝，哪有他们的闹儿！实际上，是他结束了东汉王朝，才有了后来的群雄并起……"

不等帛柏霖讲完，众里喊成一片，他见此点点头，又摇了摇道："也罢，也罢。无论历史还是传说，都像你们这堆憨小子，满脑袋梳不顺的歪毛。"

一后生赶紧接住："那你老数一数，俺们这憨小子的头上，长了多少歪毛？"

哄笑声又如浪起。

锦堂这下不依了。他一挥袖子，吼道："瞧瞧你们这些坏样子，俺乍非得捋捋你们的歪毛不可了。"

这扶苏城的后生们，前拜韩世忠，后仰李闯王，眼下最惧伊锦堂。见他要动真格的，就一呼散地跑开了。

秉全见状哈哈一笑，对帛柏霖道："这真是一物降一物。如今这些二不浪子，就怕锦堂的拳头。除了他，谁也拿捏不住这帮后生。"

"不得劲，不得劲，这世道……"帛柏霖依旧嘟囔着，他望着绝尘而去的后生们，摇摇头叹道，"世忠的故土，故土的世忠。唉，其然其所以然，所以然凄然哪！"

秉全愣了愣，上前搀扶住了他。锦堂睹此，若有所思地摇了摇头。正是：

> 常怀千岁忧，哪得百年谋。
> 一望呼兰水，涌流恰似愁。

欲知后事如何，且待下回分解。

第二十二回　访怡园委婉道家事　论诗画率直吐隐情

　　且说白秉全扶住帛柏霖，正要离去，伊锦堂上前再次恳请道："舅爷，到俺家里坐坐吧，俺有一事相求。其实嘛，俺娘想跟你老拉拉话呢。"

　　帛柏霖终于招不住锦堂的磨缠，就随他去了伊府。推开两扇深色的核桃木门，只见一堵砖砌的屏风墙挡住了外面的视线，屏风楣头刻着两个楷体字"怡园"。趔过屏风，便是一座七窑两厢的院落。正面石窑坐北朝南，穿廊外是石板铺地的院落，靠南墙是一块花圃，种有树木和其他花草。东西侧各有拱形小门，透过小门犹见两座小院，隐约出柳翠梨白、雕檐画栋来。

　　帛柏霖正打量着，就听锦堂哑巴道："俺娘和锦荣住在大院子，锦松住在西院，俺在东院。平时各过各的，只是逢年过节了，大家便凑在一起红火红火。"

　　帛柏霖点点头："俺来罢得有几个年头了，那时没有西边的院落。好，好，什么都是新的好！这东西两院虽说小点，布置得倒也精当。"

　　说时，就见伊老太迎出门来，用手遮眼望了望，喜道："俺就说嘛，这一大早喜鹊飞来飞去的，准是有稀客要来了。哎呀，小叔，你咋肯上俺这儿来？"

"嘿嘿，这不，锦堂嘛。俺说不来，他非得要俺来，说是你有什么话要跟俺拉谈。不知有什么当紧的话？"

"也没个甚，就是想跟你老聊聊天嘛。"

说时，伊锦若也趔了过来，接住伊母的话："是啊，俺娘常念叨舅爷呢。你说，舅爷有几年啦，没上咱的门儿，俺娘这唾沫点子也怕积攒下几缸几瓮了。"

笑罢，大家进了中堂。落座后，伊老太刚要唤丫头过来侍应，却被锦若止住了，说："见罢舅爷多时了，今个就让俺来伺候一把。"说着便上烟沏茶，胡撩乱了一阵子，便找个借口溜了出去。

伊母笑笑，也不理识她，就单独跟帛柏霖谝开了："俺的弟，你的侄儿，咋说他也得听你的话嘛。咱一家不说两家子话，俺不知咋得罪了他，近来不上俺的门来。这个大年，还是俺舰着脸去拜他。唉，你说，这叫外人知了，还不笑话死人！俺说小叔，也不要你给他下牙爪，只要转个弯弯开导他一下。唉！"

说时又见锦若托着一碟红枣衔门而立，修长的身子似乎要顶出门楣，一腿在外，一脚抵在门槛上，侧耳静听他俩的对话。

帛柏霖从头到脚打量了她一番，才惊道："哎呀，刚才舅爷光顾瞧若娃的俊脸脸，这下往门前一立，这般猛的，圪缆晃架的，谁家的女婿招得住！"

不等锦若应声，伊母就指斥道："这死女子，不知给她道了多少遍了，就是听不进去。你看看这，这么个架势……"

帛柏霖点头立马接住："你娘说的是。这个，女娃娃价不能跨门站着。赶快进来，来，到舅爷跟前来。"

锦若把果碟放定，拣了一个大的递与他，又随手拿了个小的给了伊母。然后拉长声调说："舅爷，你看俺亲谁？"

"嘿嘿，当然是……是舅爷亲嘛。这拿板作调的，就不怕你娘黑眼你。"帛柏霖说着便掐起了指头，问伊母道，"噢，若娃该是十八的行货了，俺记得她是属鸡的，对吧？人常说：十八不嫁，喊娘叫大。当下这么荒着，也不是个事嘛。"

这一说把母女俩尴尬住了。伊母趁机对锦若说："你去给贵贵安顿一下，今个几家子陪舅爷一起吃顿饭。你再帮她拨料一下子。"

帛柏霖咋说也不吃，说还有事情要去办。伊母看锦若走了，就压低声音说："你老这些年尽在外头，甚也不晓得。若娃很费事，也不听人说。如今哪，别说荒着，她连人家提都不许提。嘻，你说这急躁人不！他爹走得早，俺是拿她没法子。人常说，媒妁之言，父母之命。可俺一个女人家，只会兴她，把她兴得一满不听人说。这不，一晃荡就晃得这么大了。唉，今个叫你来就为这个……你说，虽说她跟了伊姓，可还不是咱帛家的骨血嘛。你老可得要好好价管教管教她。"

帛柏霖默了一下，点点头："俺解下了。这么个，俺这里不搁事，该说的，该给娃瞅捏个人家，俺心里有数。只是，你刚才说你弟不上你家门，那是为甚？"

伊母一时语塞，便低眉想着该如何应答。这时，呼天菲走进门来，附她耳边说了几句话。她便起身说："你陪舅爷说会儿话，俺去去就来。"

天菲先前见过几次帛柏霖，却不太熟悉。寒暄过后，就找不到该说的话题了。况她不大会应酬，尴尬起来像个新媳妇似的。帛柏霖见状就寻话道："你爹人好，满肚子菩萨心肠。记得光绪十四年（1888年）起淮北连续数年大旱，难民成群结队地涌进咱城里来。你爹在街上支起个大锅，熬粥蒸馍，给灾民们发放吃的。这个，你还记得不？"

天菲摇摇头，道："那时俺还小呢，不甚记得了。哦，后来听旁人说起过，还说你写字卖画，把钱都捐给了灾民。俺家到如今还有你的字画呢。"

话就这么开了口子，便滔滔开来。她借着话茬，说了自个也常写写画画后，便向他索讨墨宝："哎，舅爷，你甭怕，俺家里藏着几坛子汾酒呢。咋地，一幅字一瓶酒？"

"哈哈，你也太大方了。那个锦松，先前只管跟俺要画儿，其都不给俺，你说这个！不过他好学，后来也都赶上俺的了。噢，他去东洋如何，来信了没？你说他，不来看俺也罢了，临走也不招呼一声。"

就在她刚要回应时，锦若在屋外接了话。"舅爷偏心。"声到人到，只见她端着一盘子葡萄干进门来，冲他努努嘴，"俺屋里正缺几张画儿呢，舅爷，你说……"

"好吧，给个尺寸，等俺歇下来给你们弄。"他捋着胡子嘿嘿笑着，应承完那个，再来应承这个。

只听锦若道："舅爷，俺要四幅画儿，就要那个梅兰竹菊。咋样？"

正说时，伊母唤大家上桌子。只见两个女女搀扶起帛柏霖，那个殷勤劲儿让他招架不住，只顾嘿嘿地笑着。锦若则凑他耳边嘀咕道："古人说了，画中有诗，诗中有画。俺看，光瞧着没劲儿，还是每朵花儿再配上首小诗，那就更足劲了。"

帛柏霖笑道："娃呀，你又解歪了。这个'诗中有画，画中有诗'是说读诗若画，看画即诗嘛。"

"俺知，舅爷。那是无厘头的话，净瞎叽咕。俺要的是，'读诗不是诗，看画即为人'的那种，诗画景人一锅煮的那种味道。"

"嘻，你呀！好吧，你咋说舅爷就咋弄。以后嘛，舅爷咋说你也要咋弄。这个买卖该公平吧？"

锦若一听，收住了笑，附他耳旁悄声道："不公平。你若说动了俺小舅，俺甚都听你的。"随后又笑声迭起。

且说酒足饭饱，天色已昏暗下来。伊老太正要唤贵贵时，却见柳拴柱赶着毛驴车在院门口等候了。帛柏霖倚老结实地上了车子后，把锦堂唤到跟前，说："俺过几天要出去一趟，你娘安顿的事等俺回来再说。"

锦堂想了下，就夺过拴柱的驴鞭，对他道："这样吧，干脆俺送送舅爷，你回去打个招呼。"帛柏霖那可不依，说这杀鸡焉用牛刀。不管他怎么嘟囔，锦堂只是笑着，婉转道："天晚了，万一路上碰见狼，拴柱那两下子招架不住。"

　　走出五里地，锦堂把驴车叫住，招呼说："舅爷，下来逛达一下，甭把腿窝麻了。"二人顺着呼兰河畔走了走，他趁机说，"俺今个送你，其实想跟你拉个话。唉，实打实地说，锦若耽搁到现在，不能全怪俺小舅，八成是俺娘一人弄成的……"帛柏霖侧起耳朵等他后面的话，他却卡住了。良久，才吐了一口气说："走，咱上车吧。俺把车子放慢些，咱一边走着一边拉谈。"

　　前已叙及，不再烦沓。原来，伊老太把锦若抱养过来后有些后悔了。俗话说了，女儿是泼出去的水。这抱过来了还得泼出去，你说这折腾了个什么！慢慢地她铁定了主意，思谋着把锦若弄给锦松做了小。却遭到呼姨娘，尤其是锦若生父生母的遣臧。后来，看到一个个好茬茬被伊老太推掉，锦若生父这才觉得不妙。帛家姐弟为此没少吵闹。再后来，姐弟俩干脆一刀两断，没了来往。

　　帛柏霖听完锦堂的絮叨，真是哭笑不得："唉，这个你娘呀，俺帛家算是出了这么个人才来。这，这，一满像个猴娃乱翻跟头！俺也要说你，说锦荣，你们当哥的咋当的，嗯？让俺说，锦若如今已是你伊家的人了，是你们几个兄长的妹子。切不可依了你娘的性子，这么个胡日鬼！"

　　锦堂长叹一声，才道："俺娘你又不是不知，连俺小舅她都那样，你说俺们几个儿子能咋？过去的说多了也没用，俺这不是央求你老人家嘛。俺说舅爷，俺娘如今乍松动了，说要出嫁锦若，必得嫁出名堂来。这么个，她才才看上了陆知县前妻的儿子，想让你搭帮一下。你看……唉，不管哪头，俺家的这团乱麻，非得您老解不可的！"

帛柏霖听了，默了一下道："这个辰浩嘛，不好拿捏。再说了，天盈那势头你也该知，她如今眼窝长在了额头上，打算……"他咽了后面的话，转而道，"俺原先嘛，总想把天骏跟若娃往一搭里讫凑，可阴差阳错，没个归结。这样吧，等俺回来了咱再谋虑。"

二人拉谈着就到了十里铺。帛柏霖下车后拉住他，压了压嗓子，才道："大凡缓事不能急，急事不能缓。不过，锦若这事虽说急人，可也不能操之过急。看来，得缓缓了。这样吧，完了俺得跟你小舅拉谈一下，再看怎么个铺排。毕竟嘛，锦若是他的骨血嘛。"

锦堂重重地点了下头："俺们都听你的。"

且说帛柏霖把字画弄好后，就打发人送了过来。伊锦若看了不大满意，说舅爷敷衍她，画不如字用心。还说，她要的是梅兰竹菊，舅爷却异想天开，弄了些没名堂的东西。呼天菲笑道："这好办，咱俩换过来，你拿字，把画儿给俺。"

锦若犹豫了下，道："算了，俺又不喜欢字。再说了，俺把画儿应承给了咱哥。他若不喜欢，你就拿去。"

天菲看她神情萎靡，便跟她到屋里看了，不解道："这些画儿蛮不赖的，你咋说不好！依俺看，比舅爷往前作的那些画儿还要好些呢。再说了，梅兰竹菊另有讲究，这几个花儿才对你合适。你看，百合圣洁，结香馥郁，荷花高洁，桂花烂漫。这意思嘛，都是舅爷为你铺设的，你倒不领情了！"

锦若慵懒地一笑："你觉得好，那你就拿去吧。"

"你不是应承给锦荣了嘛。嘻，一个女子两头嫁，两头都没着落！"天菲摇头道。

虽说是笑话，锦若听了却笑不起来。她把四幅画卷了起来，在手中掂了掂，幽幽道："那你不要就算了。"

且说过了几天，兰敦益在伊锦荣书房里看到这几幅画，便索要了去。谁知，这几幅画让兰思益看出了另样名堂。她细细抠捏了几遍，才对大哥说："你看看，这四幅画莫不是说了四个女人？"

敦益端详了半天，才从画的配诗里看出了端倪，道："有点意思，这嵌名诗抹擦得不露痕迹。只是，帛老咋会拿你们四人开涮？说不定是巧合吧。"

思益摇摇头："天下哪会有这么巧合的事儿。四首诗，四个人的名字一点都不打马哈。还有，这诗里的意趣所指，也蛮有品头的。俺看，这个老头儿也油腻起来了。"

这般尖刻的话从妹子嘴里流出，让他越发摸不着头脑了。在扶苏人心目中，至少在他心里，帛柏霖是一尊儒者塑像。他不好问她所以，装着没听见的样子，只顾琢磨那四首配诗。屋外的鸟叫声叽喳着，似乎也在宣泄着疑惑——

百合

身含百韵入千家，谁拟天菲圣母花。

寒暑难移生之力，平生淡定乐无涯。

结香

心依归燕探初阳，作浅明霞思益长。

只为百花开远道，报春时节解红妆。

荷花

不染淤泥款款出，丹心一举动平湖。

都说相衬唯尔盖，洗尽铅华倩亦如。

桂花

一吐馨香十里发，秋来织锦若红霞。

广寒玉兔因相伴，不胜高阁泣远家。

"咋样，不会含糊吧？"

"诗倒是不错。瞧着有点《红楼梦》判词的味道，可不知他弄这玩意干甚！这吧，许或就咱俩看出来了，不要声张出去。"他给她安顿着，转而道，"你跟天菲无话不说，要不拿去让她瞧瞧？"

她没接话，低头沉思片刻，道："哥呀，俺给你说个事儿，俺已憋了好久了……那个，就是那个白亦如，原来是白玉青跟武子齐的暗里货。还有，那个狐狸精也很活泛，想跟武子齐重温旧梦呢！"

他被她这突如其来的话，震得愣在了一边。半天才缓过神来："思益，你这是听谁说的？玉青她虽说做过戏子，可做人方面那是有口碑的。你可不敢……"下面的话，他觉得不配给自家妹子说了——思益是个严谨而从不乱说坏话的女子。对于她的做派，作为同父异母的兰家哥哥，敦益那是再信服不过的了。他只有张着嘴巴，啪啪地拍响，末了才道："这个，哥晓得了。你不要胡思乱想了，过好自个的日月，才是正事。"正是：

天地有玄机，止行何所依？

人间多少事，是是与非非。

欲知后事如何，且待下回分解。

第二十三回　遭家丑百般思无绪　访拜识一招解困局

且说从娘家出来，兰思益漫无目的地溜达着，脑中还萦绕着那几幅画。走着走着，她突然想起了敦益的话，便折了回去，向着怡园去了。

呼天菲见了思益，自是欣喜。她正给宝宝准备着衣服，顺势递给思益，道："俺只会针线，揣摩不来式样，你看这么裁剪如何？"

思益把衣物拿在手上看了看，又一下抱入怀里，亲了亲。天菲大笑："你呀，想娃想疯了！要不，俺这个你拿去好了……嗐，有娃了尽是督乱事。这不，娃还没生下来，俺家婆婆就整天胡撩乱。俺只好哄她说，肚里怀的是个女娃。谁知，她一听，才乐疯了，便趸摸着铺排百家宴了。你说，俺这不是自个给自个寻事嘛！"

"你呀你，喧那谎干甚。把她乐疯了，结果又不是，咋办？不疯又要癫了！"

笑罢，二人戚戚楚楚拉起了家常。说到帛柏霖的那四幅画，天菲一惊，道："这些画儿咋跑到敦益那里了？若早知有这么四首配诗，俺就收揽了。"一急，便要过去看看。拉扯间，忽见贵贵趸进门来，说老太太要她过去，有事拉谈。思益见状，便起身告辞了。

且说天菲来到中堂，见伊老太闷坐着出神，便悄悄坐在一边。这是惯常行为，每当见婆婆有心事时，她总是如此。

"唉，锦松家，咱怕是遇到了麻达——可比麻达还要麻达的事了。"见天菲依然不吱声，伊老太吁了一口气，稍稍提高了音量，"让俺咋说嘛，除了你，俺是谁也不能给说。说了怕也没用的！"

听到这儿，天菲的心咯噔一下猛跳起来，但依然静待着她的下话。

"唉，让俺咋说嘛……她，她怕是有了身子。"伊老太这才抬起头来，盯住天菲，"俺早些见她身上没来，问她，她也不说。那时宽衣厚裳的，也看不出个异样来。这几天，俺看她是害娃娃的模样，翻腾得厉害。"

天菲已明白这个"她"是谁了，但还是不忍面对："娘，你是说尚德家婆姨……"话一出口，连她自己都觉得荒唐透顶。若是长孙媳妇有了身子，那该是伊家的喜事嘛，何来婆婆这般愁容！她只能沉下心去面对了："俺，晓得了。娘，你先别急，俺跟她再揣摩一下，不当了是风发感冒。若真是那般，咱再想法子。"

"俺今个叫你来，就是这么个盘算。"伊老太稍微缓解下来，又盯住她，"你要想法子问出来个底细，啊？这事，先不要给人说，对锦荣、锦堂也不要说。"

天菲先回到自个屋里，她要平息一下心境，再琢磨怎样跟锦若周旋。她回想了这些天的点点滴滴，锦若跟往前是有些不同。若是她真的怀了娃，那这娃又是谁的？婆婆说的"问出来个底细"不就是要探出"谁"来嘛。看来，事情应该是确定无疑了。想到这儿，她就去了锦若房间。

结果与她想象的差不离儿——锦若慌乱地遮掩了一番后，面对自己信赖的三嫂，还是坦承了既有的事实，却死活不肯说出那个"谁"来。不过，她还是有所收获，锦若明白无误地告诉她：这"身子"已有两三个月了。

伊老太得到了确切的回话后，便躺在了炕上。她一言不发，盯着窑顶出神。直到快吃晚饭时，才坐起身子，对身旁的天菲说："晚饭不要管俺了。给贵贵说声，叫她端一碗钱钱饭就行了……饭后把锦荣、锦堂叫来。哦，你小舅嘛，暂且不要给他说。"

且说伊老太凝重的声音落下后，整个厅堂里一片寂然。两个儿子瞪着四只眼睛，忽闪着驴一样的大眼，面面相觑，连气息都似乎停了，只有呆愣的份儿。慢慢地，锦堂把下巴支在了手背上，盯着墙上的字画出神；锦荣则歪着脑袋盯着天菲，似乎要从她的脸上得到进一步的确认。

"你爹走后，锦荣就是伊家的顶梁柱了。你先说说，该咋办？"

只见伊锦荣晃了晃身子，搔起了头皮，磨蹭了半天才咕哝了一句："俺看，这得要问清楚，问清了才好说嘛。"

"老二，你说呢？"伊老太把埋头的伊锦堂唤直了身子。

"俺哥说得也是。不过，俺觉得，这事不能瞒着俺小舅。"

"当然不能瞒。这就把你小舅请来，弄个麻袋，把她装进去，再捆上两块大石头，扔到河里去，见个水花花……你娘不是瞎说，俺从小听你外婆这么讲的。这会儿想来，多亏她老家的叮咛，俺们才顺顺挺了过来。唉！"

"娘，俺说，俺说这个先不要惊动俺小舅。俺看，俺看应把舅爷请过来。"天菲显然受了惊怵，抖着声说出了自己的看法。两个儿子相互揣摩着心思，这头瞧瞧，那头瞄瞄，这才缓过一口气来，便附和了天菲的主张。

"那就这么吧，照锦松家说的办。不过，在你舅爷到来之前，你们也要说上个子丑寅卯，啊？"看几个仍在愣着，伊母无奈地摇摇头，索然道，"那就回自个屋里慢慢去想吧。锦堂，你明儿一大早，就去把舅爷拉过来。"

也是天缘凑巧，合当有事。这舅爷又把脚腕子崴了，窝在炕上不能动弹。若是其他事也罢了，可这是火燎眉毛的急切事啊。伊老太当即决定，叫拴柱送自己到十里铺。走时，顺便带了些好吃的，还有几瓶好酒。

帛柏霖听了她的戚叨，长吁了一口气，道："旧时老人们说的话，还是明圪晃晃价！俺那天看若娃那洒打流野的模样，再看她那腰身，就觉得娃怕把事做下来了。只是，没想到这么个……唉！"他看她眉锁蜡颜、欲哭不哭的模样，不禁柔肠翻搅，安慰道，"天要下雨，娘要嫁人，本来是个顺应的事嘛。你也不要太熬煎，既然事情搁在了咱身上，那就想想法子。俺看，除了装麻袋沉河底那古板的路数，都可以探一探。"

"他舅爷，嗷，小叔，俺这几天黑里明里地盘算，可咋也想不出个法子来。你老就给咱拿主意，俺们都听你的。"

帛柏霖欠了欠身子："哎，把你拿来的酒撬开一瓶，让俺喝上两口。"

伊老太听了，才眯眼笑出声来，连忙打开一瓶汾酒，递他手里："听老人们说，喝点酒能舒筋活络的。"

他喝了几口，把酒瓶子递还她，旋即要了回来，再喝了几口后，才说道："俺看，就两个法子：要么撬开若娃的嘴，是谁的娃就嫁给谁；再嘛，赶紧寻个人家，歪好不嫌，先嫁出去再说。"

"唉，俺也是这么盘算的。可是，若娃死活不说，不知您老有法子没？寻个人家嘛，都几个月了，这咋个嫁人！要不，咱寻个地方，先把娃生下来，才有个缓解。下来嘛，再踅摸以后的事。得成？"

帛柏霖一听，连连摇头："不行，不行。你说，天下哪有不透风的墙？万一传出了风声，你能担待得起吗？"

伊老太只有浩叹一声，旋而又试探道："他舅爷，你看这么个办法行不行——干脆，俺看干脆把若娃给锦松做了小，反正他俩是姑舅兄妹嘛。这姑舅做亲的又不少，只不过俺把若娃养了几年罢了。不管谁咋说，这也不是出格儿的事嘛。"

他抬头看了她几眼，才说："这不关姑舅不姑舅的事。你就是抱养个外人的娃，养到如今这么大了，你说，能嫁给锦松吗？"

她一听，再没吐出一个字来。他看她那凄然的样子，只好说："让俺盘算上两天，完了咱再拉谈。回去了多动动脑子，不要乱埋怨，对若娃要比往常更暖热一些。记住，最好乖哄着让娃说出那个男人。实在不行了，唉……甭怕，车到山前必有路。过了三天头上，叫拴柱来接俺。"

虽说没讨得帛柏霖管用的点拨，但听了他这些话，伊老太显然轻松了一大截，仿佛院子里那株弯腰马趴的枣树，被一根结实的杆子撑了起来。

暂且照着帛柏霖的筹措运行了。这天，伊老太又把天菲叫到跟前，趔摸道："锦荣先前说了，你舅爷也那么说了，可若娃不开口，咱有甚法子？俺这两天盘算来盘算去，总是离不开'他'，怕是'他'的门儿大。俺不是胡猜疑，你想想，拴柱这些日子，对劲不？要不，你去套套他的话？"

天菲想了一下，才道："这个，不大妥当。人家说不说，倒是其次；万一不是了，那把咱的底儿全露啦。再说了，即便那娃是拴柱的，咱能把锦若嫁给他？"

伊老太听了，直拍脑袋："这几天真是把人急疯了，唉！俺管不了啦，乍看你舅爷咋个铺排吧。"不提。

且说帛柏霖想了两天，也陷于难耐之中。人们都说他点子多，可遭遇这等事，他难免有隔膜之叹。眼看三天快到，一转念他想到了白兆年。可这是家丑啊，咋能向外人道及！急火攻心，也顾不得许多了。犹疑间，还是拄着拐杖去了拜识家。

"这个你放心，甭说旁人了，就连秉中、秉全俺也不会吐一个字的。"白兆年给他表了心迹后，合计道，"你说了，要寻个对着缝缝的钥匙。俺看，对不上缝缝也行嘛，打磨打磨，啊？有时不当了，随便拿个什么东西，也能打开门锁的嘛。"

"这话不虚。你接着说吧。"帛柏霖似乎豁然了一些。

"比如，簪子是束发用的，可它有时能当钥匙用。都这个时候了，不能还想着般配不般配的。只要簪子能开锁，先开了再说。等你进了门，再来相端配钥匙的事。"

"可是，眼下连个簪子也没得！"

"俺这儿倒是有个。至于行不行，你且听听，不对了权当俺没说。"白兆年看他点头，就把那"簪子"拿了出来。

原来白兆年有个郝姓远房外甥，家住三十里铺，年近五十，家业殷实，算个小财主。他已有两房女人，可就是生不出男娃来。眼见一大堆家产没个接手的，自个年岁又不饶人，便整天上庙里求神拜佛。某天偶遇高人点拨，要他找一个黄花闺女，且是倾城倾国那般尤物，方能生出男娃来。他听了未免一喜，喜后却是哀叹：黄花闺女倒可觅得，若再加上个倾城倾国的貌，凭他这点把式，只怕是梦里的一道凉菜而已。虽然希望渺茫，他还是按图索骥，不停地到处趔探起来。

听完他的讲述，帛柏霖心里嘀咕起来：虽说锦若这道菜正合小财主的口味，可事情还要做得像回事嘛——城里大户人家的绝妙千金，要给一位年近半百的乡下富户做小的，未免有些今古奇观了。

"这倒是个茬茬，只是欠了些。不知伊家母肯不肯了？"

"这个'欠'嘛，好说。干脆把他的岁数减上十岁，把两房女人说成一房，再把他的家底翻个倍数。这么一来，伊家母许或能应承。"

"哈哈，你就这么个'打磨'法？乍一听，着实有点偷梁换柱的味道了。"笑罢，帛柏霖又绷紧了脸，"即便这样，还得给你那个外甥有个交代。俺是说，肚里的娃肯定遮掩不住的，明里说了，岂不是辱没人家嘛。即便人家心里头愿意，也刷不下脸面嘛。俺看，起码台面上得有个什么遮挡的。"

"这个嘛，倒是有些麻达。咱再琢磨琢磨……不过，事嘛，都有个弯转。与其坐着想，不如走着瞧嘛。"

受了拜识的启发，帛柏霖心里踏实了许多。三天头上，柳拴柱把他接到了怡园。依照白兆年那个"两减一增"的打磨法，他又加了些枝，添了些叶，娓娓道来。伊母虽说不大满意，也只能勉强接受了。

俗话说，过五关斩六将。下来，郝财主这一关也不太好应付。帛柏霖又开始了揣摸，想了几种方案，总是觉得不妥。这晚，他做了个噩梦，惊醒后，他一边回翻着梦境，一边又开始度量。忽地，他把炕板一拍："这下总算有门道了！"正是：

> 一事扑来一念追，世间善恶总相随。
> 谁人尽信有因果，因果何曾饶过谁？

不知帛柏霖想出什么门道，下回接叙。

第二十四回　施魔方巧布迷惑阵　救美人权作顺藤瓜

且说帛柏霖回翻着梦里的情景，突然计上心来，便琢磨了个"祛魔"手法，既可做个挡箭牌，也可为以后的事留出余地。

这天，他托人把郝财主招了过来，道："听说你要弄个能生男娃的媳妇，是不？"这郝财主扭捏了一阵，道出了自己的苦衷。他便转着弯弯与郝财主周旋了一圈后，道："俺看，那位高人说的话也有道理。像你这么个岁数的人，要想得个儿子，必得要找个年轻俊样的女女。这个，古人也有说法，世上也有不少例子嘛。你知不知道，宋代有个大文人叫张先的，他八十几了还生了儿子呢。你知为甚？就因为他找了个年轻俊样的女女嘛。你想要个儿子，好啊，好，那是人之常情嘛。"见郝财主完全进入了他要的状态，便话锋一转，道，"俺这儿倒有一位，包你称心如意。只是，这是个烫手的山芋。你且听着——城里有位大户人家的女女，长得嘛没的说，百里挑一的那种。只因一事把婚姻耽搁了。如今荒岁嘛，应该有个十八九的样样，眼下依然没着落。这事说来蹊跷，就是所有能对上眼的人家，不是八字不合，就是有火光之灾。后来请了一位高人看了，这才找出了原委。你道这原委是甚？就是这娃的身子被神魔的尾巴缠住了，不解开这条尾巴，那无论婆家还是娘家都会遭遇大难的。若要解开这条尾巴，却也不是个易事，须得等待，等出一个解套的人来。咋个解法呢？高人说让她托梦，依照梦里的指点来行事。正好，她新近托了个梦，说是城北三十里地有个五十来岁的男人，可以替她解套。还说，她必得给这位男人生出儿子来，那附在她身上的魔气才可退去。俺前天听旁人说起了你，一想，这怕是天作之合嘛。"

那郝财主听得有些毛骨悚然，也有些疑惑，道："俺怕降不住这魔气。还是，还是算了吧，你可以另外寻个主主……哎，您老人家咋知晓这事？"

帛柏霖笑道："看把你吓住了不是？嗤，你还懵懂着呢。这个解套是神明的安顿，不是谁想解就可解得，由得了神可由不得人哪！"他看郝财主缓了颜色，继续道，"再说了，这事由你来解套，那是给你积德喽。你若得了一子，那又是给你祖上添了香火。这大仁大德大孝的事也是上天的意旨。你说是不？噢，转过弯弯来就好，就好。下来嘛，俺正要跟你说呢，这女女可不是旁人家的，是俺内侄女的娃，也就是俺的重外甥女嘛。你说这么个亲缘，俺能不操心？"

郝财主听了这一排子话，似有心动。他嘘出一口气，说："原来如此。这么说来，俺倒要与你老家结亲了不成？"

"那是，那是，岂但结亲，咱们这是结缘哪。你说，这亲和缘一结，万事亨通。啊？"帛柏霖有意加重了语气。

郝财主听话听音，知这"万事亨通"意味着甚，一激动却结巴开来。

帛柏霖赶紧接住："你甭急，甭急嘛。俺再说了这女女是谁家的，你怕喜得今晚上都没法睡了。你道是谁家？就是城里的那个……"他一下卡住了。想了想转而道："就是城里的那个，号称'赛貂蝉'的那个女女嘛。"

郝财主听了，震得两眼发直，半晌才嘟囔道："妈，妈哟，这么，这么个……圪飘飘的女人！俺，俺能降得住吗？让俺，让俺回去再仔细琢磨，琢磨。"

帛柏霖哈哈一笑："你咋一满不通达，一满翻不转，嘿！这不是谁降得住谁，而是你们一搭里来唱一出戏……"他猛然意识到这话不妥，改口道，"就是说，你先为她祛除邪魔，她再为你生个儿子。这就是相术上说的相生嘛。而后，你们就谁也不欠谁的了，便可……便可永享天福了。乍解下了没？"

郝财主听他这般说，倒也觉得划得来。反正他是为要一个儿子，至于这女人跟不跟自己过日子，倒不是个要紧事。想着，便信心高涨起来，道："您老人家算是神人，俺早就服气。这么吧，你咋说，俺就咋来。俺虽说大字不识几个，可就爱听你们读书人说的。"

帛柏霖见时机到了，紧逼道："这个祛除魔气是有时限的。你得赶紧拨料一下，把她弄过去。不然的话，错过了这趟时机，那她又得要重新托梦哩。"

郝财主连连点头，生怕错过了这么好的茬茬。一想那个天仙般的女女要归了自己，恨不得今晚上就把她抱回自个的被窝里去。不在话下。

且说事情大体有了眉目，帛柏霖终于松了口气。这时，伊老太又生出了岔子，说俺们总不能偷偷摸摸把女儿嫁出去吧，歪好得有个样样嘛。

帛柏霖就把如何如何"祛魔"的把戏给她道了。说："这事有了翻转，出嫁不出嫁放在后面再说。当下嘛，咱紧着弄这祛魔的事。俺看，就让那个丫头，噢，让贵贵陪着若娃，就行了。等把娃生下来，咱们就有了回旋的余地了嘛。"

伊老太听后哑然失笑道："唉，虽说这硌硬哇哇的，但也只能这么个。"

说好了赶紧就铺排。帛柏霖又把郝财主招来，如此这般地说了一气，直把他说得含水涟涟，急不可耐。他便按着帛柏霖的吩咐，瞅捏了一处小院子，租了下来。然后趁着月黑风高的夜晚，把伊锦若接到了这里，开始了"祛魔"活儿。

且说这祛魔的把戏暂且没给锦若道明，只说在乡下租了一院地方，让她在这里生产。本来她就不愿意去乡下，万般无奈才勉强答应下来。这会儿看到这破墙烂院，心就往冰窟里沉，她打小还没踏进过这般境地。贵贵见她神情低迷，便百般抚慰。

这晚，贵贵料理完杂事，就去边窑睡去了。锦若挑着昏暗的灯花，听着地下老鼠打闹的吱吱声，又一阵子凄楚爬满心房。伤心困顿间，却又突地冒出来个秃顶老头儿，要往自个被窝里钻。她一阵恶心，死活拽住被头不让他进。他哪里肯依，一看这等美艳的天仙横在眼前，那般欲火怎能禁得！更不管什么子云诗曰，什么温良恭俭让了，早把哼哧的劲儿烧成了猪喊驴叫。就在二人打斗得不可开交之际，突然听得院门一阵响动。这郝财主陡地一惊，立马滚下了炕去。

惊异间，他扒开门缝一听，却是大院门板的摇晃声。揣摩着，他预感到来者不善，可又摸不着这来者到底何人。慌乱间，他提起嗓门问了一声，却不见回声。旋即那门安静了，茅房边的矮墙上却探出个黑影来。妈呀！他惊得一个哆嗦，赶紧缩回掩住屋门，又拿了根棍子，使劲顶在门板上。然后一口吹灭了油灯。少顷，屋门吱吱响动了——那是刀子伸进门缝拨动门插的音响。

非盗即抢。真后悔啊，为着省几个臭钱，租赁了这么一个偏僻的院落！就是喊破嗓门，怕也不会有人来的。可他哪里敢喊，只跪在地上直哆嗦。屋门随着他的哆嗦悠悠开启了，那根顶门的棍子咣当一声落下，惊得他趴在了地上，只差有个地缝可钻了。除了马蹄钟的嘀嗒，再不闻一丝声响，也不见有人进来。趄摸间，他突地想起了那个"祛魔"来。莫非，敢是？妈哟，那魔鬼寻上门来了！

"把灯点上。"沙喉咙的声调冲进门来。他又一个哆嗦，勉强蹴起身来，颤着嗓音问："你到底是人，还是鬼？"

"明里来匪，暗里来鬼。鬼怕火！"

看来五成是人了。匪者，人鬼也。只听说一半是人，一半是鬼，可他终究没见过。他挣扎着，晃荡了几下，还是不敢点灯。罩着黑还能撑点胆儿，反正眼不见聊胜于直面那说不清的东西。

就跟澳大利亚鸵鸟那般，把头埋进沙堆里也算是一种逃逸。

"俺，俺是逃难来的，才才来。屋里也没几个钱，这穷家薄业的……"

"劫色不劫财。"

奶奶的，原来，这帮饿狼早怕瞄上了炕上那堆嫩肉，看来还有几成狼性了！这可如何是好？他又一阵悸动，一阵磨蹭……

天骏？锦若在心里疑问着。没错，没错，是天骏！

突然从炕上传来一声惊喜的声音。其实锦若胆儿正，好像她不曾害怕过什么。这前后她大咧咧地瞅着里外情头，直到最后那个熟悉的音色落地，她才判定天骏无疑。油灯忽地亮了，当她瞧见郝财主那丢魂落魄的模样，扑哧一声笑了："就这屄式子，还想过来瞽乱姑奶奶！"说时，她穿好了衣裳，一忽闪便两条长腿着了地。

郝财主这才领教了她的身段，是梦寐以求的那种——圪飘飘价！自打娘胎里出来，还没沾着如此风流。一时心酸酸的，还没尝鲜就要……看她架势，莫非是要自投罗网不成？他见她款款地迈向门去，猛然间抱住她一条长腿："这可使不得，使不得呀！"

她迟疑了一下，便拨开他跨出门槛，一下扑向她熟悉的身影："天骏，果然是你，你这劫色不劫财的货！"

"走吧，甭理识他。"

"那，贵贵？"

"让她安安价再睡上一宿。"

她被风一忽撩，就觉得身子飘了。回首间，又飘来郝财主那声嘶力竭的哀号："那位施主呀，大人呀，你泼撩完了，可要还给俺哪！"

且说二人一路疾走，谁也不搭话。俗话说，夜路走得快。约莫一个时辰，抬头遥见八角亭了。月光朦胧，隐约照出城的轮廓来。二人才略微放慢了脚步，相互瞧瞧，似有心里话。锦若猛然一个叹声："走了半天，俺才灵醒。这般匆匆却又为何？回俺家嘛，那可不行；去你家嘛，更是不行。你说，你要把俺往哪里送？"

"骡马店。"

"你说甚，骡马店？乖乖，莫非你跟谁串通好了，拐卖俺不成！"

"俺不缺钱。"

"呵呵，那也不成。骡马店早关门谢客了。"

天骏这才止住步，看看她，显出一丝无奈来。她看他，使劲吐出一口气，懒懒道："俺累了，天骏，咱坐下歇歇吧。"

是的，该坐下想一下子了。二人在呼兰河畔的一处高地坐定，却又半天不言传。这时，一颗流星划破天际，她仰头看了看，寻话道："听老人们说，天上坠落一颗星星，地上便要死一个人。得是？"

他抬眼瞭了一下天空，回道："天上一颗星，对应地上一个人。星落人死，天地一理。所以说，人的命天注定，胡思乱想不顶用。"

"可那个七斗勺咋就不坠落？听老人们说，它从古到今都在天上那个地方。"

她这一问可把他问住了。突然远处飘来婴儿啼哭声，一激灵他就胡诌道："星宿嘛，也会生娃的。滑落一个，再生一个补上，不就得了嘛。"

锦若咯咯笑了："你尽说胡话，俺才不信呢……俺再问你个正经事儿，你，你咋就寻上那个破院子的？"

"七斗勺告俺的。"天骏一手指天，一手做出摸的动作，"再嘛，顺藤摸瓜呗。"

"七斗勺？哦，这个倒是。顺藤摸瓜？又说胡话了不是，眼下庄稼才圪蹴起，哪有什么藤，你咋个摸法！"

"打个比方嘛。这也解不下！"

"呵呵，都是你的话。"她撩了一下秀发，盯住他，"那么，那么你说说，你为甚要寻这般苦头？这瞎天黑地的，万一摸着一只狼来，咋办？"

"凉拌。"

"莫非拿狼肉当下酒菜？"

天骏不吭声了。不知过了多久，他才瓮声瓮气道："狼是俺们的师爷，是俺们的魂灵。俺们从不打狼，狼也不侵害俺们。"

"又说胡话了不是？俺才不信呢。"

"你不知，狼的鼻子比狗还灵。俺们和旁人，它能分得清。"

"呵呵！不过，俺二哥也说：狼见了他都要绕着走。

莫非……"

"那倒不是。锦堂那身武艺，十个狼都不是他的对手。"

"嘿，又吹了！俺见过自吹自，还没见过替别人吹。"

"俺见过劫色，可没见过替别人劫色。"

锦若不吭声了。不知过了多久，她才柔声柔气道："你真好。可如今，没别人了。就算替俺，替俺肚里那个……天骏，妹子谢你了。"

他看看天，看看地，又紧紧盯着她那微微隆起的肚子，然后低下头去："要谢，谢俺娘吧。俺全是为了俺娘。"

她困惑了，慢慢才解下了他话的意思。静默弥散开来，她真不知该怎样接话。还是他打破了静默："锦若，俺知你是为了谁，可你这样掖着、藏着，害得八家不得安生。有什么大不了的，不就那点碎事儿嘛，便是天塌下来，也有顶天立地的人顶着。"

"呵呵，早干甚来？不过，今算见识了顶天立地的人了！"

"甭能牙撩嘴的。说点正经的，你娘，还有那个帛老头，尽是胡日鬼。不管咋说，你可不能自个糟践自个！"

她听了他这话，身子一抖，又突然一个凛冽，双手抱住肚子，盯住他："你，你是说，俺娘和俺舅爷，把俺给了那个糟老头？"

他点点头，木然一笑："俺二姐你三嫂，是这么说的。所以，俺娘信了。"

她听了，久久没再回声。她把头深深埋在两腿间，那双脚却不停地蹭着地。又不知过了多久，她才幽幽问道："那么，今儿这事，你娘可知？"看他摇头，又道，"那你说说，下来你咋个救俺？"

"俺是劫色，不是救你。"顿了下，又道，"是替别人劫色。"

"那么说，这个别人，你知道是谁了？"

他摇摇头，又点了一下道："不过，有个人，晓得。"

"谁？"

"……思益。"

她僵住了。慢慢地，她摆了摆头："那她为甚不早些告你？"

"那你问她去。"

"那么说，是她，让你，来，劫色？"

"也是，也不是。俺说过了，俺是顺便，顺藤摸瓜呗。"

她点点头，又把头埋了下去。她不再追问，似乎一切了然于心。

夜的寥廓任思绪飞扬。她终于仰起了头，静静地看着他。那泪滴不知从何时溢出，似珍珠挂在她那俊俏而棱角分明的脸庞。他有些不知所措，因他从未见过她的泪珠。局促间，他摇了摇她，似乎要问她什么，而终于没有说出。她不再犹疑，缓缓滑入了他的怀里了……

一阵微风吹来，她不禁打了个寒战。虽说已是春夏之交，深夜里的冷气还是在河滩里乱窜。他脱下外衣包裹了她，怜惜道："要不，还是到俺家去吧？"看她不言传，又道，"那，干脆就到思益那里。好吗？"

她听了，紧紧攥住他的手，旋而放在她那微隆的肚皮上，轻轻摩挲着："随你……顺藤摸吧……你，你这劫色，不劫财的……"

那梦般的玄幻，衬了月光的迷蒙，移入感官的竟如非人境那般。她依旧喃喃着，他却生出无名的惆怅来。眼前身后一片茫茫，月已西沉。太阳升起后，又是一番怎样的光景？他无法去想。噢，几点泪水又滑出她的眼眶。这次他接了，不是用手……

她"哦"的一个低吟，间隔地震颤起来，喃喃道："叫，叫姐，哦……"

"一会儿是妹子，一会儿又是姐。嘿！还记得那个夜晚吗？你把锦松……"他忽地改口道，"你把棋子调包了。俺上完茅房，摸了一把炮，就输了。"

"哦，那个晚上，你让了俺。不过今晚，俺来让你。来吧，你咋摸也输不了的。"

他抚摸着她，似野马奔突草原，时缓时疾。她喃喃着，俄而转换成低吟了……夜风泼撩着高地，一任酣畅的节奏流淌，随呼兰河流向了夜与黎明的边际。正是：

> 纵然身贵齐天，常是形单影只。
>
> 狂来风卷残云，醉里情依知己。

欲知后事如何，且待下回道来。

第二十五回　俏月娥调包无波澜　媚凤儿扶正有杂音

且说月娥一大早就去了怡园。呼天菲看她着急的模样，不明意故，就听她急切道："二姐，三少爷他，一宿没回家。这不，老爷让俺……哦，没来你这儿，那他去哪儿啦？老爷这会儿着急着呢。"

天菲未免一愣，拉她坐定，嘀咕着天骏到底去了哪儿。正寻思，就听院里有了响动。只见月娥一蹶站起："哎，三少爷！"果然，天骏应声进了门里。

"嘻！俺估摸你又在谁家下棋了，大概摸棋摸了一黑里。不管咋地，你得给家里道一声嘛，你看你这般……"

只见天骏摆摆手："俺困得要死，让俺眯瞪一下。"说着就进了里屋。

"要睡回去睡，咱爹为你还吊着心呢。"天菲说着跟进里屋，"甭把尚勤娃弄醒了，俺还有一堆活儿要做呢。"

说时月娥也跟了进来，要拉他一同回去。

"你先回吧。俺睡醒了还要跟二姐拉话呢。"他硬是把月娥推出里屋，只管脱鞋上了炕，蒙头睡去了。

天菲愈加疑惑了——跑俺这儿困觉，还要醒来跟俺拉话，这葫芦里到底卖的啥药？她把月娥打发走，又唤丫头多备了几个好菜。

睡醒后他却改变了主意。只见他扒了几口饭，便匆匆离去。天菲没等来什么拉话，就更摸不着头脑了，便打算回一趟娘家。刚要起身，就被帛柏霖堵了回来。

"今个，出了个大事。不过，也不是什么坏事。"没等坐定，帛柏霖便打了个先声。然后品着茶，慢悠悠地道了夜里郝财主"遇劫"的那抹事，眉心一展道："眼下若娃在俺那里，可她还是不肯多说什么。幸好俺半路上碰见了骏娃，才有了眉目。你猜猜，他说了甚？嗐，甭说你猜了，俺听了都觉得像在听天书。得得，他说，他说若娃肚里那娃，是他的。"

先前天菲也疑心过天骏，可问他，他只摇头，甚也不说。后来她让娘问他，他也不肯多说什么。若说他对她还有些不好意思，那他对娘是不会说谎的——没有谁比她更了解天骏了。可眼下这么个情状，到底是咋回事？

"这，倒是怪事了。一个掖着，一个不打自招。舅爷，这里头有蹊跷，让俺再靠靠他俩。这个不得马虎，咱非得靠实不可。"

"当然要靠实了。不过，眼下还有当紧的。俺今个来，还有一事，这个才难肠哪。"帛柏霖依然慢悠悠地说着，不慌不忙、不急不躁地品着茶。看他神情，怎么也跟"难肠"搭不上边来。天菲还在疑惑，就听他道："虽说难肠，却也不是要命的事。你甭急，听俺慢慢道来。这么个，那个郝财主夜里只管哀叹祈祷，等天明了，他才有了琢磨，认定是咱们搞的把戏，便来找俺，撂下两句话：要么把若娃送回去，要么赔他一大笔钱。当然啦，这下若娃是回不去了。赔钱嘛，倒也不是个事，可也不能给他赔。你说，他费了九牛二虎之力，落得这么个结局，肯定烧心。他若不肯罢休，把这事扬罢出去，咱们的脸往哪达搁！俺一路琢磨，盘算来盘算去的，没个主见。这不，先来跟你说说，咱俩先拿把主意。噢，这事暂且不要跟其他人戚叨。解下了没？"

"舅爷神明。这天下没有能难倒舅爷的事儿。"

"嘻，当下还顾上抬举舅爷！都说你稳实，你就给咱拿个稳妥的主见。俺说过了，这事要不了命，却很麻达。这样吧，咱俩还是分头来做。你嘛，把天骏靠实。这个，你应该有把握。下来嘛，让俺再好好想想。三天后，咱俩再拉谈。"

说时，就见月娥踅进门来，说老爷叫天骏赶快回去呢。

天菲睁大眼盯着帛柏霖，二人交换着眼色。只听他对月娥道："俺正要去呼家那头，你来了省了俺的麻缠。你回去给掌柜的说，骏娃在俺那达哩，俺给他布置了八股文，让他好生演练。只因他昨天做得不好，俺罚他再做，一拖延就误了回家。你就这么说，就说骏娃做不好文章，俺是不会放他回来的。"

月娥应诺后，对天菲莞尔一笑，就扭出了门去。帛柏霖瞅着她那圪飘飘的身段，陷于沉思。突然，他把大腿一拍，喜道："有啦，有啦，天菲，有啦！"

天菲正在暗叹帛柏霖的机巧，却被他这一喊，有些招架不住，只差把茶杯摔在地上了。在她愣神的当儿，他呵呵笑了起

来，看着她，再捋捋胡子，然后一蹴站起来，踱着碎步满屋子
周旋。

"才才你呼家那个丫头进来，一扑面俺还以为是若娃了。啊
哈，有了，有了，咱这么个摆布，你看咋样——李代桃僵，移花
接木。解下甚意思了没？"

天菲看他喜形于色，大概有了好主意。可听他这么一说，又
急忙转不过神来——这咋个代桃，咋个移花？

"嗯，那么'调包'你总该懂吧？"

天菲这才恍然大悟："你是说用月娥来替代锦若？"

"对头。俺看她俩的大模样一圪板板的，可让这个丫头来顶
替锦若。这么一来，不就堵了郝财主的嘴嘛。"

天菲略一思忖，谨慎道："只怕里头倒腾多，会不会生出乱
子来？俺是说，郝财主若是看破真相，俺们岂不弄巧成拙了？本
来为息事宁人，可别把窟窿越捅越大了。还有，月娥会不会答
应，也难说。"

"这些都不搁事——郝财主不会看出什么的，之前他没见过
若娃，那天晚上又黑灯瞎火的，他也瞄了个大概。俺敢肯定，即
便把若娃和月娥摆在一起，他也搞不清谁是谁来。至于月娥嘛，
就看你爹了。只要他肯做，不会有麻达。俺看，眼下当紧的，是
把若娃肚里的东西靠实。只要她肚里的娃是你呼家的种，这事就
成了。"

经他一点拨，天菲顿释前虑。二人赶紧分头去做，很快就有
了眉目。先是天骏揽承了这档事，虽说有些勉强，但不再含混；

大概锦若的挣扎已到极限，便也附和了天骏的说法。天菲便赶紧把事情原委给爹爹道了。

呼缙昌听了陷于沉思。踅摸道："这俩娃，咋弄的嘛！天骏先不说，也罢了，可锦若为甚紧闭嘴不言传？"

"这个，俺想，大概他俩想撑着，找个什么法子。后来嘛，这不，天骏撑不下去了，锦若也就随了他。"天菲看爹爹微微点了头，趁机把郝财主如何如何、月娥如何调包的把戏给他说了。道："帛老的主见倒还使得，只怕是月娥会不会答应？"

"月娥这头有俺。只是，只是……这吧，你给帛柏霖道一声，就说月娥要进郝家门，那得要明媒正娶。"

呼天菲听了，身子一下轻松了下来。不提。

且说月娥听说要把自个嫁到乡下，那是万般不愿意。无奈间她只好去找呼姨娘，泣咽道："不是说好了嘛，你不是说让俺伺候天骏嘛。咋又……若天骏不行，那俺就伺候天帆，也行的嘛。"

老两口为此伤透了脑筋——不把事实告诉月娥，以下不好进展；可告了她吧，又背情背理的。是的，咋能光顾自己！撇开先前承诺不说，把月娥往火坑里推，也让呼姨娘揪心。万般无奈之际，她只能把天骏和锦若的那档子事，说给了月娥。

月娥听了，那是半喜半悲。因说好要她做天骏的侍妾，所以她对那个"大的"便有了捏掇。亦如嘛，她觉得不配顶在自个头上；思益嘛，又觉得不好相处；倒是锦若，始终是她梦寐以求的。然而，如今天骏和锦若牵手了，虽说遂了她的愿，可自己却要远离他们。那般不舍和懊丧紧紧裹缠了她。

呼姨娘见月娥眉眼紧锁，也是心疼得不行。她一把眼泪一把鼻涕地对月娥道："娃呀，不是俺狠心，也不是俺说话不算数。只是那堆麻缠事，非你不能解呀……"

"俺知道。你就不应说了。"

呼姨娘听了，更是喜极而泣道："俺知你解话，方方面面能盘算得来。可是，俺也舍不得你呀！"

月娥一边陪泪，一边点头应诺。呼姨娘见状，又安慰道："好在，好在那个郝老头也五十开外的人了，还能活几天！将来他腿一蹬，俺们不就把你接回呼家了嘛。"

"娘呀……"

呼姨娘头次听月娥这般称呼自己，不免愣了愣。就听月娥凄然道："就让俺做你的女儿吧。呼家对俺恩重如山，俺岂能光顾自个？至于将来那个，你也老糊涂了。俗话说了，嫁鸡随鸡，嫁狗随狗。俺嘛，晓得如何去做。"

呼姨娘更是爱怜地抚摸着月娥的头："好娃呀，俺呼家几代人都得感激你呀！"

且说月娥看胳膊拧不过大腿，表面上屈从了呼家，但她心里的疙瘩还是难解——嫁到乡下也罢了，秃顶老头（天骏给她说的）也罢了，为了报呼家的大恩大德，也为了天骏和锦若，纵然苦海也得下。只是，她有一念萦绕不歇，那就是：天骏如何想的？

"嘿嘿，是你自找的！"

　　她听天骏如是说，既蒙又觉得冤，刚要力争，就听他扑哧一笑："还记得大理河畔那晚的情形不？只要你肚里有了俺的娃……"

　　这话触动了月娥。先前不说了，可眼下怕是远水解不了近渴呀！想着便道："谁知道会这般，俺又不长前后眼。如今哪，咋说都没用了。"

　　"若你听俺说，保准有用。"天骏看她眼睛一忽闪放了光，脸色转阴为晴，便附她耳边叽咕开来。月娥听着听着就按捺不住，恨不得太阳马上就落山去……

　　且说月娥不比锦若，犯不着匆匆忙忙的。所以，呼家就把婚期择在了腊月前后。月娥便利用这个喘息之机，不停地与天骏幽会，盼望怀上他的骨血来。只要怀上呼家的种，那她不就是锦若第二了嘛。大凡事嘛，越是心急，越是劳而无功。三四个月过去了，还不见肚子有丝毫动静。唉，天不留人，如之奈何？眼看婚期将至，她愈益急躁起来。天骏也为她熬煎，心生一计道："咱干脆来个缓兵之策，就说你有了身子。下来，咱再消消停停地操弄这事，俺就不信咱怀不上个娃来！"

　　月娥听他这般说，一喜一悲道："虽说这倒是个法子，可俺不会做喧谎的事。再说了，这么多天都怀不上，俺看不中用了。你嘛，好好陪着锦若；俺呢，就听太太的，等那老头归天了，再回来伺候你。"

　　心一松弛，身子便宽展开来。就在月娥出嫁前的某个夜里，呼家的骨血终于在她的肚里孕育了。而她全无知觉地被一台轿子抬到了三十里铺。轿夫们那是啧啧称奇，说打做这活儿起，还没遇过这么高大的娘们，也没见过这么窈窕的新娘子。倒也是，月娥曾不无自负地对天骏说过：都拿俺来跟锦若比，若论脸蛋，俺比不过她；若论身坯，俺才不瞧她呢。

郝财主自不必说了，像接了个神女那般供奉着她，唯唯诺诺，再不敢造次了。只因她说身子不适，他便强摁着，不敢过多督乱。又过了些时日，月娥真的感觉不适起来，猜测自己有了身孕。一惊一诧间，便是阵阵晕眩。她感觉这肚里的应是天骏的。唉，为什么，为甚不早点来呢！如今已是一碗水倒在了地上，揽不起来了。她只得强装欢颜，顺命随势了。又几次颠鸾倒凤后，她便黏糊起郝财主来。得知她有了身孕后，郝财主那个高兴便有了双重意味，趁机便与她分房而居了。到了翌年仲夏，月娥生了个儿子，乳名兔子，大名登华。又过了几年，她才名正言顺地为郝财主生了个胖小子。此为后话。

且说寒流来袭，气温骤降。思益听说爹爹病了，便打发凤儿过去看看。凤儿回来说，老爷子其实没甚，他是想让你回来拉拉话。思益一听笑了："他啥时想过俺，怕是想你了。"见凤儿得意地傻笑，她唉了一声，又道，"满十六的行货了，还这么稳盘似仙地晃荡。老爷子可为你操尽了心，你也该识点相，俺们又不能养你一辈子。给你瞅捏个好人家，俺们的心也就放下了。"她说完想了想，留下凤儿独自回了趟娘家。

兰铭勋见她单个一人回来，盯着她看了又看，显出意外的神情。她佯装埋怨的样子，道："俺连个丫头都不如了。你明着说想俺，其实是想凤儿了。对不？"

"只顾油嘴滑舌，不弄点正事。俺叫你，是跟你说个事。就是，你看天帆咋样？噢，这么个，你呼家伯看上了咱凤儿，想把她弄给天帆。俺看，这个茬茬还行。"

"你怎么舍得凤儿了？当初好茬茬多着呢，硬是你不接茬。晃达到如今，好的没几个了。就说天帆，月娥就是不嫁郝财主，也轮不上他。你不知，他一会儿跟月娥讫搅，一会儿又裹缠晴儿，浪里浪荡的，你也看得上！要俺说，干脆让俺哥把凤儿收了，强诸胡捏乱掐。"思益看他睁大了眼睛，一笑接道，"呼家的那些害沓俺都晓得。再说了，俺嫂子一堆女娃，怕也没小子的命了。原先她给俺提探过，想把凤儿拾揽过去。不知当下变没变……"

兰铭勋摆手打住，道："使不得，使不得！你嫂子那个鬼脾气，凤儿去了非受气不可。唉，凤儿怕是做小的命！与其那样，真还不如留你身边……俺是说，将来以后，歪好你俩有个照应嘛。啊？"

闻此言，思益颇有些意外，却也不好接话。她知爹爹为她好，可他这般铺排，在她感觉像多了一堵围墙——打小起她就对森严的围墙怀有抵触。

翌日一大早，她就赶了回去。想着让凤儿教她织毛衣，咋说自己也该给夫君一点关怀吧。进了中堂，才觉得与往昔不大一样。一贯早起忙碌的凤儿哪去了？她正要吱声，却隐约听到隔壁书房传来说话声。她侧耳一听，脸色不由得暗淡下去——那是呼天盈与武子齐的说笑声。她心一阵抽搐，却耐着性子听了下去。原来二人拉谈亦如跟辰浩那档子事，说到高兴处，未免夹杂些别扭的浪声嗲气。

嗐，随他们怎么讫搅去。饭毕，她也不问事由，就把凤儿损凌了一气。凤儿委屈地说，是呼家婶子让她过去，帮鸣珠做女红。思益听了，更加上气了："你是谁的丫头？怎么就知道吃里爬外的！"

且说兰铭勋见思益又独自一人回来，且脸色不好，想她大概与凤儿闹了别扭。看来，自己那天的话让她不爽。可凤儿又不知情，犯不着在她身上撒气嘛。想着，就开脱一下，叨叨起凤儿的好来。

"俺倒有些不想要她了。要不，给你送回来吧。其实，你也离不了她，她也黏糊你。将来嘛，与其给张给李的，真还不如给俺哥做了小。"

"噢，这个嘛……如今，小芹用来也顺手，凤儿还是留你身边。"他看看她，欲说还休的样子，转而道，"你姐近来也胡拾翻，她给俺说，想把亦如娃弄给她那个宝贝儿子。你说，她这不是凑乱添乱嘛。"

"俺倒觉得蛮搭的。亦如跟咱嘉辉，比哪个都般配。只是，俺姐动得晚了。如今哪，陆家跟武家已在谈婚论嫁了。这个，俺姐大概不知。"

"不论早晚，这门亲事不能提。俺给你姐说了，她不听。她说亦如娃看不上辰浩。还不是自己瞎估摸嘛！俺本来想让你打劝一下她，可你俩却穿了一条裤子。唉，你们咋就不知轻重！你娘常说，你们几个尽是些由性子，一个比一个倔强。敏益原来还好，如今也拴拉不住自个了。真是背锅躺在了坟堆上——不知脚手高低！"

说敏益，敏益就接声了："嘿，又说俺什么来着？俺今个是专门过来蹭饭来了，撵俺走都不成。哇，好香的猪肉钻鸡，总不能让思益一个吃了。你们以为俺不知道，俺圪蹴在家里，也闻到了香香……"

"得得，爹爹刚说呢，俺还不信。姐呀，你咋变得疯张鼓捣起来！"

"让她过来襄哄，她不来，就等着张嘴来吃。今个这猪肉钻鸡，没给她做进去。想吃自个动手去。"兰铭勋爱理不理地说道。

"嘻，没得凤儿，就给俺做不进去了？看来，这个小芹一满使不上。俺说爹爹，你干脆把凤儿招揽回来……"她看看思益，止住了话。

"有，有，有你的份儿！"兰铭勋嫌她聒乱，就打住她的话。看着两个女儿围在自个身旁，心中的舒哉自不待言，遂滔滔开来。

敏益听他说了凤儿的事，叹道："人常说，女大不中留嘛。况且，哪个不爱攀高结贵！凤儿这娃机灵着呢，你不说，她都往跟前圪蹭呢。不过，思益说得也对，给张给李，不如把凤儿给敦益做了小。你看他那一窝子女娃，也得换换门气了。爹爹咋老犯糊涂，这自家碗里的肉，咋能往外挑！"

"俺不糊涂。你们不知情，净瞎叽咕。俺问过凤儿，她不肯，说敦益爱喝酒，还脾气蛮大，顶戴不起。"

说时小芹来唤吃饭。又听敏益叫道："你们真以为俺蹭饭来了？俺有个大事哪，正好思益也在，咱们相端相端。"正是：

相女配夫真是烦，通观天下皆磨缠。
这头和顺那头欠，还有众口调味难。

不知兰敏益说出什么大事，且待下回道来。

第二十六回　呼天菲暗里憋闷气　兰敏益红杏出墙头

且说兰敏益此趟过来，是为女儿嘉玲的事。正好撞见思益，便一股脑说开来："唉，你说这娃们，小时就忙个吃喝穿戴，大了就更费事了，什么都让人操心。你说，嘉辉督乱，总归是个小子，还好摆弄，可这玲子就费心了。论岁数，她也不算小了，也该张罗的了。先前俺给秉中提探过，想把玲子说给呼家的登莱，可他就是不接话。不知是咱玲子不配登莱，还是他有什么顾虑？"

思益看爹爹闷着，突然抢道："这还用问，他秉中不也有一堆女女嘛，他能不给自己留点田地！俺说姐呀，你这是赶马上磨盘——上错了盘道。"

"那倒不是。他那一堆女子，就淑芬一个凑合，下来的还小。可淑芬已说下人家了，就是帛家二门子那头的。"敏益不以为然道。

"转那个圈圈干甚！真想跟呼家择亲，宗槐不能跟天翼说？"兰铭勋说着，想了一下又道，"俺看，稳妥起见，思益先跟天菲淡淡提一提。若能行了，再让宗槐跟天翼去相端。"

思益应诺后，又哑巴道："俺倒觉得，还是天翼家老二好。

为甚不说这个？"

"登方长得帅气，当然好了。可咱玲子大了他三岁，不是个事儿。再嘛，登莱脾性乖顺，本分厚道，人也稳实。俺嘛，就觉得这种娃妥帖。"敏益娓娓道来，看来她对呼天翼的几个儿子了如指掌。

"人常说，女大三抱金砖。岁数不搁事。不论老大老二，俺看天翼的这俩娃都能行。这么吧，让思益探探底细，哪个合适了弄哪个。"兰铭勋看俩女儿意向不合，便给这门亲事定了调子。

且说呼天菲听了兰思益传来的一番话，明里欣然接了茬，可暗里未免嘀咕。斟酌再三，她先给呼姨娘道了原委，然后不屑道："人家那是大辈理信，既泼辣，又不识眉眼高低。一个女女嘛，端直就号上了咱的两个小子。即便是皇帝的女儿，也不能这么生猛的！俺看，就拉倒吧。"

呼姨娘倒不以为然，觉得自家的菜园子好了，随人挑拣去。便对天菲道："拓家那个女女小时俺见过，长得让人心疼，脾性也好。其余方面都没甚说的，俺看使得。这事嘛，你就不用操心咪，俺跟你爹先拉拉，能行了再让天翼铺排去。"

呼缙昌对这门姻亲自然没甚说的。他安顿道："登方还小，不着急，先紧着登莱。再嘛，把玲子的生辰日子要过来，咱们先请人算达一下。"

呼天翼领了命，满心欢喜。只是觉得俩娃还小，不着急。况且拓宗槐远在省城，好久未有音信，等他过年回来了，才好铺排。不在话下。

　　不觉冬去春来，万物蓬展。呼天翼没等来拓宗槐，便想去一趟拓家。天帆听了，便对他说："他家有狗，那个'狮子'你怕圈拉不住，得俺来摆弄。"

　　天翼应诺，便安顿天帆独自去，道："你可不要磨叽，就问问玲子的生辰日子，旁余的一概不要拉谈。"

　　天帆领了命，径自去了拓家。半路上碰见白秉中，拉谈间说起那条狮子狗。秉中说那狗是个暗出子，来了生人不叫唤，等你进了院子，它才一扑出来，咬伤不少人呢，要他当心。天帆说那狗是自个从乡下抱来的，养了些日子才送给了拓家。虽说几年没见得，估摸它会有记心的。

　　别了秉中，他来到拓家院门前，还是谨慎了一下。听听院里没甚动静，他就使劲跺了几下脚，还是一片寂然。他便拨开门缝一瞧，只见"狮子"端立在狗窝旁，朝门口盯视着，那尾巴欢实地摇摆着。噢，狮子！他一喜奔过去抱住它，拍着它的脑袋："你好记心，怕是闻到了俺的味道了，是吧？"那"狮子"把头一摆，跳了几跳，显出得意的样子来。

　　且说天帆逗完了狗，进入穿廊，立在中堂门前，他稳了稳情绪，做了个吐纳动作，便轻轻推开了屋门。他有个毛病，一紧张一着急，就结巴得厉害。今个要见兰家大姐，心里未免毛糙。他试图稳下心来，便极力用平常的招式叫开了，可那嘴巴还是不听使唤："兰，兰，兰家……大，大，大姐——"他从中堂门外一直喊到了侧室门口，那个"姐"字才吐出了嘴去。就在揭开门帘的一刹那，那个"姐"字的余音还在袅袅，他却看见了一条白乞生生的玉体，从木澡盆外慌乱地跳进了盆里，又迅疾隐去了半个身子。只见她用双手捂在胸间，吃惊地盯住他，又闪起疑惑的眼神来。只这么眨了几把眼的工夫，二人都像熬了几个时辰。他一灵醒，赶紧掉转头退回中堂："姐，姐呀，俺，俺哥叫俺过，过来……"

"哎，天帆，你先在那边坐坐，俺立马就好了。"

不一会儿，她穿戴齐整地出了侧门，只是头发还未梳理，杂乱地束在脑后。

"哎呀，真是稀客临门哪！俺先以为嘉辉回来了，一忽闪，听见你'兰，兰的'就赶紧起身，刚出了澡盆……嗜！你乍说这么个，让人硌硬哇哇的。"她说着低头瞄他一眼，便笑开来，"不过也没个甚，在小兄弟面前晃达一下，也失不了几两肉、几斤骨头的。"

他低下头嘿嘿笑着，忽地木了一般，愣愣的，又抬起手搔搔脑袋，磨蹭道："俺，俺以为，你，你在里头做，做针线活儿呢。你，你咋，咋就一满不，不担表，连，连个门户也不，不拴拉好。这，这怪，怪不得……"

看他结巴得一塌糊涂，她忍着笑打住道："俺这达平常也不来个谁，即便来了先有'狮子'挡驾嘛。没想到这死狗也有打盹的时候。以后嘛，你可要操心的。俺家这狗不知咬了多少人，这远近都晓得'狮子'的厉害。"

"姐，姐呀，你一满没，没记心了。这狗是俺抱，抱回来的嘛。"

"哦，俺听宗槐说过，也没往心里去。这狗呀，可比人精灵，长这么大了，还能记住你。可也怪，它就是记不住秉中……"她顿觉失口，慌忙收拢住嘴，却又看他那眼睛在自己身上瞄来瞄去，怪硌硬的。忍耐了片刻，她便切入正题："咱说正经的，你哥叫你来，是不是为登莱和玲子的事？"

"噢，噢，是，这么个……"

二人说完正事，便杂七杂八地谝开了。放松下来，他便滔滔开来，那个结巴也不见了踪影。她只是偶尔插上一两句，就被他夺了话头。她嫌他聒乱，又看时候不早了，想催他走，以便收拾里屋那堆摊场。可又拉不下面子，便只管听他的话来。他觉得该告辞了，一蹴站起身，扇起一股气流来。她身子为之一颤，闪了闪却又坐下，好像被这气息麻醉了，僵在那里一动也不动。他看她露出依依的神情，便也起了缠绵，在屋里胡乱踱起步来，眼睛却不时盯着她发呆。

是的，自打娘胎出来，他还没见过谁家的女人，竟然这么赤条条地亮在自个眼前，而且还是有名的兰家姐姐哟。放在先前，那是做梦都做不来的。是的，以往那个大气端庄的兰家大姐，怎么也跟眼前的啮合不来。他看她截然与往昔不同了。

随后的夜晚，他总在想她。

随后的她，总在想他那呆愣，又有几分坏坏的模样。她想着，却也是往昔的他，与那阵子的他，咋也啮合不起来。她心存的念想，与她身子泼撩的欲望，又是那么不搭调。是的，呼家三兄弟里，有人说天骏最帅，可她觉得还是天翼上些。这个天帆平时不咋露面，并未引她过多的咀嚼。论五官的精致，怕谁也难敌天骏；可天翼的沉稳，倒另有一种感召。如今领略了天帆，才觉得他那壮实的块头里，竟然飘出令女人嗅之如醉的气息来。她这次不仅浓浓地嗅着了，还屋留余韵，挥之不掉。唉，这夜的宁静里有了别样的骚动，连鸡叫声也姗姗来迟了。

接下来的日子里，她便老想着洗澡。

这天，呼天帆终于等着了茬茬。天翼叫他再去一趟拓家，探问拓宗槐在省城的地址。因宗槐有两个年头未归家，天翼便想在信中与他交个心底。

天帆挨到了那个时辰，那个中阳偏西的下午。"狮子"这次早早就等候他了，当他一拐进小巷子，它便哼哼起来。谁说它是个暗出子？对于亲人它是耐不住性子的。可他对它没了一点耐心，胡乱应付了一下，便蹑手蹑脚地进了穿廊。侧耳门缝，里边隐约有撩水的声响。一阵心喜，又莫名生出几许胆怯来。好在今个不用出声，他便收紧喉咙，缓缓逛到侧门前，把门帘微微挑开一看——果然，她依然故我，还是敞着门不朝理他的叮咛。她大概觉察到了他的到来，只乜斜了一下侧门，只管坐在澡盆里搓着身子。

"神模鬼样地干甚？又不是个猴娃，捉迷藏似的，以为人家不晓得。"她见他躲在门帘后面窥探着自己，端直撂过话去，又见他不搭理，一时忍不住了，憋了几憋，便嘎嘎笑了开来，"想看浑不留，那就进来看；不想看，就坐在外面候着。甭再鬼溜十七的。"

他这才干咳了两声，道："俺哥又叫俺过来，有，有个事儿。"

"那你坐下等着。"她已完全揣摩到了他的心态，便要故意搓揉他一把。

他只好坐了下来，可那眼窝还不时瞅着门帘。哎？不像上次那般，她久久不肯出来。他等得实在有些烦躁，屁股在椅子上拧来拧去的，没个安歇。刚欲起身，就听她招呼道："你还是过来吧。中堂有过道风，俺这湿漉漉的身子，怕着了邪……"他正憋得慌，一听这话便立马冲了进去。

"寻个地方坐下。"她背对着他，在穿衣镜前梳理着头发。

他慌乱地在炕沿上坐定，才静静打量起她来。噢，她一袭白色真丝睡衣，趿拉着小巧的绣花鞋……她似乎又故意揉捏他，不紧不慢地在那里梳理着，不时从镜子里头瞄他一眼。大概她觉得时候到了，才撂过话来："天翼说什么来着？"

这话匣子开了，他便舒展开来。拉着拉着，她猛地转过身来。只见她白皙的脖颈下，睡衣微微敞露着……他赶紧低下头去，却又按捺不住身子。就在他低下头又抬起的反复中，她呵呵一笑，款摆着腰身向他靠来。

他扭了头去，正在寻思，一抹柔话掠过耳梢，欲答不能。姐姐，你这么做可让俺如何受得了！他想着，待扭过头来，那身睡衣不知啥时滑落了一截，悄然得没有一丝声息……

就在他匍匐下身子时，她却突然一下挣脱他，侧耳窗外静听起来："嘘——是嘉辉。没得事儿，你躺下甭起来。"她对他耳语几句，便提高嗓门喊道，"嘉辉，娘在里屋搓身子呢。你把锅里的热水给娘再舀来一盆。"她说着就下了地，从侧门口看着嘉辉，"小锅里头还有吃的，你咥完再出嗑耍去。"

等嘉辉疯去了，他才缓过神来。看她时，他一阵膨胀，欲续前欢。她哎呀一声，埋汰道："真是个馋猫！你不看看，这大白日的，能行？再说了，怀上娃了，咋办？你呀你，只管自个高兴，不管俺们遭罪！遭罪倒在其后，只怕要投呼兰河里去了。"

她说着，又看他呆愣可怜的模样，一笑道："甭傻愣，俺有法子。不过，你得事事听俺的……"然后附他耳旁叽咕起来。他边听边点头，末了生出一问："那你咋个传话给俺？"这下倒把她给问住了。琢磨来琢磨去，突然她隔窗看到院墙上的夜壶，灵机一动道："你瞧，瞧见墙上那东西了吗？这玩意是宗槐用的，他一走俺就收起来放在了墙上。这么吧，你常来瞧瞧，哪天看见它了，夜间就可以来了。"

说时，院里有了响动。她一看嘉玲回来了，赶紧整端了一下衣饰容止，便把天帆送出门，大声笑道："回去给天翼你哥说，俺这达不搁事。"正是：

> 百花经雨飘零易，玉树临风慷慨多。
> 云水空蒙归地脉，鱼龙变幻入包罗。

欲知后情如何，稍息再来接叙。

第二十七回　谋四好哪管八家怨　道三愿只为一心思

却说兰孜益急急忙忙赶回太州，是为抢坐公使夫人的位子。在许寒咏的几位太太中，她唯一顾忌的就是三姨太了。不过要胜任公使夫人，老三的学识尚显不足。争的结果，四位太太均被许寒咏留在了太州。他以公务需求为由，重新物色了一位比兰孜益年轻许多、更有学识的名门闺秀。她则不屑道：带这等女人赴俄，莫非要辱没国人的脸面不成！确也是，若论貌相，老五当是垫底了。只是嫩气携带些文雅气息，尚能煽起别样的韵致来。况这老五还会几句洋文，应付场面自然不俗。

真是灰堆里打喷嚏——弄了一鼻子灰。兰孜益一气之下，带着两个女儿又回到了扶苏。时为光绪二十九年（1903年）仲春。幸好为了花光许寒咏的票子，离扶苏前她把那院地方买了下来，这才少了劳顿之苦。时隔一年，陌生还是沾满了她的眼帘。街头巷尾，一片黑压压的俗人蝥妇，让她喘息闭气；那座轩昂的城南门楼，在她看来也不似往日挺拔。更哪堪自家小院的芜杂、居室的陈旧，与鲜亮的太州庭院相比不知被甩了几条街。嘻！那就再糟蹋他的票子吧，咋痛快咋来。这次她做了长久谋虑，把屋里屋外齐齐整端了一下，还栽种了一些树木花草，在院门后面做了个青石屏风，镶了两个隶体大字"孜园"。

孛儿依然随她归来。本来已经说好，赶许寒咏赴俄前，就把孛儿与他外甥的事办了。结果却热脸贴了个冷屁股，让她心灰意冷，那事也就搁置下来。扶苏的杨柳风，又煽起她的意绪，心中感慨顿起：你风你的去吧，俺整俺的，咱就隔墙点灯——谁也甭沾谁的光。安顿歇息下来，一扑入她脑门的便是雒大川了。

走时大川跟鸣珠正在讫搅，不知后来咋样？一声叹息，抖出些许惆怅。岁月不堪回首，却又常常回味。那般失落，咋一个"失"字了得！

走时鸣翠回了乡下，不知她如今有人家了没？一丝挂念，浮起几多往事。刚来时的黄毛丫头，不到两年就出落得亭亭玉立了。那般念叨，咋一个"念"字了得！

平静下来，又想到大姐。听说嘉玲有了人家，这得去探望一下的。也是的，自嘉玲后，她十多年未有所出。这下玲子要出嫁了，未免又多了些孤寂！

这天，她让孛儿准备了些东西，打算去一趟拓家。还没出门，就见鸣翠提些礼物闯进门来，笑吃嘻嘻地直唤二姑。

"哦，是翠娃！你这是……"

"俺大姑让俺来。说你这缺油少醋的，让俺送过来些吃的……"鸣翠说着，又把她回乡下如何了，又如何被大姑招来的事，齐齐道了一遍。

"好呀，好！有你帮衬，她那日子就好过多了。俺嘛，这两天正戚叨呢，想让孛儿打探一下你。没想到……这就好了。俺跟孛儿正打算过去一趟呢，你这来了，那就先把东西带过去。俺择个日子，再去看你姑。"

"俺姑说了，她让俺先过来给你道一声，她说她明后天过来，说有个什么事儿，要跟二姑拉谈。她就跟俺说了，俺这就……"

"好啦，好啦。"她看鸣翠烦烦沓沓的，就拉她坐下，"俺记得你是属牛的，今年也该有十四岁了。这会儿有人家了没？"鸣翠顿时不好意思起来，拽拽衣角，又看看孛儿。她一笑，转而道："那好，你给你姑说，还是俺过去看她。"

"俺姑说了，你俩娃缠身，还是她过来。"

兰孜益捏了一下鸣翠的脸蛋，点点头。她想也好，自个一走动，难免引起周边邻里和亲戚六人的瞽乱。便答应下来。

翌日中午，兰敏益便独自来到了孜园。她是为嘉辉和亦如的事，先来探探自家妹子的口气，再做思量。

"早先俺就有这想法，都不让俺踅探，说俺是添乱，就把这事摆下了。眼下，俺听说了这么个事，就又耐不住自个了。哦，是天帆告俺的，他说辰浩看上了你家孛儿，还死缠魔缠的。得是有这事？"敏益开门见山地亮明了来意。

孜益不置可否地笑笑，道："还不是旁人胡猜疑。咋的，莫非你想把辰浩引开，来个乘虚而入？"

敏益摇摇头："事是这么个，可不能这么说。人常说，两好合一好嘛。听说亦如对辰浩不咋上心，这事玄乎。再嘛，辰浩也有个秉性，就是跟天骏过了招的女娃，他都不接招。你说，外甥咋能跟小舅搅稠稀嘛。这些明摆的事，她天盈就是不识相。俺想，你给天盈说说，趁早拉倒，甭做那些无用功，把工夫用到该用的地方。俺有个谋虑，想弄个四好合两好呢……"遂把她的锦囊妙计拆了开来。

孜益听罢，摇头道："你尽会想好事！这四个里头有一个不和，就弄不成。况且，这四个娃后面的人，就不止八个了。那些缠绕，你想过没？"

"事在人为嘛。才才说了，俺又不是瞎戳乱捏的，你就给武知府通个气，伴打不似的转边边启导一下。你说，武知府若知道谁家的小子吃着碗里瞧着锅里的，他能容忍得了？下来，你再给武知府串串场子，说说咱的嘉辉。你说，就相貌品行来说，咱嘉辉肯定比那个辰浩强了多去！"

"姐呀，你怎么折腾俺且不管，可你让俺这么搬弄，俺弄不来。"

"嘻，你这不是辱没俺嘛！这，这咋能叫搬弄是非嘛！"敏益忽闪了妹子两眼，一笑接道："你跟武知府能说上话，权当拉拉闲话嘛。你说，嘉辉跟亦如，辰浩跟孛儿，这两对对不光是般配，谁看了心里都是舒坦！"

兰孜益被她裹缠得没法，便勉强答应下来。不提。

且说孛儿经了几起变故，没了心性，整天闷闲无着。兰孜益看在眼里，既心疼，也未免着急。毕竟孛儿岁数也不小了。这天，她看孛儿歇息下来，试探道："太州那头，俺看就了了。大川嘛，听你呼家婶子说，她把鸣珠说给了他，也不知到底咋样了。俺看，辰浩愿意你，咱就应承下来。人常说，有钱难买个愿意。你嘛，再好生盘算一下。嗯？"她看芓儿低着头不应承，想这娃鬼迷了心窍。又想，也罢了，是芓儿不愿意辰浩，以后也好给敏益做个交代，便道："俺知你心思。可天骏娶了锦若，你肯做小的？"

芓儿抬头看了她一眼，又低了下去。良久，才点了一下头。

"那，那好吧。只要你肯，俺就给咱下这个盘头。"她嘴上这么说，可心里一片茫然。她知天骏的底牌，这事玄乎。但芓儿跟她这么多年，尽心尽力的，也很解话，她真是把芓儿当亲女儿相待了。所以，再怎么难耐，她也得为芓儿争一把了。那么，咋个下手呢？想到呼天盈，她摇了摇头。那么呼天菲呢？她拆来拆去，还是啪嚓掉了。那就干脆直接向呼姨娘上话，免得倒腾多了不成事还坏事。主意拿定，她就上了呼家。

呼姨娘听了，还对不上哪个丫头是芓儿。兰孜益一笑道："咱们几门子丫头里面，数俺的芓儿俊，比月娥还俊。若论针线活儿，怕也没谁能顶上她。芓儿娃也解话，接客待物、出消料息什么的，都能顶得上。若你呼家得了她，那可是你们的福气喽。婶子，俺说的话，你应该信吧？"

那可不是，呼姨娘一来喜爱长得俊的，二来喜爱能干的。自嫁走了月娥，她好生后悔，却也无奈。这下来了个比月娥还上的女女，她自然乐意了。可这事还得慎重，一老一少的脾性让她怵乎。末了，她对孜益说，等跟家里老小商量好了，就给她回话。

　　兰孜益长出了一口气。因为她知，呼家的大事多半由呼姨娘来定夺。孛儿看着她轻松的神情，也暗暗喜在心头。可等了半月二十日，还不见呼家的回话，这就让她起了焦虑。强摁着烦乱，又等了些时日，她终于凉彻了心。唉，不管咋歪好给个话嘛，这般折弄人！她又想，这不是呼姨娘的做派，看来呼家里面有翻腾。在这等不是等、断不是断的焦虑中，孛儿也嗅出异味来了。两颗杂乱的心在一起熬煎着……

　　这天，她看着孛儿的眉头又拧起了疙瘩，内心一阵烦乱。唉，为何就这么一根筋呢！不说天下了，身边的大川和辰浩也能沾着潘安的边了。即便大川那次做了个撬底子活儿，那也是情理之中的事嘛；辰浩又为何不肯呢？她为孛儿的执拗困惑，甚至恼怒。

　　俗话说：不撞南墙不回头。她则撞着南墙了，还要继续撞去。兰孜益的性情，那更是有一股子倔劲儿。她在叹息之余，决定试一把运气。这天，她把孛儿叫到跟前，婉转道："锦若跟天骏不就是奉子成婚嘛。人常说：把生米做成了熟饭，不吃都难。这个锦若真会做的！要不，孛儿，咱也学着做一回？"

　　孛儿听得半明半暗的，却也重重地点了两下头，嘟囔道："俺都随你。四姊儿咋说咋弄，孛儿还能拧趾！"

　　兰孜益一听便起了劲儿，她如此那般地给孛儿道了一排场，满满道："你就照着俺的谋虑去做，即便不成了，咱也就安心了。"

　　五月一来，云鹤的生日就到了。这天，兰孜益只邀了小妹过来凑热乎。吃晚饭前，才瞧见孛儿相跟着天骏来了。这是兰孜益的一招妙棋——思益在此，想你天骏不会不来。否则，即便用牛拉也未必拉动他。

几人坐定，兰孜益举杯道："今个是鹤娃的八岁生日。人常说，这过了'八'女儿都要'拔起'啦。"

天骏一笑接过："可不是嘛，常言道，一八初蕾人下抓，二八多娇迎喇叭。三八四八儿孙拜，五八六八想娘家。"

"可不是，俺六岁那年，媒婆就上了门；七岁下抓的人家就多了。可鹤娃如今咋就不见一点动静！"

"二姐莫要心急，天翼家的登方不是瞅过来了嘛。"思益瞟一眼天骏，笑道。

天骏瞪起眼，左瞅瞅右瞧瞧。显然，他此刻脑中一片空白。

"尽是你的话。哎，思益，登方还小，天骏近水楼台。要不，咱把鹤娃留给他？"孜益这么一说，连自个也大笑开来，直拍自个嘴巴。

"二姐想来个童养媳？只要天骏愿意，俺看也行嘛。不过这么一来，他可得叫俺小姨了。"思益又瞄了一眼天骏，呵呵笑个不停。

"咱们兰、呼两家还是不能乱辈分的……你们看，天骏失羞得不肯言传了。只怪，俺这嘴巴老爱跑调，讨人嫌。"待大家笑罢，孜益接道，"若在太州，俺们肯定会给鹤娃大闹一番的。可这里小锅小灶的，本想着就俺们几个过过，可鹤娃不依，非要小姨来。思益一来，俺才觉得缺了个甚。都说俺这院子阴气重，得个阳气逼逼。这才想到了天骏。人常说，兰呼一家亲。可不是嘛，亲归亲，疼归疼，咱这两大家子里头，最是让俺心疼的，就是你们俩老生生了。不说俺了，旁人咋说，都说天骏跟思益那才叫郎貌女才……"她的嘴又差点滑溜了。守住后，她转而道："人们常这么说唻：兰家三姐妹，貂蝉也不配；呼家三兄弟，吕布也难替。你乍说，这又不是俺们自己胡吹冒撂的。好了，好了，俺嘛，一上酒席就好弄个板数。南唐冯延巳有词曰，'绿酒一杯歌一遍，再拜陈三愿'。俺嘛，借鹤娃这杯生日酒，也再陈个三愿：一愿鹤娃康健；二愿孛儿常见；三愿如同远飞雁，传信寄思念。"

说到这儿，思益跟天骏对视了一下。一晃神，她掩嘴笑道："这三愿里头，就这第二愿无由头。你们说，二姐因了常见，硬是拉住孛儿不让嫁人，该不该？"

"当然不该了。"天骏喝了一盅酒，转向孛儿道，"不过，俺看这第二愿，分量却不轻。你在四婶儿心里是最重的，她一日不见你，怕都没了魂。"

"既然不该，那你收了孛儿算了，甭让她'飞入寻常百姓家'了。这么一来，二姐不是常常能见上她嘛。"思益半真半假地揉捏了天骏一把。

孛儿慌忙看了一眼天骏，就把头低下了。孜益睹此，一笑接道："俺孛儿谁都不嫁。将来不行了，就把天骏招过来，算个上门女婿。"

"那么，天骏就得两头奔波了。"思益渐渐看出了眉眼，今儿这个鸿门宴是为天骏设的。可二姐呀，你走眼了，这哪儿跟哪儿嘛！这出戏对不上路子，也太别扭了吧。她想着，话就溜出嘴来："俺呢，一大早就过来了，这会儿累了，不陪你们了。"

孜益赶紧让孛儿陪她到上房歇息去了，自己独自陪天骏喝起酒来。

"姐呀，没想到，你还真有两下子。"

"不瞒你说，姐出嫁前还没遇过对手。"

"那你出嫁后遇过几个？"

"你听岔路了。俺是说，俺出嫁后就戒酒了。"

"这么说，俺算是你开戒后的第一个对手喽？"

"呵呵，也算，也不算。咋个说法？今个高兴了，就陪小兄弟耍耍。俺知你能喝，要说对手嘛，嘿！人常说：男不跟女斗嘛。"她连着跟他碰了几杯，那架势分明在说：只怕你斗不过俺呢。

天骏听她话里软中带硬的，便起了兴，道："没听说貂蝉能喝酒，她自然就不配了。不过，据说梁红玉能喝。所以嘛，大凡'巾帼'都是酒杯里泡出来的。"

"哎？俺倒开了眼界。都说天骏的嘴硬，哪儿学来的这般软话？你要夸姐就直说，还这么绕嘴八掐的。"她笑着，与他又碰了几杯，见他老是张头向窗外瞅，就道，"思益上午喝了不少，就让她歇息去。咱姐弟俩真还是头次这么讫搅，蛮有味道的。噢，先前俺身子不利索，没陪好小兄弟。今个不怕，啊？哪怕君王城上竖降旗，妾在深宫拒不降。"她挤他一眼，大笑开来。

说笑间，孛儿过来给她耳语说，思益要走了。她连忙让孛儿陪着天骏，起身去了。她把思益送出院门外，才想起说："要不让孛儿送送你？"

"这大亮天的，送什么？再说，俺倒想遇个歹人，把俺劫了去。"

"呵呵，你甚时也学会颠跟跄了！"她看思益那并无笑意的玩笑，心里也一阵索然，便默默陪她多走了几程路。

"二姐，你回去吧。"思益停下步来，低头想了一下，道，"天骏虽说能喝，可也得省点劲儿，甭让他喝多了。"

她静静伫立着，望着思益远去了。心想：到如今你还是摆不下他啊！是的，兰呼姐弟兄妹的那份撕扯，只有兰家姐妹才能体会的来。而她万没想到的是，任何对天骏靠近的女人，都为思益所不容。此刻，她唯有轻叹了一口气……正是：

> 不知此处作何声，阿妹依然在梦中。
>
> 道尽水流无限恨，闲枝一任雨和风。

欲知后事如何，且待下回道来。

第二十八回　耍酒疯天骏犯迷糊　称顽霸辰浩遭拳脚

　　且说兰孜益送走小妹回来，见呼天骏坐在椅子上摇晃了起来。芓儿见她来了，便欲起身离去。她唤住芓儿，二人一起把天骏拉扯到边窑，安枕歇息。安顿完，她又提灵长智地给芓儿叮咛道："你不要圪蹴圪缩的，他又不吃人。喝了酒跟入了梦境一般，你哄哄，他就随你了。解下没？拉杂的你甭操心，有俺去打理。"言毕，她就去陪两个女儿了。忙碌了一天，她倒在炕上便迷糊了去。

　　不知过了多久，隔壁传来聒噪，夹杂着甩响声。她被惊醒，却搞不清几时几辰了，那边又生了何事？刚灵醒，就见芓儿沉着脸进来，唯诺道："他耍性子，闹酒疯，俺没法子。说多了，他还动手打人。四婶儿，你去看看吧。"

　　她一时反应不过来，他咋会这样嘛！嘀咕着进了边窑，就见天骏坐在地上，屋里摔打得一塌糊涂。这情状又让她大出意外，便赶紧扶他坐回炕上，埋汰道："又不是个碎娃嘛，这般疯闹！是不是芓儿咋你了？"

　　他见了她，乖了许多，可嘴里依然嘟囔着，似乎都是她俩的不是："俺要思思，不要她，可她老是缠着俺……姐呀，你叫俺过来，可又把思思打发走了……噢，噢，这算什么？俺这达就走，就走……"

她使劲摁住他，乖哄道："思益是她自个要走的。你说，她也忙乎了一天，要歇息一下嘛。解话，嗯？你看你，像个甚嘛，跟吃奶娃似的，瞎闹腾！乖乖价，听姐的，嗯？姐这就给你冲杯奶茶去，醒醒酒。"

喝了奶茶，他又要吃酸菜。可她这凑合的光景，哪来的酸菜？孛儿突地想起还有几根腌萝卜，便切成片给他喂。他一把打掉碟子，喊道："俺不要这个！"

她见孛儿板着脸缩在一旁，无奈地摇摇头，示意孛儿离去。想：自己未免异想天开了，看来孛儿压根降不住他的！她只好用姐姐的温情乖哄着，说孛儿叫思益去了。他这才安静下来，忽闪着大眼盯住她，呆呆的样子。她一笑，双手捧住他的脸，端详起来，却是一阵凄然。良久才道："俺知你撂不下思益，可这一碗水倒地上，是揽不起来了。千不该万不该，这都怪姐，是俺没能拦住他们。唉！天骏，姐也舍不得你，你若听话，就把孛儿收了。姐心里也就安踏了。"

他愣愣地盯住她，却又摇摇头："姐，你甭叨叨了……姐，俺想去东洋念书。思思给俺说过，要跟俺一道去东洋念书，你就让她跟俺一块去吧。"

"又说胡话了，不是！你呀……噢，等你醒酒了，咱俩跟思思一块拉谈。哦，听话。"她不忍心让他沮丧，突地补了后面那话。一时禁不住，自己差点掉下泪来。

天骏合住眼，静静听她絮叨。也许闹累了，不一会儿他就有了呼噜声。她一手托腮，端详着他那张棱角分明的脸，禁不住一阵唏嘘，那泪珠便盈了眼眶。

"哎，咋地了？"他睁开眼，却是一张梨花带雨般的娇容，那几缕秀发被泪水粘贴在脸庞，凄美中透出柔绪来。哦，思益来了？他一喜，一蹴坐了起来，握住她的双手，只觉得她在微微颤抖着，那情景他分明感受过。噢，思益！他一下把她揽入怀里，轻轻舔舐她的眼睛、鼻梁，直下吻住了她的小嘴……

"天骏，你，你呀，尽犯迷糊！快别，别……"

"姐呀，姐，思思姐！"他叫唤着，显然意醉神迷，分不清南北了。

"是二姐，不是三姐！"她不依不饶，依然提醒着他。

可他哪里管得了自个。反正兰家姐姐的气息，在他嗅着都是一种味道，飘逸着淡淡檀香的那种。

他跟思益有过这般厮守吗？她不能想，却又想着……渐渐自个也幻化了。这般缠绵似大川，又多了梦境，还有那固化在心底的踏实。哦，哦，天骏，天哪，天……她在慌乱中任了他的疯癫，魂不守舍地挣扎了几下，便软塌在混沌的天地中了……

且说闰五月果然大顺，癸卯（1903年）后几年便风调雨顺，春夏淫雨绵绵，间或夹杂了阵阵暴雨的泼烦。按捺了七八年的人们，把那些祈祷雨神的把戏撂在了一边，抬起头直起腰来，总算长长地吐出一口气来。那心底洋溢起的那个顺溜，随着信天游的号子泼洒在了川道沟梁。还有一些不大不小的后生，闹腾间把那些兴之所至、日鬼捣棒槌的酸曲高八度地往上吼，再抛向那些圪盈盈的婆姨、圪飘飘的女娃。

三株株柳树一样样高，
隔墙姐妹哪一个好？
大姐姐大唛三妹妹小，
二妹和哥哥正正好。

三苗苗杨树一般般高，
姐妹三个由哥哥你挑。
大姐姐乖唛三妹妹娇，
二妹子硬茬圪飘飘。
…………

扶苏的"酸曲"也分为三六九等。有在山头上对唱的，那是一种裹缠了化石等级的情书，随风飘荡了千年万载；有在巷子里吼喊的，那多少带有古老戏曲的味道，演绎着人生百态、世事沧桑；有在工地上的呼儿嘿哟，那是鼓劲解乏时的释放；还有些不大入耳的，多是在私房里发酵后端在酒桌上的东西，或是那些憋屈久了的后生，隔着山峁对着村姑少妇泄一泄劲头的把戏。

且说陆辰浩见孛儿回来了，那颗沉寂的心又活泛起来。可他不知如何下手，心里未免急躁。这天，他又窜到孜园，见孛儿拿了一堆衣物出了大门，便尾随而去。看她去了大理河，再看河里泡满了洗衣裳的婆姨女子，想：她把这一堆衣物洗完，也得太阳落山了。便磨蹭了几个时辰。

太阳还没落山，他就蹿到河滩，逡巡着，思量着。见时机来了，他一蹴跃起："哎，孪儿，俺来帮你拎着。"他迎面端直拦住了孪儿，不管她作何应承，抢过她手中的衣物。见是辰浩，她有些意外，却也没说什么，尾随他走着。他心中大喜，便借口喘喘气，把衣物放在河滩一块大卵石上，道："让俺歇歇。"他看她乖眉善意的，信心大增，咕哝道，"哎，孪儿，这会儿怪舒哉的，这风儿撩得俺心都发痒。你也坐这达来，咱们好好聊聊……"他说着话，便拉她入座。她不依，甩开他，他又拉。几回撕扯，她一急猛地推了他一把，变色道："你算咋了嘛，真像个赖皮！把东西给俺，你走吧，走得远远的。"

这一拒一呛，着实令他尴尬，也让他恼羞成怒。他看了下前后左右，想：今个你愿意也好，不愿也罢，俺非要放倒你不可。想着便一扑过去，抱起她向河边树林奔去。任她怎么蹬踢，他只是笑着，揶揄道："省点劲儿，一会儿有你蹦跶的。"他选好一处地方，正要放下她，却被一只大手拍在了肩膀上："想干歪事。嗯？"

他听见后面有响动，以为是天骏跟了过来。听声音不对，一回头，愣住了。

"咦？是你。你这是……"他只好放下孪儿，谄笑道，"俺俩闹着玩儿呢。"

孪儿见是大川，半是羞赧半是慰藉地向他挤出一丝笑来。她慌忙整理了一下衣服，便跑向卵石那边去了。大川忽闪了辰浩两眼，放出轻蔑而不容侵犯的神色来。然后把辫子往后背一甩，便尾随孪儿去了。

"你小子回来！"辰浩喊着，捡起一块卵石向大川扔去。

这下不得了，大川震怒之下扭回身子，三步并两步来到辰浩跟前，也不言传，直接一拳下去，就把辰浩打翻在地："连上次的，一起算。"他拉起辰浩，又要挥拳，却收住了。耐了片刻，一推把辰浩送回地上："这一拳给你留着。以后你再敢欺负孪儿，那，非敲断你的腿不可！"

孪儿远远看着这般阵势，惊诧且激动着。见大川来到跟前，她欲言而止，看看他，又低下头不知所措了。他一声不吭，拿起卵石上那包衣物往肩上一扛，端直朝前走去。

晚阳已落下山头，却把天边染得通红。正是：

> 水映一花俏，林深百鸟飞。
> 从来英武地，应共美人归。

欲知后事如何，且待下回分解。

第二十九回　探孛儿却把鸣珠戏　悔月娥又将凤儿提

　　且说辰浩挨了揍，哪能咽下这口气？先是埋怨天骏，说他坐山观虎斗，不配做小舅。再就是谋算怎么来报复大川了。

　　天骏讪笑道："这哪是什么虎斗，分明是猴子挑逗老虎罢了。"

　　辰浩见他这般囔臧自个，愈加气恼。那肚里的窝火还没泄去，又被他积了二茬闷气。不行，这股憋屈不消掉，里外抬不起头了。

　　他知辰浩那二杆子脾气，不加收揽会惹出麻达事的。俗话说：相争为斗，相打为殴。为争红颜，一打结怨，这斗殴起来结了梁子，可就没完没了了。没奈何，他只好对大姐说了。呼天盈一听，埋怨道："你看着辰浩被打，就不眼热？娃从小黏你，你这个小舅真的白当了！"天骏听了自是黯然。

　　怨归怨，愤归愤，静心一想，她觉得这事非同小可，便给夫君交了底。

　　陆启良听了颇感意外——这辰浩咋就跟兰孜益的丫头挂搭上了，竟然跟雒大川争风吃醋起来？两头都牵扯两个大人物，绝非儿戏。便把儿子叫到跟前，训斥完又约法三章：不许再裹缠孜儿；不许随意出门，安心读书；婚姻大事得听呼天盈的铺排。

自家老子的严词训诫，辰浩还是掂得来轻重。他只能忍耐下去，暂且收敛起来，可内心那股火还在积聚着。几日下来，他把八股文习练了几遍，甚为满意。一时兴起，又想起孛儿来。反正山高皇帝远，自家老子长年蹲在西川，揪拦不住自己。至于呼天盈，他是顺有态而从无心，敬有余而畏不足。于是，猴心一撩，便故态复萌。他一边招揽了俩混混，撒了点银子，让他们修整雒大川；自个便又窜到孜园，窥探起孛儿的行踪来。踅探了几天，终不见孛儿的影子。这日，他干脆爬上外墙的树上，窥探起来。不一会儿，却见呼天骏从走廊里走出，行色匆匆地出了大门。疑惑间，又见兰孜益去了孛儿那边屋子。等了许久，不见动静。他愈加有了猜疑，便顺着树枝越墙而下，蹑手蹑脚地进了穿廊。听见屋里有说话声，他便侧耳门缝听了起来。

"……这些年来俺对你太着急，总想着你岁数不小了，才……唉，人算不如天算。俺看，还是辰浩吧……人常说：有钱难买个愿意……"

"四婶儿，这话你常说，不说了……眼下，俺啥也不想了……哦，这么个，俺隐瞒了一件事——就是，那个辰浩，实在不像话……只怕他跟大川没个完……"门里溢出孛儿断断续续的声音。

"嗯，有这等事？"一阵沉寂后，又传来兰孜益的劝导，"这辰浩要跟大川死磕，也不掂量掂量……不过，这大川也是的，眉心歪长了，咋能对辰浩下狠手嘛……俺看，辰浩也就泼烦些，人倒不坏。他对你有心肠，你就担待些……"

他听了一阵狂喜，使劲压住心跳，又听到——

"俺才不呢。先前那个，那个，就不说了……俺觉得，他总拿俺当下人……鸣珠、凤儿也说辰浩不好……"

听到此，他心里一咯噔：鸣珠？

"那些丫头，辰浩压根儿看不上。所以嘛，她们的话，没个准儿……俺看，你就安稳些，听四婶儿摆布……"

"只是，只是……"

"甭只是了，俺知你心思。人常说，吃饭穿衣量家当。你恋着天骏，可他不咋上心。要俺说，还是找个靠得住的……你没经世面，不懂世事。听四婶儿的，准没大差……"

天哪，原来小舅也搅和进去了！辰浩听到这里真想喊出声来。那粗气未出膛，可那大脚一跺还是弄出声响来。屋里顿时悄然了，只有枝头那青刺鸟嘹着清亮声儿。他一灵醒，赶紧折身溜出了穿廊。

兰孜益听见屋外响动，拨开门探视了下，又出去把院门掩死，上了门插。返回后她看看孛儿，琢磨着这个不速之客到底是谁。二人木木地坐着，谁也不再言传。

突地，孛儿嘟囔道："只怕又是辰浩。听大川说，辰浩雇了几个人，不时找他寻事呢。四婶儿，俺怕……"

兰孜益一听摆摆手："甭怕，甚也甭在乎。就他那点本事，只能恶心大川罢了。看来嘛，这个辰浩……嘻，不说他了！"

孛儿闻此，心便平复下来。不提。

且说陆辰浩自此心里疙了个两个疙瘩。他咋也想不到小舅竟然跟孛儿也有一腿。怪不得那天挨了大川的揍，他那个幸灾乐祸的样子。想来也晦气，对孛儿渐生抵触。真是欲行反而没劲头了。

再就是鸣珠，没想到她眼前一副模样，背后却是一肚子坏水，竟然在外面说起自个的浑话来。真是知人知面不知心，这个吃里爬外的！原先囿于娘的脸面，俺对你还算抬举。这下，就怪不得俺了，不把你抠捏一下子，你就不知天高地厚，不知俺的硬处在哪达。想着，他便绸缪开来。

这天，他看呼天盈出去了，就把鸣珠唤到自个屋里。一番拷问后，见她委屈地掉下泪来，不禁起了兴致。原先的他与她，寡然的心态加了茹素的味觉，从未有过什么掠食之想。也许她太过端庄，也许她少了妖媚，言语举止过于老成，反正她是一抹浮在远天的散云。这当儿，这个平素淡然静穆的丫头，却柔顺成另外一副模样了，似乎那咩咩的羔羊屈跪在狼的面前。好了，你亏欠了就得扑上。

"那你再说，俺对你咋样？这就对了嘛！"他见她不停地点头，索性抓她一只手拉至跟前，道，"俺不管外人咋说，你可不能胳膊往外扭。啊？好，好的，你看俺的胳膊往哪达扭。"说着，他的手便不安分起来。

"哦，哦，俺要问你，你跟孛儿到底咋个？"

"她呀，被天骏那小子搂走啦。"

"嗯？你小舅咋也蹚起浑水来！那，那你……"

"你这下说对了，那是一湾浑水！俺嘛，如今只剩下硌硬了。"

"也是的。凤儿就说她，尽干些招蜂惹蝶的名堂……"

他一听立马打住，不悦道："得，得，得！别人都浑浊，就她凤儿清纯！你不要随她乱了嘴。"说着意趣顿然减了一半。

她听他如此说，心里自然晦气，一时也暗了容颜。默着僵了一会儿，她才幽幽道："俺没说过孪儿不好，也没乱嘴。就是凤儿的话，俺也不会全信。可你，整天腌臜人家亦如。不看看自个，倒是指教起别人来了。俺就解不下，亦如这么好的，你为甚对不上眼？俺嘛，就喜欢跟她在一起……"

说到亦如，他更没好气了，打断道："喜欢她，那你就嫁给她吧。"说完浑话，他似乎灵醒了一些，便盯住她，"你是想跟亦如搭手了，噢，原来如此！那你，为甚，还要跟大川讫搅？"

她听了这些话，非但不闹心，反而有些得意起来，道："还不是你娘嘛，其实俺心里不乐意。俺嘛，就……"她看他一眼，便低下头去寻思了。

他完全灵醒过来，原来这丫头暗藏着心思。怪不得，原来她在外说俺坏话，是欲擒故纵的把戏。可是……他低眉摆了摆头。

睹此，她叹了口气，眼泪便盈了眼眶。

只顾自个任性，没想到又撩起了一摊河水。还好，就此收住了，不然又多了麻缠。可看着她那副欲喜欲悲的模样，未免怜惜，便道："你为甚不中意大川？"

她便抬头看了他，终未言传。这还用问吗？她在用眼睛向他说话。

"你嫌他骚情孛儿，还是兰家那个丧门星！"

她赶紧点了头。不管情由咋样，此刻她就像老鼠随了猫咪，全然顺了他。

睹此，他内心翻卷开来。猛然间，他觉得阵阵舒坦裹缠全身——所有他看上的女娃没一个乖顺的，虽百般劳神费心，也没得到什么。此刻，他才觉得有些疲累，觉得她像一个安静的船坞，消解了劳顿。柔绪随之袭满心房。

"再没什么事儿，俺得走了。"

他看她立起身，便拉回她坐下，趔摸道："人常说：兔子不吃窝边草。俺不是不想吃，只是怕，怕辱贱了你。嗤！早先若是听俺娘，早把你拎到手里了。眼下，全都一风吹了，吹了！如今哪，俺就看你入眼。"

她捂了他的嘴，眯眼一笑："你只管在外面疯去。俺等你，就是了。"

有了这话，还有什么说的？他吁了一口气，道："好吧，那俺今儿就收了你。以后嘛，就听俺的铺排。"他咂巴着，终于抱她上了炕沿……

她扭捏了一阵，顺手拉了个垫子铺在身下。缠绵了一番后，她便收揽好内衣和沾了殷红的垫子，塞进平柜里。然后静静靠他坐着，沉思着。

他疲沓地躺在她身旁，不解道："还不快丢了去，留着那些害沓干甚？"

"给你娘看。"她依然平静地说道。

且说呼天盈看鸣珠这些天不大对劲，便趔摸着问了。鸣珠先不肯说，后来终于憋不住，道了那事。天盈一听傻了眼，这辰浩哪根筋抽了？

"俺看你对鸣珠木木的，咋得也上了心？早知这样，真不该搅和大川的了。唉……"她端详了辰浩一会儿，接道，"俺看，事到如今，由不得你了，你就安安价听俺铺排。鸣珠这娃稳实，以后就做个使唤；亦如那头你不要再拧跐了。这个，你爹跟武知府拉谈好了。"

"俺，谁都不要了。就想，娶了鸣珠。嗐！你们甭再费劲了，好不？"

呼天盈听了，半天没回应。这么多年来，她深知他的脾性——鸣珠跟亦如属于一档类型，他不好这口。然而眼下他竟然要娶鸣珠，对亦如丝毫不见转变。长出了一口气，她才道："你爹不让你跟孛儿搅和，就为着亦如。眼下鸣珠就这样了，孛儿那头你可得仔细。"

"孛儿？哼，甭提了……"他把天骏跟孛儿那摊子事，一股脑倒了出来。

呼天盈听了一咯噔，叹道："真是，让人摸不透！这个，你没听到岔路去吧？"待她得到他的确定回答后，就回了一趟娘家。

呼姨娘听了她一排场，道："你不知，兰家二女子上过咱的门，就为她那个丫头。只是你爹不接茬，俺也就撂下了。看这样子，骏娃怕是上了心。人常说，有钱难买个愿意。那就不管他老头子了，咱来拨料这件事。"

"娘呀，你咋这么个？俺爹常说你，只要看见个俊女女，也不管使得使不得，就想弄给天骏。嘻，你咋就一满不担表！你说，你要把孛儿弄回来，咱呼家的麻达就大了。你还不知孜益那脾性？她若把孛儿一搅和，你想安宁都难！"

呼姨娘听她竟然说自个"不担表"，美美瞪了她一眼，便起身离去了。她睹此，猛然灵醒过来，懊悔不迭——自个这嘴也该有个把门的了。

来到中堂，呼姨娘把那些事又翻给呼缙昌。二人还是话不投机，呛来呛去的没个结果。说时，就见丫头晴儿领着客人进了门来，喜道："俺月娥姐姐生了个胖小子。"看时，那客人提了一篮子红鸡蛋，递与呼姨娘道："大喜哪，大喜！贵府宏门大院，气脉亨通。俺家老爷结富攀贵，顺天应人。这下，终有了大喜呀！"

呼缙昌自是欣喜，安顿晴儿留客人吃饭去了。唯有呼姨娘神色尴尬，若有所失地一言不发。他知她有了心病，也懒得朝理她。

夜里，他觉得她翻来覆去地折腾，没奈何才问道："哪里又不舒服了？"

她背对着他只是叹息，良久才道："咱这是肥水流入他人田。唉！俺就觉得月娥是个好胎胎，你看她那身坯，妖圪晃晃价。唉，骏娃没那个福气！"

"好啦，好啦，这是一驴换了一马嘛。人常说：不舍得娃咋能套住狼……"他说到这儿突然止住了，干脆也背过身子去。

"咋不说了？你是拿娃来套狼，真也舍得本钱！唉，也算俺当时糊涂，咱这般倒腾，确也是拿娃换了一条狼！"

"不应心里过不去，先前还不是你嘛！你自个说，你是咋铺排的？俺老早就想着把月娥给了天帆，可你不依，要给骏娃留着。要不然哪，天帆怕也抱上几个娃娃咪，还应他眼下这么恓惶！唉，话嘛，再往回里说，古人不是说了，塞翁失马，焉知非福嘛。事嘛，总有个长短，总有个起伏嘛。老人们常说，凡事都不冒。你就不应疑神疑鬼了，弄得八家子不得安生。你说，虎子跟登方小时像不像，人们都说像一个模子倒出来的。你乍安安价，即便虎子不是咱的骨血，权当……"他一时卡住了，旋而安慰道，"日头长着呢，往后嘛，若娃能给你生下满炕炕的娃。"

"俺踅摸，给骏娃再拾揽一个，多个盼头。孜益那个丫头不行，就拉倒，不应提了。俺看，兰家先前那个凤丫头，俊圪嫣嫣价，论脾性也好……"

"你呀，整天就瞅捏俊的。要俺说，与其东瞅西捏的，还不如把晴儿收了！"

她听了好久没吭声。忽而撂下话来："月娥算俺揽和的，那就把晴儿给天帆吧。反正，以后再不可把自家的肉，往人家碗里挑。唉……"正是：

> 几度蹉跎几度春，擦肩几度费思深。
> 人生哪有多如意，万事只求半称心。

欲知后事如何，下回接叙。

第三十回　通幽处谁知花木深　酒酣时方觉墨香浓

　　且说七八月西川上头暴雨频繁，大理河浊浪翻滚，椽木、煤炭和各种瓜果满河漂浮着，引来众多打捞者，一派热火景象。

　　兰思益平时不大出门，这天却让凤儿陪她去看河景。刚要出门，见东川谭知县匆匆闯进门来。她觉得蹊跷，想了想便折了回去，贴在书房门外偷听起来。

　　原来德国洋行与德国领事串通兰敦益、伊锦荣、呼天翼和白秉中等人，私自签订了开采东川石油矿合同。谭知县得知这一情后，立马前去查处。可里面牵扯到武子齐的大舅子兰敦益，这让他左右为难，动弹不得。他只好前来禀报情状，探探武知府的口气。二人商议后，觉得交由省矿务洋务总局处置为妥。上报后，省上将兰敦益等人以"盗油之鼠作假威之狐"为例，饬令东川县查传到案，严加惩办。谭知县左思右想后，觉得此事颇为棘手。这天，他再次磨缠武子齐，一讨明示。

　　"碎碎点事儿嘛，犯不着大动干戈的。我看嘛，就把那几个盗油之鼠看管起来，不叫他们狐假虎威了嘛。"

　　谭知县把脑袋一拍，连声喟叹："武大人高明啊，高明！人们常说照猫画虎，我们却来他个照虎画猫，这就叫——以其人之令，行其人之妙嘛。"

兰思益在门外听得这几句话，扑哧笑了。她赶紧溜出院子，边走边想：这个谭知县也够滑头的，屁大点事儿也做不了主，整天来烦人。不过，这事还得仔细，甭让他们把大哥看管起来，误了其他事。看完河景，她以回娘家小住几天为由，向兰敦益通风报信去了。

兰铭勋看她疯张鼓捣的样子，不明意故地问道："还说敏益呢，你也不稳实起来。嗯，又哪达不舒服了？"待他听了她的絮叨，琢磨道："敦益也没给俺说甚，好像说要跟你姐拉谈什么事呢。"她一听，径向拓家去了。

进了院门，看着满院浓郁的花草，几乎要淹没了铺着青石的小道。还有那凌霄花爬满了高墙，勃勃然分外醒目，似乎鼓着劲儿吹起喇叭来。她不禁放缓了脚步，端详着，又想起"狮子"来。庭院这般锦簇，又这般幽静，未免让她生出意绪，便逡巡起来。突然，"狮子"从窝里一扑而出，她一惊大叫起来。旋而，那"狮子"却盯住她不动了。

"乖，不认得俺了？"

"狮子"一听她言语，便夹着尾巴溜进窝里，背兴得一塌糊涂。任她怎么叫唤，都不肯出来。这时，兰敏益才缓缓走出中堂，一边招呼着她，一边骂着："这挨刀的，还敢咬三姐！真是狗眼不认人。"

"姐，你乍说对了！"

兰敏益扑哧笑了："可别说，它有时比人还精。你看，它知道自个犯了大错，背兴得不敢出来见你。"

说着话儿，她便把来由给敏益道了，两眼却不停地向穿廊张望。

"嘻，这事嘛，天帆才才给俺道了，说是东川谭知县出尔反尔。这不，天帆给俺说，想让你姐夫在省城打点一下，通融通融……哦，他还在屋里呢，要不你给他说说，叫天翼也留个神儿。"

从走进院子，到跟"狮子"讫搅，再到兰敏益姗姗而出，一系列的情景怪怪的，与往昔大相径庭。这下又听说呼天帆在屋里，更觉得莫名起来。便道："爹还在等俺，俺得去给他安顿一下。哦，俺就不坐了。"

敏益也不挽留，就送她出了大门。随后把嘉玲与登莱的事给她道了，婉转道："这事，天帆可费了心。前前后后的铺排，全都靠他。哦，还听他说，你姐夫赶腊月前就能回来。这不，趁天还热着，俺得把里外都收拾一下子。"

一路上，她想：夫君回家还要别人告诉你？又想：你天帆倒是牛气啊，不肯出来见俺！莫非学了"狮子"那式子，也背兴了不成？

却说霜降一过，飞雪就跟着来了。立冬时分，拓宗槐就回到了扶苏。一望见八角亭，他就闻到了年味。那空气中的油烟伴着轻寒直往鼻孔里灌，他张开嘴巴美美地吸了几口，感慨连连。那般舒哉又裹缠着对女儿择亲的期待，令他兴致高涨，恨不得一下就跨进家门去。当马车驶入街巷，早已闻讯的嘉辉便疯跑回去告知母亲了。兰敏益半是欣喜半是犹豫地迎出门来，站在街畔打量着风尘仆仆的夫君。二人凝视着，似乎几年不见完全陌生那般，一个尴尬地挤出一丝笑，一个愣愣地拍打起衣服来。嘉辉则拎起父亲的行囊，飞快地奔进院子。唯有嘉玲亲昵地搀扶着父亲，那个笑直往心里头甜。

拓宗槐把从省城带回来的礼物分了一些，按里外亲疏让嘉玲打散去。末了掏出一支金笔对嘉玲说："晓春也大了，该咏经习文了。将来她就是你的妹子了，俺也待晓春像亲女子一般，这个就送给她。其余几个还小，抹擦一下就行了。旁余的事，待俺歇息下来，再跟你娘商量着秉办。"

嘉玲应诺后，拓宗槐想了下，翻出一块怀表，说："这个本来是给嘉辉的，你看，要不就送给登方？"他见她在犹豫，补充道，"俺的那块旧怀表先给嘉辉用着，他又不嫌歪好。完了俺再买一块。"嘉玲显然心里不乐意，想：你咋尽把贵重的东西，一股脑都撒给呼家！却也只得点头应承了。

且说呼天翼一闻三问地念叨起准亲家大人来。这日，他叫晴儿备了几样下酒菜，硬是把拓宗槐拽了过来。二人盘腿往炕上一坐，隔着小饭桌先划了两拳。天翼道："你这拳路一满不行了。看来这些年，你可把酒钱省下了不少。"

"酒钱倒没省下，只是省了不少酒。后来嘛，闷酒喝得少了，那个，噢，花酒喝得多了些。虽说有时也聚聚，嘻，逢场作戏嘛！人在江湖，就图个一醉方休。嘿嘿，要是人不对事了，也懒得划这玩意。"宗槐摆头道。

天翼笑道："看把你恓惶的，这酒那酒掺着喝，不当哪——那闷酒是伤身子的，花酒是伤风化的。今嘛，咱哥俩喝的是陈情酒，甚都不伤。俺看，六六划上三十六拳，一拳一盅酒。你看咋样？"

宗槐听了直摇头，说："这还不把人喝塌了！你知俺酒量，小年里也不过一斤来回，这把年纪了，还是悠着些儿。照你说的，今个咱这酒是陈情酒，那就压稳些，咱拜识以陈情为调门嘛。"

天翼道："古时有个《陈情表》，那尽是些'茕茕孑立，形影相吊'的东西。今个咱俩这陈情不说那些，啊？"说着摆出了划拳的架势。

拓宗槐还是推挡了一下，说："俺一看那个《陈情表》就堵心。自己不说对老娘孝敬了，连妻儿们也疏于照护。如今又江河日下，日暮途穷，捉襟见肘，心余力拙的。唉，别说其他的了，这喝酒也一满不行了。咱就不应六六三十六，减上一半也不少了。"

二人谝着喝着，宗槐有些招架不住了，连连悔酒。天翼抹抹嘴接道："你长年不扯家，咱这拜识不说一年了，有时几年也见不上一次面。你说，这省下了多少酒？这下，你好不容易回来了，却又躲七溜八的。嘿，嘿……"他借着酒劲儿，嘴头子便飘开了，"俗话说了，一人吃饱了，全家不饿。俺看这日子恓惶。不过，据说，这怕……俺想，你，大概在外面也有个女人

吧？然而，肯定，还是，家里的热炕头暖和。俗话还说了，四亩
三分一头牛，老婆娃们热炕头。俺记得你大俺两岁，也有些岁数
了。总在外面闯荡嘛，也不是个事儿。这些年头，世事不安生，
还不如回来揪留一下婆姨娃们。你就给上面写个《陈情表》什么
的。嗯？"

　　宗槐毕竟经不住他的拳路，连连败下阵来，却也只能屡败屡
战。烧酒下肚，意兴上头。听他这么问了，也把不住嘴头子：
"嘻，算是弄了个小的吧，年龄也不大，歪好是个照应。你说，
晚上总得有个挠痒痒的嘛。不过，她还没生养……俺知你的意
思，俺也觉得这些年来把娃们撂荒了，嘻！这次回来，才觉得嘉
辉荒了学业。要说对不住娃们，那比对不住老娘还要烧心。然
而，可是——可是身在江湖上，由事不由人哪！好在拜识你，你
操心费事的，把嘉玲和登莱俩娃捏掇在一起，这省了俺好大的心
了嘛。来，来，俺就借花献佛，得要敬亲家三盅盅了。"

　　天翼到底赢多输少，当拜识端起酒盅，他一碰连喝三盅。然
后道："说起娃嘛，你也就这么一儿一女的，还是单薄了些。再
生养上两三个，也不算多。俗话说了，五男三女赛过神仙。嗯，
再说了，女人家有个娃了，也安生嘛。俺看，你还是……"

　　宗槐已是醉眼惺忪了，一笑道："哪，哪能都这么遂愿。这
五男三女据说是周武王留下来的说法，哪能有个一定。若要这么
说，你也有缺头嘛。俺嘛，嘻，让人咋说呢！就，就一句话，不
要指望了！"

　　不要指望了？若说亲家母，那也不至于，年龄不搁事。虽听

秉中说她经常闹病，也是些头头脑脑的小毛病。那么，那个省城小妾呢，到底又为何？天翼想着，张口闭气，欲言又止。是的，有些话该说，有些事不能道。尤其是这些不明不白的事，旁人不宜插嘴。还是喝着小酒，缥缈些，自在。

二人的话题随张随合，从扶苏的八角亭说到西京的大雁塔，叨叨起公子扶苏和玄奘的长短来。又从闰五月引来的风调雨顺，渐渐拉到"乱党"在省城的蔓延……

"哎，俺只给你一个说了，这是掉脑袋的事！"

"这个，还用你安顿，俺晓得。好啦，不论义和拳，还是乱党，不干咱的事儿。咱拜识把娃们的事弄好，就可安顿自个了。"

喝着说着，天翼突然想起什么，道："俺光顾喝，差点忘了。俺家爷子说，叫你给俺们写上几副对联。往常过年呀，都是天帆、天骏倒腾这些，好赖不说，能晃达个眼眼就行了。今年嘛，可大不一般喽。家有喜，老天也给咱们降了福嘛。这个联那是非你操弄不行的，你就歇下来给咱涂抹一下。"

拓宗槐呵呵一笑，道："大忙俺给你帮不上，这点碎事儿没说的。不用歇下来，这小酒一喝，又有你在一旁讫凑，正好涂抹这事儿。拿纸笔来，当下咱就圪顷马扎地把这碎事儿抹弄了。"

一边晴儿伺候纸墨去了，一边俩拜识又交耳了一阵。只听宗槐叫道："有了，咱就这么个弄法。"遂起笔缓然写道——

灵猴越宗槐，亦将三元献宏府；

神马借天翼，再引五福向仙阁。

天翼琢磨了一下，叹道："果然是大手笔！你属马，俺属猴，猴马腾跃，相得益彰，不赖气。俺看，这个不光把咱俩的交情点到了，还进了一层意思嘛。从宏府，再向仙阁，人间天上，啊？呵呵，不赖气，好哇，好！只是还少个横眉。"

拓宗槐把收起的笔又拿了起来，一挥而就，道："这个'天祥宗睦'虽无来头，却也恰如其分。你看，咋样？"

"好哇，好，真是添花之笔！这个横眉嘛，且是从大处着眼，小处安顿，对咱们老小都照应到了。看来，这酒还得再来一壶……"

墨菲酒酣，其情也昂，其声也朗。忽听得门外更有个粗喉咙大嗓门的声音："好个什么，这好酒都灌进你俩的肠肚里，真是糟蹋世事嘛！歪好给俺也留下几盅盅，咱们还有捏掇的事呢。"

俩人循声一看，笑了。正是：

一音入耳来，万事随心去。
世上几多情，相知无限意。

不知来的是何人，下回接叙。

第三十一回　借杯酒囔臧俩拜识　拆奈字解析仁兄弟

且说人还未到，大嗓音便冲进了门里。呼天翼嗯哼一声："这驴日的来了。他鼻子还蛮尖的，整天闻来嗅去的，什么事儿都搁不下他。"

拓宗槐笑道："那咋能说是驴，应是狗才对嘛。"

笑声中就见伊锦荣闯进门来，也不搭话，脱了鞋子端直就往炕上蹭。天翼赶忙拦住，说："上炕不行个礼，也罢了，怎么连个招呼也不打一声，就猴急狗跳地脱开了。即便做了新女婿，也不能这么毛糙嘛！"

锦荣盯他一眼，哼了一声道："俺晓得你那些鬼肠子、烂肚子。嘻，帅帅正正的人嘛，咋跟那些婆姨女子一圪板板的，乱嚼舌头！"

拓宗槐拉他坐在自个身旁，云里雾里道："天翼嘛，向来不颠踉跄。莫非锦荣填了新房不成？嘿嘿，像锦荣这么个大块头，纳个三房四妾的还不是小菜一碟嘛。来，来，咱俩就着小菜喝酒，犯不着跟天翼较劲儿。"

天翼一听笑道："这大文人多喝了几瓶墨水，说话就是不一般。可是呢，那几碟子小菜也分个荤素咸辣，也有个可口不可口的嘛！来，来，锦荣，你甭叫屈，人们那是说得有鼻子有眼的。今个俺不吱声，你尽管跟宗槐道道。"

锦荣爱理不理道："俺嗓子冒烟了，得润润再说。"说着便自斟自饮起来。

天翼又急忙拦住："你也不给你拜识敬上一盅盅，就管自个喝了！你一年能跟他喝上几回？几回回不说了，宗槐当下可不是一般人喽，知不？他在西京被老佛爷召见，那派头大着咧。你说，你咋像个穿开裆裤的娃娃，不识眉眼高低。"

锦荣知他喝高了，不予计较。又觉得堵心，就道："平时不见你多说几句话，这下逮住人了，乍说吧！凑紧把你肚里装的害沓，全倒出来。免得明早醒来又后悔了。"

宗槐一笑接住话："锦荣怕是说反了。那喝酒人往往是倒了害沓，才后悔的。不过，今个甭怕，咱弟兄仨一觉醒来就是天亮。啊？"

天翼说话有些黏糊了，对锦荣道："宗槐那是胡搭帮，他是嫌俺说你了。常言道，劝赌不劝嫖，劝嫖两不交。这个，这个嘛，俺就不说了。你喝，你好好价喝，俺就不说了。说多了，让，让你这个新女婿再毛毛糙糙起来，嘻！划不来嘛！"

锦荣听了，把酒盅往桌子上一撂，慨然道："今个天翼只说了一句人话——这大文人墨水喝多了。剩下的尽是邪牙歪嘴，就像那胡子八叉地乱翻卷！"

宗槐听他这般说，揶揄道："锦荣啊，俺解下了，乍一满解下了。若说逛个窑子，败个兴什么的，俺信；若叫你讨个小的什么的，这得要脱胎换骨了。谁都知道你对老娘的那份顺从。不过嘛，人也常说，士别三日，当刮目相看。啊？"

锦荣扬扬手，对宗槐道："你呀，一满听到沟里去了。嘻！咋说，反正咱仨都不是外人，借着小酒俺就道了：宗槐呀，俺比窦娥还冤哪！你说，旁人瞎说乱道也罢了，天翼也糟践俺，说俺什么，说俺'烧媳妇'！"他见宗槐瞪起了眼珠子，又"嘻"了一声道，"说俺什么都行，哪怕说俺逛窑子也好，说俺串门子也罢，都没个甚。男人家嘛，大都好这口儿。可这'烧媳妇'那是人能做的吗？甭说做了？俺一想那，那孽障，心里就硌硬。旁人瞎咕叽，谁能管得了？人常说，背过朝廷还骂皇上呢。可你天翼这么瞎鼓捣，为个甚？咱把话说透了，甭说烧媳妇、串门子了，到如今俺连个窑子都没逛过。你说这……"

天翼迷瞪了一会儿，听得这话，便接住："锦荣说的话倒也不虚，他害碜不多。正因了他不讨小的、不串门子、不逛窑子，有人就疑心他烧媳妇了。不过，咱再把话说回来，那串呀逛呀是明的，这烧呀什么的是暗的。所以嘛……"

"所以你个锤子！"锦荣爆了粗口。

宗槐赶紧说："锦荣哪，人常说听锣鼓听音，你咋就听不出来个稠稀？天翼那是逗你呢，你咋还当真！"

天翼却不领宗槐的情，依然故我道："说这烧媳妇，俺听得多了，张三李四王麻子，可谁见过？人常说眼见为实，可有些事你见了也未必是实。就说锦荣吧，人们常见他对大儿媳妇好，可到底咋个，尽不是由嘴说嘛。人常说无风不起浪，可有时无风也起浪的。对吧，锦荣？俺说你呀，吃亏就吃在两个字——不担表！"

宗槐一听赶紧打断，举起了三个指头，问天翼道："你说说，这是几个？"

锦荣没好气地插道："甭理识他了，装疯卖傻的，甭把自个卖了让别人数钱！哎，你们今儿喝了几两水子，就把他喝成了这么个尿式子！"

天翼举起两个指头，哼哈道："宗槐，俺今个没喝多少，是两，两斤。对不对？锦荣他今个，骂了俺两，两次，一次说俺是锤子，一次说俺是尿式子。好啊，好！其实嘛，男人，就是因了这把锤子，才弄成了那个尿式子。你乍说，咱们拜识里头，本来嘛，都，都帅正。可是，咋就，咋就出了邪呢！唉，不说咮……"

锦荣一惊，赶紧打断："这个天翼，你，你呀！来，来，咱们还是喝，喝，甭瞎叨叨了。"便摆开了划拳的架势来。

且说呼姨娘睡了一觉醒来，看他们还在海喝着，便急急朝这边奔来。进门时差点绊了个马趴，一看却是晴儿缩在门前睡了。看晴儿慌着起来揉着眼睛，她刚想动怒，旋而止住了，不耐烦道："这大冷的天，你圪蹴在这儿不怕冻着？没事了赶紧睡去，这达俺来伺候。"待她进了前厅，听他们在里间还说着话——什么亦如咋了，什么嘉辉又咋了……看着三个醉醺醺的男人，和那杯盘狼藉的摊场，她话到嘴边又咽了回去。今儿不比往常，有宗槐在呢。想着，就拿出两床厚被子，道："喝了酒可不能着凉，睡下了要拉扯着盖好。"遂加了把炭火，安顿完离去。不提。

　　且说拓宗槐醒酒后，琢磨起呼天翼的话来。要说结拜兄弟，除了昨晚的三个，再一个就是白秉中了。他说的拜识里面出了邪，莫非指的白秉中？俗话说，酒后吐真言。天翼平时不颠跟跄，即便喝了酒。再看看伊锦荣那慌乱的模样，分明是怕天翼说漏了嘴……唉！有关白秉中与兰敏益的传言，他也隐隐约约有所耳闻。俗话说了，寡妇门前是非多。可这活寡比死寡有时还要猛式，更难将息。真真假假、明明暗暗的，坊间不少传闻，却也似烟笼雾罩般渺然。凭着对秉中的知底，以往他并未往心里去。这下，天翼的提醒，锦荣的遮挡，恐怕不是空穴来风。另则，他这次归来，秉中装着不知晓的样子，躲着，藏着。还有，自家婆姨也跟以往不大一样，心里披着什么东西似的，神情恍惚，还夹带着木囊。唉！将来将去，他似乎有了些嘀咕——天翼敲打锦荣，原来是指桑骂槐。想着，他便踅摸着再套套锦荣的话。

　　伊锦荣看他吞吞吐吐的模样，一笑道："这世上，唯有这搭子麻缠是说不清道不明的。该马虎的，就马虎些，甭闹心。不过，在俺看来，秉中不会干那种事。其实，你比俺更了解他嘛。天翼那晚上的圪曤，也不要往心里去。俺想，他怕是受了天盈的搬弄，胡抹擦。你也知，这个知县太太向来心高气傲的，嘴头子不饶人。她本来就与敏益有磕绊，后来又因了另外的一些碎事，相互间便暗里瞎掰。"

　　虽说伊锦荣的话入情入理，可并未让拓宗槐完全释然。想着近些天自家婆姨的举止，叫他将释难消，欲罢不能。尤其是那炕头枕间的话，没了温度；夕撩晨兴的活儿，蔫了劲头。更令他窝火的是，她总说干那种事儿，如同吃肉种地，越吃越馋，越撂越荒。起先他也罢了，可身前脑后的风闻，一股脑捏合起来，那就让他烦躁难安。一与她交合，他就琢磨起秉中来。欲行则如芒刺背，欲言则如鲠在喉。

不虞这日，他终于等来了白秉中。二人貌合神离地寒暄了一下，就听秉中道："早该来看你了，可当家的身子垮塌啦，俺被她捆绑得哪儿也去不了。前天锦荣过来，叨叨了些事儿，说让俺支个桌子，吆喝大伙红火一下。俺看使得，正拨料着呢。日子嘛，你来敲定。俺想，不前不后，等大家都消停下来，到年根也行嘛。"

"这个不当紧，俺这次回来想多住些时日。嗐，锦荣也是的，咋不给俺提个醒嘛！弟妹身子不适，该是俺去看看她嘛。"

"好啦，今个就好利索啦。不然，俺也过不来。噢，俺今个过来还有一事，就是看你们过年还有甚没备好，俺来帮衬一下。"

说时，兰敏益跟嘉辉从外头回来，院里霎时扑腾起鸡叫声。只听她撩开嗓门道："他大舅给咱整了几只公鸡，俺看喂上几天再杀。"说着进了屋，才见秉中端坐龙椅上，一咯噔便佯狂道，"多时了不见你，不是宗槐回来你也不肯上俺这寒门来。"

白秉中顺势接了腔，大方而不失俏皮、轻松而显得自然，道："你呀，没良心的，送米送炭什么的，俺也没少来嘛。今个见俺空着手了，就埋怨了不是？俺正跟宗槐说呢，看你们过年还缺什么东西。"

敏益一笑道："往前真也常麻烦你，不然这日子也难打发。后来敦益在外面跑得少了，俺这头他也能搭帮一下子。说来说去的，还是你接济了不少，这份债让宗槐还你去。唉！你说，俩娃小有小的烦，大有大的难！可这，就俺一个女人……"

宗槐见秉中不停地摇着头，心里也一阵子凄楚。他边打量着边回味，倒也没觉得他俩有什么异常处。遂想：锦荣的话还是可信的。流言插翅，墙高难挡。况这大户人家，犹如素幔白绸，稍沾一滴异色，便格外醒目。于是他豁然开朗，一激奋便挽起袖子，要去杀个鸡，俩拜识得好好对酌一下。秉中见状拉住了他，说有喝的日子，当下得去店里安顿些事。二人轻松地又拉了些话。不提。

且说晚间躺在热炕上，别有一番思绪。想起这几天的杂沓，拓宗槐不由得嘘声连连，大有天下本无事、庸人自扰之的感慨。

兰敏益看他神秘兮兮的，好不讶异，莫非他摸到了自己的什么把柄？心虚着，背兴便如虮子瘙身那般裹缠，一阵儿歇了又一阵儿折腾。只有在他熟睡以后，她才获了一丝安宁。沉静下来，天帆那敦实的块头又晃在眼前，忽撩着，撞击心扉，直入肌肤。不一会儿便幻化了，仿佛秉中，痴呆着，那是一脸正经的略带些不知所措的面容。恍惚中，一对凝重而疑惑的眼神瞟了过来，似要穿透她……

唉！这日子怎一个"奈"字了得——身之无奈，人之奈何？

且这"奈"字，拆开了便是他仨：老大、老二和老小，三个兄弟叠罗汉。与夫为守，守得一双儿女，守得门清闺冷。"大"字当头，横是骨架，撇捺依托；"二"字窝心，虽成支撑，却是平铺；幸赖"小"字挺着，架势才舒展稳妥。可不是，她生命中的三个男人，尽在横竖撇捺之间。形态各异，映衬得宜，叠扣有序，上下相依。构成了一个完美且十分中看的"奈"字。

唉！这日子怎一个"奈"字了得——忍之无奈，却又奈何不得。与他为念，身虽近而心益遥。每每困惑，前后无着，情有寄而语无达，徒有一帘空梦。憋屈与失落间，只有隔幔长吁，徒唤奈何！

唉！这日子怎一个"奈"字了得——触之无奈，陷身奈何？与彼为偷，相欢成趣。本无心插柳，柳竟成荫。虽说呼兰一家亲，可亲有亲的藩篱。撕破的不是家规，倒是在浑浑噩噩中梦游吟别，直抵那湾浊水。更哪堪日子久了，便没了把持。随意挥洒中，却萌生了是喜还是愁的孽缘。

嗟乎！老大、老二和老小，"奈"字如何一身挑？

独自，悠长着孤影。她摸着自个的肚皮，交集起分外的感慨。心跳着期待，想多了便是唏嘘。真也是，空蒙的月影，摇晃在静潭，波底鱼儿径自安翔。想着，她又生出些许得意来。好在情缘不冒，播撒逢时，那个节点倒不惹眼，粗心些一抹而过。堵心的是，她无法与天帆一吐衷肠了。而这肚里的东西倒像识得亲疏，总爱闹点小脾气，搞得她对夫君也生了抵触。无端的一声叹息，引来无由的一个咯噔——清冷便这么弥漫了。正是：

挑尽灯花人未知，侬心虽苦也强支。

秋池春雨几番去，独守深闺自有思。

欲知后情，下回接叙。

第三十二回　猜灯谜趣解三龙子　破疑团旁引五岳谱

　　且说正月十五的月夜花灯，引来了满城的老少。在熙攘的人群里，兰思益左探探，右瞧瞧，却不见几个相熟的人影。天菲有娃缠身，也不爱凑闹儿；爱凑红火的天盈，咋也不见了踪影？本来约好了大姐，可她却吞吞吐吐地推托了……眼下，她不知是停还是走，一脸的漠然笼在凄凉的月色里。正欲转身，背后却传来一声亲切的叫唤。回头一看，见是伊锦若挽着晴儿向她靠来。她身子跃了几跃，却又僵住了。自做了呼家三儿媳后，锦若还是她头次遇见。这当儿，惜时挺拔的锦若显得矮胖了一些，且邋遢了许多。她打量着，还是没有舒展开僵硬，生出些许陌生来。

　　锦若显然瞧了个大概，就随着朦胧的月色朦胧去了，紧着上前，一笑道："三姐，不认得妹子了？"她这才接了腔，却只是匆忙间的应答。锦若也不计较，左右一扫眼，只管自个说开了："凤丫头呢？这黑天瞎火的，单身来溜达，也不怕遇见个歹人来。"

　　她终于舒展开容颜，笑着拉住锦若，朝着天空努努嘴："这天，黑吗？"又指指不远处，"那火，瞎吗？"

　　"嘻！俺这笨舌头本来就不好使，遇着旁人还罢了，一遇你，就像鸭子乱叫，你可得担待些。"锦若呵呵笑道。

"鸭舌头那点肉，咋可与你相比？"

锦若听她这般说，扑哧笑道："可不！俺三嫂就这么说，说俺舌头大，不好使。得得，还有你姐家那个嘉玲也是……哦，大姐爱凑红火，今个咋没来？"

"她有身子了。俺也是才才晓得。"

"有身子碍什么事儿。你看俺，都快坐了，还这么晃达着。"

她一听，这才仔细打量起锦若来，道："哎哟，你不说，真还看不出来。都说女人圪缆晃架的不好，俺看蛮好的嘛。你说，怀个娃就像多吃了两碗饭似的。"

"呵呵，那也对人呢。月娥怀娃肚子就大，人也不利索。"

"人们常说：怀女娃慵懒，怀男娃利索。俺看，你这准是个小子了……"

"都这么说了。不过，事嘛，哪有个一定。哦，不说这些了。走，那头亮堂，俺们瞧瞧去。"锦若说着，拉她来到灯谜处。只听花灯旁尽是叽叽喳喳的猜谜声。锦若瞧着一个谜面，扑哧一声笑了，巴眨着眼看着她："大正月的，咋弄出这么个不沾边的东西！"

思益这才仔细瞧了，见一灯笼下挂着这么几行字——

问君出口才子留，欢闹街市市已休。

青柳初萌争相傍，台田一望上心头。

她略一思忖，便捂嘴笑了，自嘲道："本来嘛，咱姐妹就不应赶这趟儿。你看，你三嫂知书达理的，人家就不出来瞎逛。"

"那是哪儿嘛。俺看，俺三嫂那是提不起神儿，闭着门儿想她那些害沓去了。要俺说，你这大门不出二门不迈的人儿，怕是有了什么寻头……"锦若信口张来，才觉得嘴巴滑溜了，遂咯咯一笑，赶紧指着另一谜面道："你再看这头这个，谜面意思倒还连贯。只是，这末两句不搭调，像是辱没俺们。得是？"

她顺着锦若所指看去，一时还蒙住了。只见谜面是：

人呆所幸俩相依，千里奔波心自齐。

躲在深闺花已落，好人半剩凤钗离。

倒腾了半天，她终于抠捏了出来，遂大笑，拍了拍锦若道："这谜儿专门给你作的，还不领情？你呀，得是只见谜面，不见谜底喽！"

"嘿，俺还没顾上谜底呢。"锦若说着，突然也笑起来，道，"怪不得，今年是龙年嘛，你说这藏龙卧虎的，可得要躲在深闺，保养好身子的嘛。"

"这么说，俺大姐倒是识得趣儿。"

"噢，还有呢，听说兰家二姐也有了，得是？"看她点头，锦若不解道，"那她咋又跑回太州了，竹娃不就在咱这达坐得嘛。你说，哦，俺仨都赶在龙年抱娃，二姐是龙首，俺是龙腰，大姐怕是龙尾了。哎，俺说三姐，你紧着扑嚓一下，也能抢个龙爪子的。"

"这龙爪子怕是没指望了。"她凄然一笑，便转了话头，"这个谜儿粗里一瞧，端的一首绝句了。不过，能把谜面和谜底捏合起来，确也难得。"

锦若顺口接道："可不是嘛，一对呆人若不相依，甭说千里奔波了，守着自个的园子都难。若再一念不慎，花落深闺，妻离子散，就更恓惶了。"

她听了不再言传。

锦若见晴儿不停地拽自个的衣角，意识到这大正月的，尽说些不吉利的话。一时不知所措，便没了话头。

思益扭头看了眼龙灯，寻话道："人常说藏龙卧虎的，可今晚却是藏虎卧龙哪。你看，那边明圪晃晃的龙摆，待二月二就抬头了。可那虎呀，不知还要藏多久的……"

锦若听了未免一惊，这才想起天骏的话来——莫非她真的知晓虎子的真相？

正要说话，却见凤儿拉着亦如冲出人堆，神情急促地奔了过来："跑了几处寻你，总算逮着了。赶紧回去，大人不知咋了，发好大的火，俺都没遇过。"

亦如在一旁瞅瞅思益，终不可搭话。间或乜斜一下锦若，掠过一丝轻蔑的神色。可不是，这两个昔日的姐姐，一个成了继母，相处不易；一个胡滚乱爬，把个好端端的天骏也弄得五麻六道的。

思益睹此，也生出无名的惆怅来。在这朦胧的夜色里，眼前的情状又蒙了一层依依的色调。唉，多年来彼此都渐行渐远，难得在一起，尤其是在这元宵之夜了。眼下，彼此似乎能摸着对方的心跳，却又如同陌路。幸亏裹了这层月色，一切便也朦胧了。

锦若睹此，亦柔肠百结，便轻轻拉住亦如的手，回瞄了一眼思益，不禁暗自叹气：唉！这世间许多事，前因后续，像变着戏法，令人无法捉摸，也无法招架。

几个你瞧瞧我，我看看你，全然又是一脸的姐妹情结。

"嘿，愣着什么！俺们赶紧得走，大人他……"凤儿说着拉起思益。

"不是的，其实不是……哦，爹爹好着呢，真的，真的不是的，他发火是为别的事。"亦如这才吐出声来。也许一种本能的东西，在撕扯着她。

凤儿见亦如语无伦次的，便凑在思益耳旁悄声道："俺一急，走嘴了。这么个，大人是对陆知县发火，好像西川那边又有了啥子事。俺寻你，是让你安抚他一下。"

思益微微点了点头。她瞄一眼灯火阑珊处，又缓缓回过头来，默默看着锦若……才拉起亦如的手，去了。

且说伊锦若十月怀胎，惊蛰后没几天便产下一女婴，取名晓闻。呼姨娘虽不甚满意，却也是欣喜，这下总算了了一桩心事。在她看来，这孙女实打实是自个的头个亲孙子了，所以，满月还是要大宴宾客的。她早早便里外张罗，四下里安顿，聘白秉全做主管，着实要大弄一下了。亲戚六人自不消说，该请的都打了招呼，远里的自随其便。月娥则是满心期待，拉扯着兔娃，早早就圪窜到呼家，等着要红火一场了。

按说，十里铺的帛家应是正娘家，可满月席无一人应承，都躲七溜八的；伊老太似乎也提不起兴头，只打发锦堂两口子应了个卯。然而，自家人也有躲身子的。先是天菲提不起神儿，推托自个娃小，不便走动。再就是天帆了，自家婆姨多年不出，刚急按着生了一个晓觉，还落下个毛病。本来就觉得背气，又见呼姨娘这般张扬，心里更不是滋味。所以他也寻了个差事，溜走远方了。

锦若伤心之余，也平静下心来。不管咋说，为呼家生得一女，聊可慰藉。惶恐的心，也有了安妥。先前总是患得患失的——把个异种带进呼家，本就忐忑，可总有不安生的，最是那瞪着滑溜眼的天帆家，让她几近窒息，大气不敢多出一口。如今好了，出口气都是悠长的，往昔那咋咋呼呼的式子，也渐生渐长了。

倒是天骏沉稳如初，不以娃悲，不以娃喜，洋洋雾雾地做他的人父了。他侠肝义胆地逞了一回能，就得顶起梁柱子。无论虎子，还是晓闻，一个衣胞产的。在他看来，一娘所生就是一个骨血——从来没见说一父所生。所以，那个"隔山"兄妹，其实比不隔山的亲了许多。况且，锦若的"那个人"他心里有数。尽管思益没让他娶锦若，但怜悯心和那般"顶天立地"的男子汉心胸，最终使他欲罢不能。

　　提不起神的天菲自有说辞，因她对他俩前后的裹缠一直存有疑惑——天骏的心对她是透明的，他从不会对她撒谎，哪怕丁点。在锦若有了虎子的当初，她曾疑心过天骏，可他是断然否认的。对此她心里有数，把疑心转到了另一个人身上。可一忽儿，他又主动说锦若肚里的娃是自个的，这让她困惑。唉，这里面到底有甚纠缠？况且，他先前的否认是斩钉截铁的，而后的应承则有些含糊和勉强。这一连串的疑虑，令她不安，欲解而无着。这便是她挥之不去的心结。

　　这天，她看天骏抱着虎子逗耍，又勾起了心肠。左盘算右思量，她要下这个盘头了。即便撬不开他的嘴巴，也得让他有所松动。

　　"哎，天骏，你也不要埋怨俺，晓闻满月俺没来成，只因得了个怪病。这病嘛，说怪也不怪，郎中说要不了命，但要好好调养。昨天，又请先生算了一卦，他说俺这病郎中看不了，只有你能看好。"

　　天骏听她这话怪怪的，琢磨间看她冷峻的脸色，显然不是玩笑。再看她射来锐利的目光，他终于意识到了。但他还是超然了一把，道："你想说甚，就说吧。"

　　"好吧。俺不想刨根问底，只是觉得蹊跷。你从不对俺喧谎，可为甚要喧那么一次？实说吧，你从十里铺回来，俺就觉得不对劲。"

　　他陷入沉思，良久才道："那不叫喧谎，是救命！"

　　她看他一眼，幽幽吐出一口气来，然后缓缓侧过身子，边打量着山坡上的羊群，边道："你就像那拦羊小子，哪只羊被狼撕扯了，你就扑向哪达。"

他看她一眼，叹了一口气道："救锦若，还不是为咱娘嘛。那时，咱娘为锦若吃不下饭，睡不着觉，整天抹眼泪。再说了，锦若颠个肚子晃荡着，咋办？撂给那个郝老头，真还不如投了呼兰河。所以嘛，俺就像那个拦羊小子，啥也不顾了。救下她该咋办？她已无处可去，俺若不说虎子是俺的，咱家能接纳她？若是……"

"你不用说了。"天菲打断了他，默思了一下，幽幽问道，"这么说，你知道'那个人'是谁了？"

"这个，俺想，你也应该知道吧？"

她点点头："原先俺只是猜测，眼下还是不愿这么去想！看来，这事得跟咱爹咱娘说了。可是……"只见她叹口气，又道，"还是不说为好。当下，要守住嘴。跟锦若道明，对'那个人'也不能说。以后嘛……俺看，就让它烂在咱仨的肚里。"

"可是，还有一个人知晓。"

"谁？"

"……思益。"

"她，她咋会知晓的？"

"那你问她去。"

二人后面的对答，似乎重复了先前他与锦若的板数。天菲摇摇头，意味深长道："先前总以为你们唱的二人转，没想到竟是一台大秧歌。嘻！"

"这个，二姐，你不用担心。思益先前谁都没说，她见事情到了不可收拾的境地了，才悄悄告了俺。她还要俺守住嘴，你说……"

"俺不说了。思益，思益真好！若不是她，若不是你……"天菲默默拉住了天骏的手，掉下了泪珠。

且说月娥带着兔娃住了些时日，久久不愿回乡下。她常说：一瞧见八角亭，就闻到了城里的味道，透心地舒畅。她把呼家就当了娘家，有理八分的，且自诩有功之臣："没俺，只怕你呼家少了俩孙儿的。"她不时对天骏如是说。

这倒没错，是俩孙儿。可明确一下哪两个，都稀里糊涂了。在她看来，应是三个，外加一个兔娃。但这兔娃能否归于天骏，她心里还在嘀咕。可在天骏听来，那自然指的是虎子和晓闻了。不过，他对兔娃也有过猜疑，觉得这兔娃跟登瀛颇有些仿佛。然而，月娥丝毫没表露出什么来，他也就消了疑念。

这天，月娥逗着兔娃和登瀛玩耍，突然间愣住了——这俩娃！她慢慢观察后，遂把七八成把握提到了九成，其至接近十成。

"哎，天骏，俺有一个心事，老想跟你说，可又不好说。原先，原先俺不大肯定，这些天来，俺才，才有了想法。就是兔娃……"

天骏听她吞吞吐吐说完，既没个表示，也没什么表情，只冷冷道了一句："收住嘴，还不觉得瞽乱！"

她觉得他应该高兴，应该抱住她亲热一下，甚至于……可热脸贴了个冷屁股。这让她意外，意外得一塌糊涂。伤心是自然的了，委屈更是驱之不散。她决定回乡下了。

"二姐，再给你说个事。就是，那个兔娃，倒是俺的骨血。"数日后，天骏终于鼓起劲儿对天菲说了。

她这下惊着了，睁起大大的眼睛，半天才呼出一口气来。她想说，却嗫嚅着，忽地用右拳攥在左手掌，使劲地摩挲着："怪不得，怪不得兔娃的大名叫登华，这不是随了咱哥的娃嘛！没错，这名儿不虚，是俺们忽略了。月娥补得好，好哇！"惊喜之余，她看天骏不搭茬，又讫嘁道，"大哥家登莱、登方、登瀛，三山齐了；二哥就一个女娃，往后即便有了男娃，也在五岳之外。这下云雾一拨开，五岳便要露头了。加把劲哟，呼家兄弟！"

"嘻，谁把你也搅和得神神道道起来！"

"你可不知，咱爹本来把老二的谱儿写好了，可咱娘硬是不依，说那'五岳'得留给小儿子。如今哪，西岳露头了，你看——登华、登衡、登嵩、登恒、登泰，往后你就照这个谱儿走下去！"

看天菲那般兴致，天骏也笑了。正是：

依山点石石门启，借海扬波波浪激。

拂柳暖风入罗幕，映花春水绕长堤。

欲知后事如何，且待下回分解。

第三十三回　拟丁忧倾吐相知意　答姻亲撩起榻边风

　　且说甲辰（1904年）过了大半，秋收在即，乡民们忙着农活，没空闹"烟囱捐"了。西川、东川的事件波澜不惊，暂时归于平静。武子齐好不容易喘了口气，歇息下来。他打算天气凉爽了去一趟太州，秉办两件事。一是许寒咏出使前给他留了些安顿，他得处理一下。再就是会会白玉青，拉一拉亦如的婚事，再解一解彼此心里的疙瘩。就在他要动身之际，忽然接报老母在湘南家中仙逝，他一下便沉浸在追悔之中。老父早逝，那时他还在新疆。不说奔丧，几年后他才获知音信。平生忠孝难全，心中未免忐忑。他老想着抽空回趟老家，看看老母，走走乡亲，可诸事缠身，一拖再拖。这下还有什么推托之词！悔之无补，恨之无益。痛彻之余，他决定做一回丁忧，算是弥补对二老的亏欠。

　　主意拿定，他便向上边做了请示，等待批复。总算喘了口气，歇息下来。想着亦如，又想到思益，他琢磨着思益该不该一同回去？

　　这晚他走进中堂，浓浓的药味扑鼻而来，却见凤儿正熬中药。进了东厢卧室，见兰思益正在泡脚，问了才知她近来身子不大好。二人谈了些话，他见她意趣阑珊，一副蔫不啦叽的模样，便消了念头。看来，只有带亦如回去了。

上边的批复迟迟不见下来，未免心焦。这日，他备了一桌酒菜，又把帛柏霖邀来，聊聊行程，也借此安稳一下心境。

帛柏霖问了他丁忧的安排后，郑重道："这个丁忧不说几载几月的，光那个熬煎也不是常人能承受。甭说你了，便是思益和亦如娃也怕熬不起的。"

"这次思益不过去。她嘛，近来老是闹病，需要好好调养调养。她那个小产，说法多了，俺看，是老天爷对我不孝的惩戒。所以要反躬自省，得闭门静思了！其实嘛，这个丁忧也没个一定，一年半载的也有。说是三年，满打满算也就两年零三个月。我呢，打算守个满孝，也守个苦孝。亦如娃，当然就不必这般了。只是，只是这个娃呀，近来又闹些小肠子。我看，又得劳你大驾了。"

帛柏霖看他神情萎靡，便道："要俺做什么，尽管说。"

"这个亦如呀，近来情绪反复大，让人掐捏不住。说好的随我一道回老家，可又变卦了。我知她有那个心事，就是嘛……她说要跟玉青一道回去。你说，这咋行嘛！我看，还是你有法子，开导她一下。"

"恕俺直言，这个只怕是其一。其二呢，俺想，怕是她变着法子跟你作难。你整天忙，大概不知亦如娃的心情——自呼家天骏娶了伊家锦若后，亦如娃就灰塌下了，可她还要踅探。如今人家把俩娃都生下了，她还一根筋，不识眉眼。你乍说，她分明给你吐怨气呢！其三呢，这个其三就是你了。俺看，你要时常跟娃拉拉话，给娃点温热。甭因为忙啊忙，整天对娃不朝不理的嘛。"

武子齐听了默然不语。

帛柏霖看他不言传，又道："要不，你跟天盈拉谈一下，叫她也劝劝亦如娃，毕竟姨的话中听。等娃暖了心肠，其他的也好说了嘛。"

武子齐点点头，道："我是单传，眼下就亦如一个女儿。这个丁忧，虽说媳妇跟孙辈们可做可不做，但对亦如娃来说非同寻常，连带着回去认祖归宗嘛。另外，就是你说的，欠了的东西总得补嘛。我就是想趁这个机会，拉近一下我们父女的情分。这个既尽孝道，又享天伦，也算是个两全吧！所以……"

"俺解下。这个，你不必过虑，俺跟天盈尽量想点法子。即便……"

二人相互打断了对方的话。武子齐未免觉得有些不妥，失笑道："不说这些了。咱俩还是拉拉别的吧……噢，人常说五十知天命，六十而耳顺。所谓知命耳顺，就在于顺乎自然、通达人情嘛。老兄仰观天地，俯察品类，读万卷书，行万里路，育人助教，抑恶扬善。我看，到了不逾矩时，也还能扑腾的。"

"你这一串连珠炮，震得俺耳朵发麻。嘻！还扑腾甚，只怕尽是些折腾了。当下耳不聪眼不明的，忘心也大，除了写写画画，再就是等死，还能干甚！"

"不能这么说。老兄气色不错，身子骨也硬朗，再培育百十桃李，我看能行。你说，我也算你的弟子吧？"

"哪能，哪能！俺称呼你大人，你都不肯。还是那句话——老伙伴，啊？"

"我看得加个'相知'二字。相互知道了，才最好。"

二人一起大笑。帛柏霖接道："真还别说，咱俩肚里不搁东西，彼此明朗，没那个弯弯肠子。这个放之四海，都难得啊！"

"人常说，知己难觅。让我说，那个'知音'更难觅。你说呢？"

"这个嘛，记得古人这么说的：恩德相结者，谓之知己；腹心相照者，谓之知心；声气相求者，谓之知音；福利同享者，谓之知交；患难同当者，谓之知遇。此五者，才合而谓之'相知'嘛。要说哪个难觅，哪个好觅，则要以人以事而论了。"

"哎呀，真是'听君一席话，胜读十年书'！你说，我这个弟子还行吧？"

帛柏霖一捋胡子，接道："人这一生，甭说'五知'了，享其一二，便是天选之人。弟子不弟子不说了，就论'五知'，你能得几个？咱俩可以共享几个？"

武子齐感慨道："我这大半生闯来荡去，可谓人事纷繁，这'五知'嘛，我不说都有，大概十之七八。至于咱俩，我看就缺个'患难同当'。其余'四知'应该不搁事。"

"呵呵，让俺看，这个'声气相求'，还有些不足。"

武子齐听了，眉头一皱，计上心来，趑摸道："那咱可得补补了。只是我这笔头子不行，不然咱俩联手做它一组《五知曲》，这个既可补'知音'的不足，也可梳理一下岁月沧桑。正卿兄，你看如何？"

"好，好！咱俩又想到一块儿了。俺早有这个念头，只是觉得江河日下，逸兴不再，未免生些无病呻吟之叹。经你这么一提，如点穴之痒哪！这个互补其缺，共补其失，好说。只是这个'患难同当'，一时还不好补。"

"那就让它先搁着，说不定我俩还能有个什么遭遇。即便补不了，也没甚大不了的。正如女娲补天那样，漏下了一块石头，才有了《红楼梦》嘛！"

"哈哈，老弟之言不谬！其实，这世间万事万物都得有个缺失，才能生出变数来。"

"没错，变化本身就基于缺失。而一旦臻于完善，就会潜伏着另一个缺失。美嘛，同样如此，无论艺术还是人生，有了缺失才是一种品位。"

二人一起畅快地说着、笑着。不提。

且说这天下午，武子齐正埋头冥想，却见呼天盈圬悠悠价立在了自己跟前。他眼皮也不抬，瓮声道："这个，你，你们就不用操心了，我打算一个人走了。走了后，有些事你担待一下，不要老给启良脸色。亦如嘛，心里结下了疙瘩。你嘛，以后省点唾沫。别的，等俺回来再说。"随即他抬头看了她一眼，又埋下头去。

"大人，哦，姐夫……"二人异样的目光交换了一下，就听她接道，"姐夫，俺老是不好意思这么叫你。不管咋说，你就是俺的姐夫嘛。"她带笑不笑地补了两句，才道，"俺今个也不管你是什么大人、什么知府了，要倒一倒俺的直肠子了。虽说亦如娃麻糜不分，可，可她心里头有个企盼嘛。俺说，姐夫，你就给娃一个说法，让娃有个心情嘛。其实，俺心里也不舒哉，不服气嘛。你说，你对俺姐不公平，娃咋想？这会儿你倒有了孝心，要娃与你一道回去，嗯？你说，你有娘，娃就没有娘，嗯？你，你说，你说呀！"天盈若要排侃起来，连兰孜益也要让她三分的。

他听她这般言语，一愣又一愣，一激又一激。突然看她抹起了眼泪，又一惊。遂柔下心肠，忙不迭地圪嚷道："你，你这算咋了，你？不就那点事嘛，啊？等等，等俺这趟回来，就有个眉目了。你看你……哎哟，这就对了嘛。好好价拉个话，鼻涕眼泪的，好像我欺负你了似的。让旁人看见了倒也没个甚，若让启良瞧见了，那不起了生分！"他见她转阴为晴了，便嘿嘿笑了起来。

"你要是欺负俺，那倒好咮。可你光欺负俺姐。嗐！"

"那是哪嘛？你这话咋就古尔般怪的！"

"说怪才不怪！俺不是常爱戚叨玉青嘛，你不是常烦俺嘛！那你为甚不吼俺两句，说这是人家的事，你胡圪搅干甚呢？这样一来嘛，俺不就安分守己了嘛。其实，呵呵，直说了吧，俺最操心的，是咱俩……哦，是咱们两家能不做成亲家。俺是说，你这一走猴年马月的，让人心焦！"

"哈，弯弯绕又来了，不是？这个，你不用靠我，靠靠玉青就是了。"

　　"嗯……"她想了想，幽幽道，"俺是心急嘛！那就给你说了，兰敏益在打亦如的主意呢。这个，你心里有数就行了。"

　　"这事我知。还有孜益那个丫头，跟辰浩怎么了。这个你知不？"

　　"甭听她胡搅和。她嘛，嗐，俺不想说她！"

　　"人常说，三个女人一台戏。如果把玉青再加上，那个台子就踢踏不开了。我说……"他忽地止住了，摇了摇头。

　　"你说嘛，咋不说了？别人欺负俺，倒也没个甚，可你，你这不是故意欺负俺嘛，寻个法子欺负嘛！"

　　"好啦，好啦，我可没那些闲心。"他看她起了娇嗔，未免一抖，神色飘过一丝莫名状来。转而平复下来，道："这世事的长短，并非你所想所愿那么回事，磨烦得太太！而能把持好的，又有几人！何况这里头的弯弯绕绕，又有几人能走出？这个，你别逞能，我过的桥比你走的路还多，也只能走一步看两步的。"他说着，打了一个大哈欠。

　　"那，那你快要走了，就早点歇息。俺，俺也帮不上什么忙，你就自个照护好自个。过几天俺要去西川，怕送不成你了。路上有大川，俺也就放心了。到了那边，也不要太磨烦，毕竟上了岁数，不比年轻人。好了，咱们就……唉，这一别怕要到了什么年月的。"她显出浓浓的依恋盯住他，凄然一笑，"那你歇息吧，俺这就走……"她说是要走，可依然坐着不动，似乎还有什么话要道。

　　嗯哪！自从玉青之后，还没有过那个女人对他如此关照，如此黏糊。他低下头品味着，一抬眼见她立起身，移向门前，却又回头盯住他，然后埋下头去，缓缓拉开了门。一阵轻风透进来，拂了他的疲惫。他随即起身，尾她身后，又见她止了步子，僵直了身子。

"噢，我走后，你把屋里的被褥拆洗一下。"

她又侧过身来盯住他，想：这个需要俺做吗？除了思益和凤儿，还有个仆妇呢，咋说也轮不到俺来做嘛！可是……

他反身拿了一把铜钥匙，递与她："这个，你拿着。这书房甭让旁人进来。"

她接过钥匙，看了又看：哦，这是一把怎样的钥匙？除了你俺，余者皆为旁人了？她不能想，真想喊他、捶他，却一下子捏住他的双手……渐渐地，她把头埋在了他的怀里："姐夫，你？"

他毫无招架，只能随她任性了。不知过了多久，他才轻轻掰开她："好了，好了。等我回来，就给俩娃弄事。"

惊喜膨胀了她，渐渐化作一股狂潮。她便又抱紧他，把头死死贴在他那宽展的胸间，摩挲着："真的吗？你真，真好！"

"话嘛，都让你说尽了。说我不好是你，说我好还是你！"

"俺是说你欺负俺姐，又没说你欺负俺嘛。"她愈益娇嗔地说。

他品味着娇嗔，却按捺着……终于他捧起她的脸，噢，那般妩媚愈见娇艳。他一时难以把持，欲罢不能："哎哟，那我，就欺负你，一下吧。"说着，他便紧紧吻住了她。

"哦，哦，你咋，咋……不行的……"她忽地推开他，侧耳听听窗外，便起身掖好衣襟，沉思了一下，才摇摇头道，"真没想到，你，竟然……唉，人前人后两个模样。"她看他紧盯着自己，又叹了一声道，"还是俺不好，让你起了心。"又看他低眉而灰暗的脸，柔情渐渐涌起，默了默，才幽幽道，"这吧，让俺再想想，等俺想好了，再回应你。"说着，她整端了下发束，便一阵风去了。

又一股轻风透进门来，拂了他的乱发。晚阳从窗纸洞射进一束光来，清晰了空气中的粉尘飞舞。只见他呆呆的模样，惝然中起了些许焕发。又见他移身桌前，摊纸起笔。旋而又移身门前，眺望起苍茫的疏属岭和八角亭上飞卷的乱云来……

从初来扶苏的寂寥府邸，他想到了卧龙山盘道下的繁闹街市，和迤逦远去的呼天盈；从三官庙的楹联，他想到了碧云茶庄的壁画和那个令他眼睛一亮的亦如……耳边仿佛又飘来天盈的幽怨："你有娘，娃就没有娘！"

想着丁忧，脑中又飘来早年的影像。从老母，他想到了许寒咏、帛柏霖……想到了叱咤风云的当年。是的，忠孝不能两全。可是，除了建功边塞，自己一生还有什么可称道的？来河西的这几年，自己又有什么作为？

思绪纷飞间，那个《五知曲》又闯入心头，可他久久不能下笔。忽地，脑中却蹦出另外一首小令来，他便提笔摊纸，一挥而就——

人有几多烦?

冷酷柔情两处难。

忠孝缺圆总是梦,

悲欢。

酒醒小楼月已残。

来去更无端,

心系青天到玉关。

忍顾此生多舛处,

泪干。

何日长风再挂帆!

(调寄《南乡子》)

　　他扔掉毛笔,推开窗户,一阵清风抖弄起帷幔,拂了他的倦容。晚阳已沉,渐渐坠入山谷去了。噢,呼兰!也许,也许我还会回来的。正是:

　　　　大漠歌残豪气终,无情风柳舞边空。

　　　　英雄一去芳华尽,唯有呼兰在梦中。

　　欲知后情如何,且待下回道来。

第三十四回　拜香火两签谶命运　吟离别五知寄厚谊

　　却说秋风骤起的一天清晨，兰思益睡起来后，照例洗漱一番。磨蹭间，看着窗外飘起了落叶，心头也索然起来。望日无觉，瞧月有思。这年头摇摆着，又要进入尾声了。唉！按捺起来岁月漫漫，掐算一下，这日子过得飞快。陪伴夫君已有五个年头了，这老夫少妻的日子虽说难耐，温存积淀下来，也令人柔肠百结的。夫君独自回去丁忧，万般无奈。自个不便相陪，可亦如却躲藏起来，不知她到底为何？如此让他孑然一身地回湘丁忧，咋说也不是个事。想着，心里便一阵子的酸楚。

　　这会儿坐在桌前，几年来的意趣和将要面对的寂然，悄然爬上了心房。思忖着，不知不觉间摊纸起笔，手下自然就流淌出一首小诗来——

　　　　新凉陡起小庭空，扶枕犹闻一叶风。

　　　　梦醒秋思何处是？清愁几瓣弄帘栊。

　　她看了看，随手把写好的小诗扔进纸篓。抬头时，才见窗外滴答起雨来。常言道，一场秋雨一场凉。想着，便缩起身子来。

凤儿一忽撩进了门，招呼她加了衣服，说要给她再织一件毛衣。

她看着匆匆而来又匆匆而去的凤儿，一抹柔绪袭上心来。是的，爹爹的考量自有其理，有这么个丫头伴着，可省去他的操心和挂念。那么，就让凤儿陪夫君走一趟吧。至于以后，那就随命而去吧。

凤儿听她说了，显得有些犹豫，说她身子不好，撂下她自个心里不踏实，还说这得听老爷发话才行。

"谁的也不用听了。走，咱去一趟庙里。"

小巷的清静，因了这骤起的纷扬。晌午时分，偶或几个行人，也随了吱呀的几声闷响，便隐了声息。小雨依然轻薄，肃杀了门楼，迷蒙了香阁。忽而吠起的几声狗叫，抖动了院墙里的古槐，落下了几片淡墨的叶儿。

凤儿说待天晴了再去。她则说这雨天人少，空气也好，顺便抖抖身子。

来到娘娘庙，她先让凤儿抽了一签，看时是个中平签子。上曰：芳时不利不须求，即便求来也带忧。目下时乖难得就，何如待后再来收。

凤儿一看抿嘴笑了，道："心诚则灵嘛。俺心里就这么盘算的。"

"噢，那俺也就顺心了。"她说着，吐出一口气来，便也抽了一签。看着看着却拧起了眉头。只见上面竖着这么几行字：不相年命不相同，费力求通岂得成？纵使偶然成一处，终须离散各西东。

凤儿看了，也拧起了眉头。她看看思益，轻轻吸了口气，欲言却无。二人沉思着，搀扶着出了庙门。回头时，却见呼天盈匆匆进了庙里。从来没见她上过庙，只听她常常排侃求神拜佛的人。怎么……思益迟步想着，忽听凤儿叫道："三姑快看，武大人的座驾。"举头时，就见武子齐也进了庙里……

且说雨下了两天后停了下来，可兰思益心头的阴云积而不散。几天下来，她终于憋不住住了，才磨蹭着去了怡园。

呼天菲看她半浮半沉的脸，拉她坐下，宽慰道："这个，你想陪他去也成。待得顺了就待下去，不顺了就早点回来。这下亦如不去了，你接上也顺溜。"

"倒不是因了这个……"她便把庙里抽签子的事，给天菲道了。

"嘻，这有什么！人常说，信了则有，不信则无。俺是半信半不信的。况且，大凡事嘛，都是一半对一半的。来，正面是你，背面是凤儿，咱要上一把。"天菲说着把个银圆抛了起来，落下来是背面。又抛了一次，依然如此。遂戳了她一把，笑道："咋个？还是凤儿的可信，你那个就一风吹了。"

"那天俺见天盈姐也去了庙里，莫非她也有了啥难肠事？哦，还有……"思益想了想，便摇头止住了。

"哎，这么个……你也不是外人，俺就说了吧。"天菲还是犹豫了一下，便道："武知府这下走了，他那个位位就引来了瞅捏的人。当下嘛，最热门的，就是东川的谭知县和西川的陆知县——哎，俺的那个愣头姐夫了。两个后台都硬朗，谭知县有巡抚撑腰，俺姐夫就看那个章道台了，不知他肯不肯出力？他若肯了，这事就有七八成的胜算。俺姐怕是因了这个，摸摸运气，才好打点嘛。"

那么，自个的夫君去庙里是为了哪般？他就是向着陆启良，也不该把劲儿使在庙里呀！思益想着，凄然笑道："咱俩说过了，天下攘攘，皆为利往。除了你，稳坨奄奄价，没急没躁的。唉，真眼红你呀！"

二人遂长来短去拉谈起来。不提。

且说武子齐走的这天，一大帮人前来送行。该来的都来了，唯不见白兆年的身影。不该来的也来了，比如呼家、伊家兄弟。让他眼睛一亮的，便是那个呼家天菲了。只见她一手挽着思益，一手牵着凤儿，朝他默默凝视着。上车前，他略一思忖，便折回身来。

"噢，我把思益暂且交给你了。有什么事，你们姊妹担待着。"

天菲见他突然走过来，又说了这般话，一时不知如何应答。还是凤儿敏捷，她眼睛一突溜，抢着接住话："大人放心，三姑还有俺呢。"

若放在平常，武子齐那话也没个甚，确当是个俏皮话，可在如此凝重的场合，那话就未免无厘头了。凤儿的接茬恰到好处，既有个回应，也给了天菲反应的时间。

"哦，武大人，凤儿说了，还有她呢。其实，人多着呢，俺们呼兰两大家子，都会关照思益的。你就照护好自个……"天菲说着，却前后顾盼起来。因她一直未看见亦如，心里未免嘀咕，也不好问思益。

武子齐算是这么近地与她照面，与她攀谈，未免神思飘逸。听她话，虽说平实，却很机巧得体。他笑着微微点头道："嘿嘿，原先只听人说，这几年我才感受了。是的，你们呼、兰两家子，其实就是一家嘛。我呢，不是不放心，只是觉得这些年，我把思益看管紧了，未免疴别。这下子你们姊妹就可多在一起，蹦跶蹦跶。我嘛，长则三年，短则两年就回来了。到时，我们，嗯，到那时，我也该消歇了。我们想怎么聚，就怎么聚；想怎么泼烦，就怎么来。到那时，我还有许多事要去操办。等着……"他正斟酌着该怎么去说，却见大川催他上车，说时候不早了。

他神情依依地看着三个神情依依的女子，一转身上了车子。三畜车辇启动后，帛柏霖干脆也蹭上车去，一直把他送出了三里地。

来到一块冬麦地的道旁，武子齐再劝，感慨道："送君千里，总有一别嘛。你都这把岁数了，让我的心往哪儿搁呢！好了，好了，赶紧回去，天也不早了。说不准用不了三年，我就回来了……"

不见回应，他便顺着帛柏霖的目光一望，却见麦田里走来一对爷女模样的老少。看那长者，与帛柏霖颇有些仿佛，却比他壮实宽展些。再瞧那女子，分明是大户人家的装扮，与村野的格调

307

相去甚远。只见那女子拽着老者的衣角，低着头尾随在后。二人走走停停，似乎在叽咕着什么。

帛柏霖与他一对视，赶紧下车走了过去，与老者拜过，拉定这女子瞧了又瞧，欣慰道："俺晓得你会的，会的！所以嘛，俺在这儿等你。"

武子齐终于明白了过来，下车连跑带吭地攒了过来，紧紧抓住她的双臂，道："亦如娃，你这是来送我呢，还是……"突然他看到她肩上背了个包裹，又见老者手里提了个小提箱，一切都无须言说了。这时，他才意识到立在旁边的那位长者，大概就是玉青的老父，也应该是自己的岳丈了。他便缓缓转过身，抱拳向准岳丈致谢。然后微微三拜，似乎表达了他的一种歉疚。

白兆年只是向他点点头，一言不发地扭身离去了。

他怔怔地目送着岳丈远去，然后一下把亦如揽进怀里，亲了又亲，紧紧地拉住她，生怕她又变了什么招式，飞走了似的，随后拉她上了车辇。

帛柏霖看着这前后的情状，默默地躲在了一旁。

当车子走了一段坡路后，武子齐似乎记起了什么，喊了两声，便又下得车来。他紧走几步，来到帛柏霖面前，从衣兜掏出一沓纸："差点忘了，这是咱俩议定的那个《五知曲》。我看，你前边那样的铺排还是不错的，也就跟着你的套路走了。这些天也没顾上打磨，你就给咱仔细琢磨琢磨。"

帛柏霖望着他又上了车辇，才独自哼哼起来。这时起风了，天空飘舞起雨雪来。他全然不顾，缓缓从衣兜里掏出那沓纸来，一边看着，一边肃然道："说好的嘛，咱俩一起来打磨，互补其缺。可，还没顺溜，你就这么走了！你这一走，又得要延搁时日了。"

雨渐渐变成了雪花，隐了远去的车辇。风儿舞着雪花，在空旷寂寥的山野，卷起了这么一束幽独、清越的辞章来——

长亭外，古道边，暮雨洒江天。

渔舟唱晚南浦远，云树川外川。

天之涯，地之角，知己何时还。

一壶饮罢怅无端，今宵起盘桓。

长亭外，古道边，风起绿波间。

丁香犹在雨中闲，青鸟天外天。

天之涯，地之角，知心忆樽前。

一腔私话向谁言，今宵对空筵。

长亭外，古道边，枫叶染霜天。

小楼吹彻玉笙寒，琵琶弦外弦。

天之涯，地之角，知音已杳然。

一曲歌罢忆婵娟，今宵照无眠。

长亭外，古道边，微雨燕双翻。

晓来云霞散树巅，啼鸟帘外帘。

天之涯，地之角，知交莫问年。

一帘幽梦付余欢，今宵叹月残。

长亭外，古道边，北雁向南天。

尘土漫漫卷风烟，明月关外关。

天之涯，地之角，知遇望眼穿。

一钩斜月照呼兰，今宵又凭栏。

那般凄然的声调，随着雨雪飞溅开来。渐渐地，川谷的回音壁也在应和着，似乎在收录着他俩联手的那组和声……

后来，每逢大雁向南，他便要爬上疏属岭，倚在八角亭，瞭望着，凝思着……似乎要从那蜿蜒的秦直道上，捕捉到什么来。然而，除了滚动的河水，还有那掠空的飞鸟外，再也看不到任何可动的影子。岁月伴着空寂弥散，时光随着呼兰流淌，可他依旧去瞭望，去凝思。不为别的，只为那一曲幽然而凝固在心间的音尘。正是：

相知难觅，亲疏存缘，风北催泪故人去；

畅饮几时，案牍犹寒，雁南叫阵暮云飞。

欲知后事如何，且待下回道来。

第三十五回　留思梦当留青少梦　忆往时最忆唱和时

却说光绪三十一年（1905年）的早春，显得比往昔温煦多了。懒散的暖阳像是揉着惺忪睡眼的娃，磨蹭着爬起跌下。虽说数九还没数完，耕牛却已遍地走了。正月的红火还在延续，又泼撩起二月的抬头来。繁闹的集市中，簇拥着忙乱而又闲散的人们。大理河道上已隐去了溜冰的娃们，冰层酥松得留不住猫儿的爪子。大户人家的女人已抖擞起身段，一个时令一身质地不错的套装，直教那些着装臃肿的寒门女子钦羡不已。

这天，兰思益看看天色尚好，就耐不住身子的躁动，约了呼天菲出来散心。二人总是灰暗中靓丽的影儿，总在拍打晚冬的散漫，呼应初春的喧哗。如果扶苏城没了她俩的引领，就如冬春里隐了俏枝的蜡梅，丢了魂儿一般。所以说，一座城镇的风华所系，全凭着这些大户人家的女儿撑着。

天菲与众女儿还略微有些不同。她有时也典雅考究，有时则像挑抹的水墨画，在浓淡间随意而不失底蕴。即便邋遢起来，也能抖出个韵致来。用思益的话说，把破麻袋往她身上一裹，也是一个屹飘飘的架儿。这架儿除了伊锦若与她有一拼，余者哪敢比肩？就说月娥吧，若让她披上破麻袋，那离乞丐也就不远了。

　　总之，二人一个整肃，多一分则繁，少一分则散，就像那格律工整的唐诗；一个随意，多一分则夭，少一分则约，就像那抑扬顿挫的宋词。这内中的韵味就这么挥洒着，微妙且醇厚。一任品者各自去咀嚼了。

　　两个气质雍容、容色华美、衣装讲究的女人，撩不起城门洞前男人们的眼皮。因为那是镜湖里面的货，看着都炫目，咋个抓捏，徒有羡鱼情而已。所以，那些信天游的调子，除了不经意间的泼溅，鲜有专门撩向她俩的。这又使矜持中的旖旎添了不少贵气，那眉宇间的一挑，也能挑出个待月西厢、隔墙花影的味道来。

　　且说思益这日穿得更为奇特了，着实让天菲吃了一惊："你，你这算咋了，还怕没人招式你？"

　　"哦，俺今儿这一套还真有些说辞的。"思益扭了下身子，显摆道，"咋样，俺是说，还有十年前的板式吗？"

　　"你没熬没煎的，一满不显老。再把这装饰一扮，还能出嫁一次。"天菲开着玩笑，继而挽起她的胳膊，戏道，"走，俺陪你去寻个人家。"

　　思益笑弯了腰，拍她道："你就不怕那个人回来了，跟你拿命？"

　　噢，真是的，这一晃都快半年了。天菲问了些武子齐丁忧的情况后，叹道："人哪，就是不一样，他是大风大浪过来的人，那点苦对他算不了什么。"

　　"可是，这些天来俺倒有些苦呢！"

天菲会意地笑了笑，却不答她话，转而道："日子过得真快，自俺有了俩娃，咱就生分了不少！好在你无牵无挂的，咱俩还能讫搅一下。只是，那个……"看她在摇头，凄然中透出无奈来，天菲未免怜之，遂一笑道，"好了，你不是要捡回十年前的板式吗？"

思益听了，暗下容颜，又撑出笑来："捡回了又有何益？即便俺想要晃达一下天骏，他也溜得无影无踪了。"

说天骏，天骏便应声而至。只见他和辰浩打闹着闯了过来，一个叫着二姐，一个使着鬼脸叫小姨。

天菲看他俩这般架势，不明意故指斥道："真也俩混世魔王！不知省点劲儿读读书经，整天晃荡着瞎乐和。"

哪知辰浩叫道："小姨，俺跟小舅说好了，俺们一起去东洋念书呢。"

天菲听了，跟思益交换了下眼神，便盯住了天骏。只见他斜歪着身子，疲沓着脸对她道："咱爹咱娘都想通了。咱姐让辰浩陪俺一道去呢。"

原来清廷屈从日、德、俄等国要求，欲与其合办东川石油矿。消息不胫而走，激起学子们的义愤，喊出了"舍此不争，教育奚为！"的主张。尤以伊锦松、兰昉益等陕甘籍留日学生，纷纷联名上书，同时发出《致乡人书》，指斥列强"群狼竞逐，眈眈吾土"，呼吁社会各界"合群集思，共谋补救之术，若有所需，同人亦愿效驰驱"。在内外学子们的抗争下，清廷遂收回了油矿主权。

呼缙昌闻得此事件后，深为学子们的心肠所触动。想了几天后，终于答应了天骏去东洋念书的央求。只是要他不得染指东瀛女，否则就断供。呼姨娘哪能舍得宝贝儿子离她远去，一把眼泪一把鼻涕地劝阻，无奈之下只好安顿道："你甭听死老头子的话，那边若是有了好女女就相端一个，不要耽搁了娘的孙儿哪！"

兰思益知了原委，怔怔地溜在一旁寻思去了。不在话下。

且说一石激起千层浪。哥哥们的风云之举，激发了弟弟们的蠢蠢欲动，就连闺阁女儿们也不安生了。思益几天里茶饭不思，深居不出。想到天骏也要东渡，更是心神不宁。情思波荡间，她萌生了一丝非分之想——何不随他去呢？

转眼到了仲春，她愈发按捺不住，也不管什么三从四德的板子了，索性拉住天菲，探探她的口气。

"哎哟，你像是说梦话！就是退个一万步，那也得等武知府回来吧。"

"等他？"思益幽幽叹了口气，又道，"俺这么日复一日地闲着，不是在空耗时日嘛！你说，他还有两年呢，俺如何是等？"

"你不听俺说嘛。其实，你应该随他去丁忧的……"

俩姐妹还是说不到一块。天菲知她心苦，就松了嘴，转而笑道："好了，好了，与其咱俩胡顶扛，不如弄点正经事。还记得俺们往日的唱和不？"

　　思益摇摇头："早没那兴致了。别说作诗，连看诗都懒得瞧一眼的。"

　　天菲一听大笑起来："你呀，你，就爱顺沟里下，捡别人的便宜。好啦，自锦松走后，俺不仅瞧书了，还不时写写画画的。其实嘛，有个事儿了，这心也就安定了。"

　　思益不接茬，看着远处，偶尔瞧天菲一眼，似乎在想着那个欲说还休的人了，或是等待天菲继续往下说。静默了一会儿，她望着满川道的勃兴景致和流淌的呼兰河，突然道："天菲，俺这会儿有了。"遂吟道——

　　昨夜飘花入户，

　　今朝困鸟出笼。

　　春来春去几相逢。

　　呼兰流不尽，

　　大雁作回声。

　　燕草如丝又是，

　　秦桑低绿谁同？

　　罗帷怎奈入春风！

　　君心不可待，

　　妾意作何从？

（调寄《临江仙》）

天菲见她随口成章，颇为惊喜。又让她连续吟了几遍后，才淡淡回道："春风撩乱，莫非你有了什么想法？既然随了'君'就得有所担待。俺们都是大户人家，可得谨敏从事。有时嘛，即便是个影子，也有捕风捉的在！"

说着就见思益淡然一笑，缓缓摆了摆头："是不觉得俺洒打流野了？不过，说实的，俺真想去勾引天骏……"

天菲立马一怔，打断道："你，你呀！可不敢任性子。"

思益从容回道："说真不是真，说假也不算假。你还记得《红楼梦》里的那句话吗？假作真时真亦假。不过，俺想说的是：真作假来假难真。真假这两个字嘛，有时候是：真作假，易也；假作真，难也。有时候又反了过来：假作真，易也；真作假，难也。世间的道道就这么难以捉摸，马虎点，嗯？"又见天菲那似懂非懂、似雨若雾的眼神滑溜起来，接道，"比如说，你见俺喝酒喝醉了，这是真的；你看俺耍酒疯了，那便是假的。你见俺把酒喝进了肚里，那是假的；你看俺把酒从肚里吐了出来，这才是真的了。"

天菲一听呵呵笑道："怪不得人们都说你喝酒能行，原来还有如此名堂。你这番话，倒让俺解下了一个理儿：大凡随性即真；一旦有了心，便假了。"

思益笑笑，略作沉思道："其实，真假并无定数。真过了，就假；假过了，真便要露头了。"她看天菲在摇头，嘻了一声，道，"好了，好了，俺们不拉这些了。俺已出手了，你也得跟上嘛。"

天菲受她这么一泼撩，似乎也来了心劲。她略微品对了一下，道："还是老套路，那就随你韵儿走了。"便吟道——

愁尽应春有约，
思长望远无踪。
踏青几度暖风中。
一花期雨露，
双燕借长空。

流水落花又是，
无情有意谁同？
弱身怎奈雨和风！
瘦如残蕊瘦，
浓似柳烟浓。

（调寄《临江仙》）

思益仔细推敲了一阵，道："天菲，不赖气，蛮有味道的！这个'望远无踪'好琢磨，只怕锦松看了不依啊，说你腌臜他；那个'应春有约'倒有些纳罕，俺想这是个虚笔。不管咋说，人世间的事，往往就在这'有无'之间。你的词又有了长进，真的有品头。最后那两句'瘦如残蕊瘦，浓似柳烟浓'收得不错，点睛之笔哟！要俺说，比之李易安的，怕是有过之而无不及呀！"

"呵呵，你说得大了。不过，这两句看似俗，俗透了便是雅嘛。千百年来，那些咏情言志的东西，就像驴拉磨那样兜圈子，看似在原地转悠，其实随地球转了几万里；再说俺们，看似转悠了春秋，熬煎了寒暑，磨损了风华，碾出了来去，其实……"

"你等等，这'碾出了来去'是甚意思？"思益打断了她。

"嗯，是这么个。天骏闲来无事，写了一篇叫作《人之来去兮》的赋。说的是人这一生，就好像'人'字的一撇一捺。一撇谓之来，一捺谓之去。洋洋洒洒的，俺也记不住。你若有兴头，完了抄一份拿去。"

思益撩了一把短发，疑惑道："没见他作过什么赋，莫非那八股文还管用，通了心窍不成？好吧，那就让俺拜读一下。"

"还得才女斧正，才是。"天菲借机捧了她一下，笑道："思益，你们兰家不论男女老少，都有一股骚味……"天菲见她惊得睁大了眼，忙解释道，"不是那个腌臜的'臊味'，是骚人的那个味道嘛。"

思益嘻了一声，显狂道："妈呀，你吓死俺啦！你这一说，俺还真以为俺们兰家有什么狐臭呢！要不然，你呼家为甚老是说：呼兰不择亲。你呀！甭再恶心人了，俺兰家什么骚（臊）味都不要。"

一阵笑后，天菲接道："你呀，不搭调。臊与不臊，能分开呼、兰两家嘛；骚与不骚，那才是个紧要。要俺说，天骏那个'来去'赋还算通趟，只是俺悟不透，他也未必悟透了。古人说：天下熙熙皆为利来，天下攘攘皆为利往。俺看，他古人也未必悟透了。这个'利'其实就像那花儿，就像那果儿。香圪喷喷的不就为着多引几只蜂蝶嘛；甜圪滋滋的无非是让禽兽们美美价咥嘛。采够了，咥饱了，才好替天行道，为地做主，才会有更美的花儿，更多的果儿，更帅正的……”

思益呵呵一笑，接住：“更帅正的锦松，外加一个天骏。得得，还说俺呢，你这一排场不说臊（骚）味了，真也尽是些麸（夫）子味道。嘿，你说，俺们女流尽捡这些陈麸（夫）子干甚呢！”

天菲略一思忖，失笑道：“这麸（夫）子不要也罢。要俺说呀，不管是哪个‘思’哪个虑，忙来忙去都是奔‘益’而来，为‘益’而去的。你说是不？”

“哦，哦，哦，你真来了！”思益遂反戈一击，道，“唐人说：‘野旷天低树，江清月近人。’若要相映成趣，厚天与薄菲、朗月与愁人，须得有个视野。天菲，你说，你那个‘残’与‘瘦’若是换个视角，恐怕更有一番风韵的了！”

天菲笑得弯了腰，说：“你这张嘴咋变得不肯饶人了？”

“好吧，就算。单说那个天低树高，就让人晕眩，仿佛云儿是草地上奔跑的羊群了。你再看，那边那个云团，比画家笔下的还要逼真，还要有味道。”

天菲举头碧空，琢磨了一会儿，叹道：“可不是嘛，那团云朵倒像是奔腾的骏马！”

思益再举头时，笑了。

说笑间凉风乍起，看看暖阳西下，云霞如涂，思益缩了一下身子，抱住双肩又凝望起远山近水来。良久才道：“俺才才重复了你先前说的话，连瞧一眼诗的兴致都没了。那么，又是什么泼撩起俺俩的心？"

说时就见贵贵叫喊着朝她俩奔了来。正是：

忍顾斜阳挂树枝，芳华摇落叹无及。

平生玄妙知何处，应是孩提逐梦时。

不知贵贵有何要事，且待下回道来。

第三十六回　赏小赋引经论文道　品名酒谐趣助欢颜

　　且说呼天菲闻声一看，见贵贵急切地朝她奔来，且不知这会儿有甚急事。只听贵贵气喘膛咽地说："三嫂，俺三哥回来了。老太太到处找你呢。"

　　天菲一听，瞥了眼思益："这么说，昉益也应该回来了。"

　　果然，伊锦松和兰昉益受留日学子的委托，回国与当局交涉东川石油矿事宜。随后顺便回到了家乡。

　　思益更是喜出望外了，她一听撇下天菲就走，又一回头急急喊道："过两天，俺来找你，咱们再凑凑闹儿。"

　　几天后，兰思益刚出屋门，却见呼天菲神情悠闲地跨进自家大门来。

　　"咦？不是说好了，俺去找你嘛，你这不担表的。"思益喜滋滋地埋怨着，拉着天菲返回屋内，便唤仆妇上水果。

　　待坐定，天菲才道："不是俺不担表。这么个，昉益和锦松回来一趟不容易，俺们是不是摆个桌子，再红火一下？"

　　思益以为她要说什么，闻此却蔫了心劲，懒懒回道："你呀，闲着没事就想寻个折腾。"话一出口，觉得不妥，便又敷衍道，"你看看，那二人整天不知鼓捣什么，连个人影儿都逮不着的。俺想，往后挪挪，不急嘛。"

天菲失笑道："咱不逮人影，得逮大活人。你大概不知，他俩还有些杂事，在家里待不了几天。哦，还有，天骏跟辰浩也要随他俩走。"

思益一听，默了默，才道："你这来，是请人呢，还是要俺帮衬什么？"

"嘿，这不是跟你商量嘛。俺看，还是碧云茶庄，有秉全领料，省些劲儿。摊场嘛，不要大，就弄上一桌。你看咋样？"

思益看她主意已定，就顺水推舟道："那好吧。时间你看着定，就行了。"

"那就后天吧。人嘛，咱们几家的姊妹不能少。另外，再加个玉青就使得了。"

"欸，玉青？她，咋……"

"俺舅身子不大好，她回来伺候了一段日子。估计也快走了。"看思益不言传，天菲莞尔一笑，拍她道，"那你趸摸吧。"

思益忽闪起眼睛，撂了她一把："你又欺负俺了不是！"看她坏坏地笑，叹道，"唉，俺倒没个甚，只怕人家不肯来。"

天菲一听又笑道："本来就图个开心嘛。其实嘛，玉青她……唉，不说了，叫你又说俺们姑舅长来短去的，让人黑眼！"

思益无奈地摇摇头："说甚呢，咋说都没劲儿！俺知你心思……这吧，要不，干脆把摊场放到俺这府上来。嗯？"

"那，那，那……你呀，你，甭跟俺戏弄！"

"俺是正经话。"

天菲看她不像戏言，喜出望外道："这主意不错。"遂又摇摇头，"只是，你这儿缺油少醋的，也没个好把手嘛。"

"你才不知，俺家婆子的手艺，比他秉全那里强多了。她做的八碗十六件，让老饕们都抬不起头来。"

"那就好。再嘛，咱俩也可露露自个的拿手菜了。"

思益点点头，趄摸道："俺看，后生们除了那四座神像，再加个秉全就行了。"

说时院门响了，就听仆妇在窗外唤道："有客人。"

二人往窗外一看，见兰昉益提了两兜子东西来。他见天菲也在，便笑道："正巧，省得俺跑路了。"说着拿出几页纸递与天菲，"天骏让俺把他那个《人之来去兮》打磨一下。其实，俺也不太在行。你俩也瞄瞄，借点淑气嘛。"

天菲失笑道："大才子也有短板？甭硌硬人了，俺们哪有什么淑气！前天刚跟思益拉过，你兰家的骚气太重。可思益听成了'臊气'，硬是不要……"

说笑间，天菲展开纸页品读起来。完了又对昉益道："确实好多了。不过，这篇赋不能全算天骏的，至少有你的份嘛。"

思益闻言接过看了，立马点首称是："不赖气。只是有些意味，俺还吃不透。二哥，你来解读解读。"随后便又逐字逐句抠捏起来——

人之来去兮

生而为人者，来去也。一撇谓之来，一捺谓之去。来是偶然，寓必然于偶然；去乃必然，呈偶然于必然。百欲之传承，一念之奔涌，瞬变之奇巧，衍生之奥妙，尽释萌发之道，笃行大千之始。来者，万幸之幸也！落花之有意，流水之无情，舒云之变幻，流响之遏行，全系遁隐之魂，演绎时序之终。去者，其然之然也！嗟呼！一张一弛，犹皓月盈亏；一忙一闲，若大雁南北；一种一收，演百卷春秋；一得一失，伏塞翁祸福。正反发其本，万变不离宗。倏忽间，人生之来去蒸腾。

来去如白驹过隙，亦似驼铃悠荡。须臾待滋润，漫长需煎熬。来兮制于天，去兮控于地。天地赋大任于尔身，赐灵犀于尔心，劳筋骨于尔志，洒芬芳于尔情。所谓贫贱不能移，威武不能屈，富贵不能淫，落魄不能随。此四者，善始善终者也。呜呼！善握者借两极之手，善行者赖一己之足。手足相并，机缘遂生。其享也乐，其获也丰。信诚立其身，真善归于心。回首间，来去之一程缤纷。

天菲看她专注的样子，在一旁搭帮道："这下子比先前精练多了，可又觉得少了点什么。不过，小赋就是这般，点到为止。看来，什么事儿都得上心才是。你说，天骏只知劳驾才子，若是听说才女姐姐要过目，那他还要熬上三天三夜的。"

"那倒不然。天骏说他只是觉得字多了誊写起来督乱，才删减了一些。也为了意趣集中点。记得晋代陆机说了：'诗缘情而绮靡，赋体物而浏亮。'他这个嘛，既不是铺张大赋，也不算抒情小赋，发发理趣而已。"昉益附和道。

思益似乎不认同，接道："陆机也说了，赋力求辞义畅达，而不取繁缛冗长之例。这话不虚。从汉赋起，铺陈已渐定规。即便是六朝小赋，也难免操斧伐柯，辞不逮意。天骏笔锋若此，也算是拼了九牛二虎之力了。至于陆机所言'精骛八极，心游万仞'那般神韵、那般极致，也就难为他了。"

"也是，这篇短赋虽说不够洋洋洒洒的，俺看也使得了。若果参悟些古今典故略作铺陈，在天地之间渲染些抑扬顿挫之曲，那就更好了。陆机不是也说了嘛，'观古今于须臾，抚四海于一瞬'。若是借点王子安的滕王阁派头，那可就吞吐起势了。用陆机的话说，那就是'笼天地于形内，挫万物于笔端'……哎哟，俺这岂不是班门弄斧了嘛。"

"哎哟，天菲这般说，那才叫精当！赋嘛，其实就在于铺陈。只是功力不济者，多有讨人之嫌。比如曹雪芹那个《芙蓉女儿诔》尽是些无病呻吟之叹，铺陈来铺陈去的，不是乏善可陈，就是佶屈聱牙的堆砌。若像王子安那般，落霞孤鹜，秋水长天，抚古今风流，释天地理趣，自是气薄云天，酣畅淋漓。俺嘛，就喜好这等气派。"昉益振振而言，显然有意在向天菲靠拢。

思益看他俩一唱一和的，叹道："哎哟，连红楼都敢排侃！没想到两位肚里的墨水稠着呢，俺算领教了。不过，为赋之道与为文之道一样，宜长则长，宜短则短，贵在精当。于有限篇幅容纳无限事理，以宏大思怀抚慰寸心，应为赋之走向。"

三人谈论着，却听仆妇隔窗唤道："这个做文章大概跟做饭差不离，调料重了轻了的都不行。好啦，光谝不吃也不行。赶快用餐吧。"

几个人随即大笑。不提。

且说三月十七日这天，除了身怀六甲的呼天盈未到外，其余悉数到齐。大家兴高采烈地围桌坐定，见桌子上摆着几样名酒，便以各自的好恶谈论起酒的品味来。兰思益招呼凤儿把汾酒和茅台酒打开后，说："当下俺这里什么名酒都有。今个随性子喝，谁喜欢喝甚就喝甚。不过，打开的必须要喝完，不得给俺剩下。"

辰浩见她这般说，便要喝太白酒，说这酒喝着顺口："一斤不上头，两斤话开口，三斤丫头上笔墨，四斤正好演风流。"

思益呵呵一笑："你小子别张，以为俺伺候不起你？俺这正好藏着四瓶绝好的太白，你今个不要要赖哟。"

秉全见状，便要喝杜康，说喝这酒就图个对酒当歌，一泄情怀："一斤莫须有，两斤问童叟，三斤羞杀天下客，四斤夫人皱眉头。"

思益一听果然皱起了眉头。说这酒虽然名气大，可从来没见过，更不要说喝了，便叫秉全换一种酒喝。辰浩插嘴说换一种也行，不过得小姑陪着喝，否则没味道。她听了大笑，说这碎小子咋也学坏了，这不是难为小姑，还是咋的！秉全说辰浩这岂止是难为小姑，简直是逼宫了。叫她甭理识他，有法子治他的。思益迷迷惑惑间，说了一声好。

天菲当然要护着辰浩了，说："你夸了海口，人家要喝你却没有。不说处罚你，辰浩要你陪点酒，你还要兴师动众的。"

这时，兰昉益说话了："天菲妹子，你甭急嘛。思益既然说了，就不会落到地下的。起码俺那达十瓶八瓶的杜康酒是有的。你先说，你今个喝甚酒？"

天菲看了一眼忙前忙后的凤儿，道："在俺见的所有丫头里面，就数凤儿入眼。今嘛，俺就喝凤香型的。这个咋样？"

思益赶紧接住："这个管你喝。"便扭过头对凤儿道，"你伊家姑亲你，今个你要好好侍应她。"又对天菲道，"这个西凤上头，今晚你就不应回去了，住在俺这儿。娃嘛，有她奶呢，你就少操些心。"

辰浩一听就嚷道："除了天骏，干脆今晚谁也不要回了。"

大家笑罢，兰敏益发话了，数落辰浩道："今个就你嘴多，还没大没小的！这'天骏'是你叫的？"

天菲赶紧接住："不当紧，不当紧，他俩就差个两三岁嘛，又从小一搭里耍大，惯了嘛。咱今个怎么顺当就怎么来。"

白玉青这时插话道："也是的。这辈分嘛，近里就有，远里的就不应讲究了。近的也就讲个婚配嫁娶，可有时候也就乱套了。你说俺家亦如，一会儿叫天盈是姨，一会儿又叫天骏是哥。嘿，你乍说！"

大家又一阵子地笑。兰敏益看看伊锦松，道："今儿锦松咋一满不说话？俺记得你爱喝汾酒，对吧？"

锦松这才泛活过来，遂赔笑道："是的，兰家姐，俺就爱喝汾酒。这酒嘛，味道特别，跟其他清香型的酒不大一样。据说，它还是茅台酒的祖先呢。"

昉益顺势接住："没错儿。当年晋商去南方做生意，随身带的汾酒不够喝，就用汾酒的配方在那里酿起了酒。结果一喝，这清香的酒咋就变成了酱香型的了？不过，喝着还别有一番风味。俺嘛，虽说也喜好汾酒，但它还是比不了茅台。"

"可不是嘛，人常说，一方水土养一方人。看来，这酒也受水土养着。南方女女长得妙俏，咱北方女女长得花哨，大概就像茅台和汾酒的理趣一样。"

见大姐这般说，思益赶紧接道："哦，你这么一圆播，俺乍心里有数了。人们都说，当下碎女女里头就数嘉玲俊。俺看嘛，这嘉玲就是那汾酒的影儿，喝不惯的，躲得远远的；喝上瘾的，那是绝口不再提其他酒了。"

伊锦若这时也递上话来："要俺说，还是兰家二姐的云鹤长得俏。若再有个三两年，那出落得不得了了！"

"怪不得昉益爱喝茅台，原来这鹤娃就是茅台的影儿嘛。"锦松接道。

大家七嘴八舌，从酒的品味论到了酒的历史，又谈到酒的文化。

这时，白玉青定了定神，显出轻松的仪态给每位斟了一盅酒后，道："论岁数，姐妹里面俺是老大，说借花献佛也好，凑红火也罢，俺要照护好大家。思益为老学子和小学子们摆了这一桌，那是费了一番心思的，俺们不能光顾红火啊。辰浩才才缠着碎姑要味道，依俺说，还真的要加点东西了。你们看看，该加点甚？"

"是得加点味道。"天菲接住说，"今儿这日子还有个特别之处，你们谁知道？"她见大家叽叽喳喳了一阵，谁也点不到相上，又卖关子道，"今个是三月十七日，没错。这个日子可不是豆蔻梢头，倒像一位丰腴的少妇走来了。"她瞄了一眼白玉青，接道，"嘿，你们整天忙甚哩，歪好也看一把皇历嘛！"见众人仍瞪着眼，愣着头，遂大声道，"今个嘛，是谷雨节嘛。"

"人常说，清明断雪，谷雨断霜。这谷雨一过，春也就走了。天菲说的那个'特别'，俺乍解下了。你们说，这桌上就怕俺跟玉青了，像不像这谷雨时节？"敏益笑着与玉青碰了酒，引得辰浩又胡乱叫喊了。

白玉青看看辰浩，又左右瞧瞧，才道："你娘还嫩着咧，甭乱叫！"待大家笑过，她又接道，"敏益说得没错。不过，她应该是'谷雨'，俺呢，倒像是那个'小满'了。"

"你比俺大不了几岁嘛，就倚老卖老了。要俺说，孜益、天盈这俩才像谷雨，还能留住最后一抹春色。"

"留住留不住，不打紧，只可惜她俩缺席咱这场红火。尤其是孜益，少了她就像那八碗十六件，少了猪肉钻鸡一样。"白玉青回道。

"其实啊，谷雨也好，小满也罢，都是一年中最好的时节。你看那牡丹吐蕊，樱桃红熟；再瞧那蜻蜓点水，百鸟拂羽。天气正不冷不热，多么舒哉的。"天菲接了一把。

思益笑道："真没想到，俺弄了这么一桌子，还收揽了这么多的名堂啊！"

敏益立马接住："怪不得玉青说要加点味道。俺看，天菲那骚味已经点开，四六句横飞，咱也得跟上，每人以谷雨为题来上一首。如何？"

大家又七嘴八舌地嚷开了。

伊锦松见状道："今年哪，从开春到眼下，真是好事不断的。今个咱们几家子聚在思益这里，真是亲情加缘分哪。咱今儿人不多酒多，话不少辞少。俺嘛，就给姐妹们加把火，给这酒桌再加点味道。"众人听着——

婷婷袅袅叹春残，座里骋怀忆牡丹。
谷雨无须赏国色，桌前一顾是花坛。

姐妹们喷笑开来，都说锦松带了个坏头。敏益却说："锦松虽说硌硬俺们，他那意趣倒还不赖。只是，锦松可不敢'吃着碗里瞅着锅里'的。"

笑罢，一直沉默的天骏似乎受了感染，说道："本来俺不擅长即席作诗，可今个不由俺似的，一下子肚里就有了东西。"

敏益一听，瞧着几个姐妹咯咯地笑翻了："天骏可比俺们女人强多了，俺们两下子肚里也不会有东西的。"

玉青先领得其趣，便跟着笑开了。思益恍然后，瞥了一眼天骏，起身离去了。辰浩睹此，戳戳天骏，越把他弄得不知所措。他本想好的东西，也随着笑声湮没了。

昉益看了，便让天骏缓缓，转首对玉青道："俺看，咱今儿这味道可比酒还要浓了。下来嘛，该你这个老大给咱亮一下子？"

玉青扫了大家一眼，道："俺说加点味道，可锦松却加了把炭火，越发红火热闹了。哎，俺看这吧，各随其便，能吟诗的吟诗，能唱曲的唱曲。俺就给咱来一首信天游吧。"

大家知她有唱功，便击掌助阵。这时，却听得天骏叫道："俺这肚子不听话了，得出去一下子。"正是：

　　　　以酒为缘，以诗为缘，十年光景凭追忆；
　　　　因色成空，因梦成空，一夕纵欢任销魂。

欲知后事如何，且待下回分解。

第三十七回　观苑囿独品天上曲　闻佳句众拟酒中联

　　且说天骏起身到了院子。他并非闹肚子，只因自小有个毛病，就是见不得自家人在一起唱歌跳舞。一次，锦若当着大家的面在院里跳了个龟兹舞，把他硌硬地背转了身子。天菲笑他说，真是猫儿见了肥肉——害臊。

　　他听着屋里嬉闹，自个闷声在院里转悠。武府庭院不是很大，却也别致。亭台楼阁错落，掩映在杨柳之中。矮墙外若隐若现的莲叶，被暖风拂撩着。据说武子齐喜爱莲花，便让人从家乡带了些莲花子，利用低洼地搞了个池塘，培育成扶苏第一个莲花池。池边还有一块跑马场，说是武子齐几天不骑马溜达，心上就烦乱。毕竟是知府宅邸，不同凡俗！

　　天骏心里感叹着，登上一座高出地面的亭子，环顾起来。心为所动，意便流连——司马相如《上林赋》的清词丽句在脑中蹦跶开来。屈子与相如，一个诗祖，一个辞宗，如同大理与呼兰一脉承接。畅饮与畅吟同宗，怪不得苏东坡游赤壁，有凭虚御风之慨。一忽儿，他脑中蹦出这么一副对联来：

　　　　苑囿起势，欲以奢侈相胜，扬圣贬君自无及；

赋文溢彩，当与《离骚》比肩，启后承前更有谁？

时已临夜，一轮明月挂在树梢，谁家的玉笛借着微风送来袅袅清音，如怨如诉，如缕如絮。随心听了，却是耳熟，又叫不起名儿。噢，应该是，是亦如曾经拨弄过的曲儿。眼下，她应该在湘南吧？或者，她应该在归来的路上了吧？

痴呆间，耳边传来辰浩的声音："咋了，放着好酒不喝，独自品曲儿呢？"

"噢，俺嫌屋里闷，出来透透气。"说时那笛音越发清越，荡涤心胸。天骏侧耳凝神，良久又道，"听这曲儿，杂念顿消，恍然进了另一天地。不知此曲源自何处？"

辰浩仰首望望星空，悠然回道："此曲只应天上有，人间难得几回闻哪！先前，俺听帛老常常吹弄，好像叫'月光下的'什么来着，源自龟兹民歌。"

"那就叫它《月光曲》吧。"天骏说着突然又问，"哎，辰浩，帛老一副儒雅相，咋也拨弄起笛子来了？"

"又张冠李戴了。此帛老非帛柏霖，是俺的先生。也就是锦若，噢，小妗子的亲爹。"

说到伊锦若，从屋里便飘出她的歌声来——

往事行踪堪迷茫，犹如幻影入梦乡。

月华可待人不待，几度悲欢付流光。

…………

这歌声似酒如醪，仿佛夜空也蒙上一片醉意了。乘着歌声的翅膀，他似乎在云游，连同那个"硌硬"融化在夜空中了……

且说大家正红火着，看天骏回座了，便催促他来接茬。见他迟疑，辰浩附耳悄声道："秉全想溜了。你甭正经，干脆来把联子，一冲而过，他也好接嘛。咋样？"

天骏听了，磨蹭间一激灵，心中的那副熟联便有了翻新——

举杯消愁，欲与竹林相酌，七贤不问天朝；

望洋起兴，堪同蓬莱比附，八仙犹探云海。

众皆叫好。兰昉益一时兴起，把桌上八盅酒折到杯子中，一饮而尽。大家莫名间，就听辰浩叫道："小叔，你逼这个憨本事作甚呢，莫非把这些酒混着起来喝，能喝出个新鲜味道？"

兰敏益驳谈道："今个就你嘴多。人家不喝不行，喝了也不行；这样喝不行，那样喝了也不行。你呀，尽会折腾嘴皮子。"

"嘿嘿，大姐一满说对了，咱今个就是要折腾嘴皮子。俺看天骏这联子不赖，又有了想法。下来嘛，乘着这小酒下肚，大气上扬，咱就奉酒承兴，一边喝着各自的，一边就各自的酒拟个酒联。咋地？"兰昉益又出新招。

"吟诗、唱曲还不够，又要作酒联，谁受得了！"锦若嘟囔道。

　　"嘿，要么就照天骏说的，七贤归隐，八仙过海，随意而为，各显其能嘛。"锦松显然赞同昉益的主张。

　　"你们'八仙'去吧，俺嘛，就做个'七贤'了。"白秉全说着起身离去。

　　女流们便叽咕开来，说锦松给了秉全溜腿子的说辞。

　　看大家静了下来，昉益又道："俺早先做过一副茅台酒的对子，老觉得不顺当，眼下突然有了好词。人常说，逢场作戏。俺看，这吟诗弄联的，也得有个场子才行。尔等且耐耐性子，俺先来献丑了。"便吟道——

　　　茅屋少客但得知己千杯少；
　　　台榭空人若聚栋梁一瓮空。

　　大家齐声叫好。可辰浩不依，说非得现炒现卖不可。玉青遂解围道："这愣头，你就大方些嘛，别那么死抠儿。你没仔细，昉益这个联子是藏头的，还有回环。这把式倒腾，恐怕现炒现卖不成。"

　　大伙应诺。辰浩说饶了小叔这一次，便吆喝大家赶快接。这时天骏发话了，说辰浩不服气，那就让他来接。辰浩磨蹭道："俺哪敢抢了风头，还是叔们、姑们、姨们先弄。"说着给小姨夫挤眉弄眼的。

　　玉青见势接住，回头向锦松道："咱们下来就按昉益的套路走，一个板子打下去。那就，你来接吧。俺看，你这老祖宗可得要压压他那个小祖宗的。"

大家还没明白过来，就听锦松接了话："玉青姐要俺用汾酒来压茅台，这倒使得。可昉益把调门起得高了，这藏头、回环的搅在一起，真还不好对付。让俺先喝上两口，拼凑一下。"他刚端起酒杯，却被锦若碰翻了。看着桌子上流淌的酒，再瞧瞧满座佳人那般高扬的架势，他灵感顿发。遂吟道——

汾水流年漫流得千年纯酿；

酒家高座最高扬满座佳人。

辰浩又叫道："人家这才叫本事，现炒现卖！哎哟，你们看，俺大姨妈把那毛眼眼瞅向这边了，姨们姑们'高扬'过后，也该上阵了。"

姑们姨们便说这"佳人"不好，应换成"后生"才是。辰浩接道："小姨夫这副联子好就好在这'佳人'二字。你说，后生们在酒场上哪个不是尿样子，哪个能高扬？唯有佳人们，那个小酒一沾唇，脸一起色，哎哟……"

"哎哟个屁，滚一边去！"敏益爆了粗口，"在姑们、姨们眼里头，你小子啊，还穿着开裆裤呢。"

"俺滚，俺滚。俺滚到最后出阵，跟天，天舅形成合围之势。这叫两面夹击。"辰浩一边做着手势，一边嬉皮笑脸地说道。

敏益接道："你这毛小子想干甚，还想夹击姑奶奶们？"

天菲听了，"噗"的一口把酒菜喷了出来，笑得前仰后合的。玉青趁势就说："敏益，俺们挺你，那你先来给咱弄吧。"

敏益一笑："姜还是老的辣嘛！女流里还是你来打头阵。"

白玉青果然爽快："要俺弄，俺就给咱来点浓的，浓香型的。先把这小子弄蔫了，再慢慢凌整他。"也不顾大家笑着，就脱口而出——

　　五味杂陈岂作无为对空壁；

　　粮液飘香应乘良夜起柔情。

辰浩听了，疑惑道："大姨妈，你没喝醉吧，你这是甚玩意？浓香型的家长是姚子雪曲，你这头头藏在了哪儿？"

天菲一听又笑了个喷，然后拍着嘴巴说："你大姨妈本来就没头头嘛！"

几个女人一起笑倒。只听锦松嚷藏道："这俩大姨小姨的，一肚子害沓，尽欺负俺们辰浩。不行，俺要护着他了。这下，非得处罚玉青姐不可。"

说时昉益发话了，对锦松道："不可为不可，是可矣。你大概不知，这姚子雪曲刚刚改了个名称，如今叫作'五粮液'了。俺看，玉青姐对得不赖气。里面还有个谐音回环，不知你们留意了没？字面意思不说了，言外之意也够俺们好好品的。"

天菲赞同道："昉益说得没错，玉青姐这个谐音回环真的见功夫。俺看，那里面藏的东西多着呢！"大家跟着笑罢，她看着在一旁伺候的凤儿又说，"俺刚说了，丫头里面就数凤儿入眼。这酒嘛，也就数凤香型的入口。虽说这西凤有点上头，但喝了人不黏糊，长劲头。俺趁着这个劲头就跟上了。"遂缓缓吟道——

西镇东湖傍柳开坛香十里；
凤台龙阁来仪弄玉醉千家。

大家还在琢磨时，昉益便叫好了。说这副对子把西凤酒的地理环境、历史典故都包容了进去，气度不凡。

"只是，这个，俺家婆姨是不是把回环给忘了？"锦松提醒道。

"哎呀，啥子回环不回环的，就你多事。俺若弄成这般，就谢天谢地了。"敏益指斥锦松道。

"俺看，那就放宽点。接下来，敏益该出阵了。"白玉青催了一把。

敏益见推不过去了，说："俺不大喝辣酒，这会儿喝的是竹叶青。可这竹子叶子的，还带个青，不好捉摸……"

一语未了，就被锦若截住，说："姐呀，你甭跟俺抢了。俺也喝的是竹叶青，这会儿已把腹稿打得差不离了。"大家听她这般说了，就叫她先来。她又斟酌了一下，道："这竹叶青酒味不大，算是药香型一类。所以嘛，俺的对子就离酒远了些。"说完，便清了清嗓门，吟道——

竹挺空山不为空心失节操；

叶青寒夜才知寒暑皆精神。

"好，好，太棒了！"辰浩率先喊起来，又慢声慢气道，"俺小妗子这副对子离酒也不远。尚且，这里面的回环用得也非常精到——空者非空，寒者不寒。这意思又在婉转的对仗中缓然而出，没点功夫那是不行的！"

大家点头称是，说锦若不鸣则已，一鸣才知也是才女。锦若瞟了一眼敏益，恹恹接道："俗话说了，大让小，吃不了。本来嘛，这是大姐的点心，可让俺给抢了。那大姐先歇一歇吧，再看有个对头的……"

敏益赶紧接住："就是你不抢，俺也是竹叶穿肠过，两眼一抹黑。眼下这酒都没了，联子咋个对呀？俺就不跟你们作对了。"

昉益哈哈一笑，道："大姐，这个不碍事。"说着便唤凤儿上了两瓶泸州老窖，接道，"有酒仙撑着，这场面俺还应付得了。这是秉全刚刚送过来的，你就把玩一下这个吧。"

"那倒使得。你把'青头'给了锦若，把这'老头'给了俺，想得周全哪！"敏益一排侃，大家便就这青头、老头的嚷开了。

锦松嫌她们瞀乱，催道："大姐啊，青竹依旧，老窖常新。这酒嘛，后生喝了泼烦，女流喝了驻颜。还不赶快应对？"

玉青闻言，就附她耳旁咕哝了几句。敏益一听茅塞顿开，说："对头，咱就来个曲外有曲，意中有意。"众人一听——

泸州藏韵流觞常流曲外韵；
老窖养人驻颜永驻意中人。

辰浩一听就叫道："没想到大姑这把刷子这么利洒。你放过了俺小姨，可你这回环绕得俺眼花缭乱的。让俺说，到眼下为止，这副对子该坐头把交椅呀！尔等意下如何？"

天骏琢磨了一下说："人常说：文无第一，武无第二。不过，兰家姐这个联子真还有些品头的。在遣词上，这几个回环用得好，既流畅，出意也新。韵嘛且藏且流，那是因了曲外之韵；人嘛花颜颐养，还得有个意中人。确有味道，端的还是一则箴言哪！"

"看嘛，还是天骏，哦，天舅肚里的墨水多……"

辰浩刚张嘴，就被天菲截断："什么'添酒''添醋'的，赶紧把你的脑水添好。眼下姑姨们都弄完了，大家等着你来'夹'呢。"

笑罢，辰浩却叫道："还有俺小姑思思没弄呢，轮不上俺来夹。"

大家急忙一看，不见了思益。就听敏益对辰浩道："她上茅房去了，别把臭气给咱扇过来。你先夹你的，让她垫屁股吧。"

辰浩遂摸了一把脑袋："好吧。姑们、姨们、叔们，俺这太白酒，可有夹头呢。"说着，拉长声调道——

太上皇掇杖登太白因佛归心因朝举贤还因天下人无恙；

白娘子施粉显白太为己妖媚为圣侍寝更为帝州官不倒。

姑们姨们一听，急忙反应不过来，说他胡诌些什么！唯有锦若识趣，笑得嘻嘻哈哈了。昉益见状圆场道："辰浩这副对子看起来晦涩，其实里面有个典故呢，说的是康熙爷当年微服私访咱扶苏时，磕碰了他那金口玉牙的事儿。这个，就让他给大伙讲讲吧。"

辰浩挤了一眼锦若，做了个怪脸，才道——

"话说康熙爷整整走了一天，来到咱扶苏城东门时，天色已黑，人乏马困。一班人马本打算进城垫垫肚子，歇上一宿。无奈城门已关，久唤不开。康熙爷感叹道：'扶苏是座牢固城。'言毕起驾绕向南门，此时已是三更半夜。随从又叫了半天城门，好说歹说，守城的就是不开，还抛下一串俏皮话：'这是皇家城门，怎比你家大门，想进就进？'康熙爷看看没有办法，只好亮明身份。守城门的回道：'不要说你是皇上，就是皇上老子来了，今晚这门也不能开。'康熙爷无奈间叹道：'若是我老子来了，早登太白山咏经习文去了，稀罕你这破城！嗤，扶苏人做不成官。当个守城门的就这般尿样，当上个官嘛，那还不吞天咽地喽！'"

姑姨们听到这，才有了幡然。只听锦若插道："他以为呢，俺们扶苏本来就是吞天咽地的所在嘛！只不过……"就见辰浩嘘她一声，压压手，接道——

"随从见康熙爷又饥又冷，就拿来随身带的太白酒，可一看只剩下一点底底，康熙爷两口就喝干了。无奈间随从敲开了一户白姓人家，讨了些呼兰大曲御寒。康熙爷便圪蹴在地上美美价喝了一大碗，顿觉得神清气爽。他抹了一把嘴，赞道：'好酒，好酒，如此纯酿堪与杜康媲美呀！爱卿听着，这酒朕赐名为杜康大曲了。'且说那户白姓人家见外面阵势不小，又送来了几瓶子呼兰大曲，一听却是当今皇上驾临，赶紧把康熙爷引回自家屋里，开火做饭，并把自个最俊的小女儿献给了康熙爷。天一亮城门开启，康熙爷挥挥手，撂下一句'朕已安寝，免了尔等罪状'，便头也不回向南去了。"

天骏听他讲完，揶揄道："多亏了咱这呼兰大曲和白娘子喽，以功抵罪，功不可没！要不然，咱扶苏的官吏可就凄惨啦。"

说时兰思益提着两瓶杜康酒进了门，摸了一把辰浩的头笑道："思思小姑回来了。本来俺正愁着俺这对子咋对呢？还好，这小子帮了俺的忙。"说着，又诡异一笑，"俺嘛，再给咱添个'转转'吧。"遂吟道——

杜甫怀忧独钓沧浪解忧怀；
康熙责官一饮呼兰免官责。

只听昉益叹道："不赖气！俺正替思益愁肠，这杜康二字真还不好对付，没想到她对得如此机警。猛一看，上下联的意思似乎连得不是那么紧凑，但同样两个典故、两个历史人物的活动，在暗中却是契合的。据说，杜甫在成都草堂的四年里，不是闲钓沧浪，就是常喝杜康。康熙爷又把呼兰大曲赐名为杜康大曲，这便有了衔接。因此说，思益这个对子好就好在难中出奇。俺看，这酒么，就叫'沉香型'了。"

"好是好。不过，没有俺，小姑只怕吃了上顿，没下顿的。再嘛，天舅也说了，康熙爷安边，白娘子那是功不可没的！可小姑怎么，只道呼兰，不言娘子？"

思益瞥了辰浩一眼，没好气道："虽说白娘子不算祸水，却也是一夕风流，始乱终弃嘛！这有甚好说的？俺看，你跟你天舅穿了一条裤子，只怕露了半个腚！"

大伙笑罢，昉益意犹未尽，继续点赞："今咱八个酒联，各有各的妙处，唯有思益用了'借对'这个手法。你们看，这'呼兰'在联子中指酒，也借指咱的呼兰河，用河来应对'沧浪'，这就工整了。再看思益所说的'转转'，就是把'怀忧'与'责官'的词序前后掉转，这更是一绝！不错，这个呼兰啊……"

"呼兰来喽！"随着一声叫喊，众皆循声而视，疑惑间，就见白秉全抱着一个酒坛子闯进门来。正是：

　　　　吟罢才觉少一酒，从来联酒应归九。

　　　　八人八酒奈如何，门外忽听一声吼。

欲知后情，下回接叙。

第三十八回　事中迷轻薄若风柳　情里惑迟滞似淤流

且说大家循声一看，只见白秉全抱着一个酒坛子闯进门来，往桌子上一搁，喘着粗气道："俺哥听说你们在这儿凑闹儿，就把他藏了多年的呼兰大曲拿了过来。虽说这酒不比桌上的，可这是陈年老窖啊！"一边说着，一边打开了酒坛子，一股浓香霎时扑鼻而来。

昉益听了大喜，道："正好，秉全这趟赶得及时！俺正愁肠着咋个弄呢，酒联，酒联，无'九'咋成酒联嘛！这一坛子酒，正好补了咱的这个缺口！俺看，这个'九'联，该由秉全来收了。"

"怪不得，这神仙躲七溜八的，原来他这'归隐'却是为了这般！"白玉青恍然之余，喜圪嫣嫣地看着自家兄弟。

辰浩一边闻着，一边品了一口，说："这陈年老窖就是不一般。白大叔得是想犒劳俺们一下，却没想到这是救场啊！"

思益接过话来："难得白家大哥这番心肠，让咱酒九归一了。再借借康熙爷的口碑，扬扬咱的名气。人嘛，若是有了缘分，事情就不冒。下来就看秉全这一锤子定音了。"

锦松看秉全还在迟疑，提醒道："呼兰，呼兰，一呼喝着顺口，再呼香飘满屋。秉中这一坛子把俺们所有的酒香盖住了。看来酒呢，不能光图名气的。"

昉益听了双手一拍，道："锦松说得对。呼兰这酒顺口，弄成联子也当顺溜。"

秉全却摇头道："俺说姐们兄弟，你让俺作甚都行，一满不搁事。可让俺做这对子，那可比生娃娃还要难哪！"

众人听秉全这般话，又笑了个跌倒爬起。只听敏益抹着眼泪笑道："这挨刀的，许或他生过娃娃似的，这么黑眼人！"

"可不是嘛，秀才作文，难于生娃。"玉青接过话来，看了一眼自家兄弟，笑道，"秉全这话不虚。相传有个秀才，苦于做不出文章，他家婆姨便问：'你这写文章比俺们女人生娃娃还要难？'秀才说：'难多了。生娃娃固然也难，可你们肚里有东西嘛；俺这肚里空空的，没甚东西，你说这文章咋个出来！'"

天菲大笑，趁机也嚷嚷道："这个好说，秉全，俺们不难为你。这做对子和生娃娃，你就随便挑一个吧。"

"不管弄甚，先得让秉全把肚子垫实了嘛。"锦松说着把秉全拉到一旁，一边给他嘴里塞东西，一边给他嘟囔着。这时，天菲也凑过来给他耳语了几句。

秉全嘴里吃着，耳朵听着，点点头说："没麻达。没吃过猪肉，还没见过猪？且看洒家这一排子。"遂抹抹嘴巴，干脆圪蹴在凳子上吼道——

呼之欲出也，虽然名气不大、喝着顺口，都说酒香巷子莫怕深，只缘欲出也；

兰兮可餐矣，即便美人太少、赏罢舒心，尽道不言树下自成蹊，盖因可餐矣。

大家又笑翻了，说人猛了，这联子便也猛。

秉全却一本正经的样子，道："好赖是副对子嘛，就这两下子，还是众人搭帮的。俺这人土，酒也土，那就叫土香型吧。"

"嘻，真也是，腿不长，尾巴倒是不短！你撕扯下这么一堆二撂的，除了皇家城门，谁家的门楼能贴下你这堆破肚子烂肠子的。"锦若忽闪他一眼，埋汰道。

"可不是嘛，那个狗尾续貂，不就为个连环，却弄成这般胡拉乱扯的！"白玉青也是直摇头。

众人又笑开来。却听昉益道："其实，秉全这个联子实在。说它拙里见巧，俗中藏雅，一点也不为过。若是诗赋嘛，雅一些固然好。可这联子，尤其是酒联，只要意思到了，俗一点才有个趣儿嘛。"

天骏点头道："真别说，这副联子对得蛮工整的。用呼兰人对子，本身就难。让俺说，秉全这副对子扣题也紧，再用口语入联，另有一番味道的。"

"天骏说得也对，这联扣题扣得紧。人常说'秀色可餐'，秉全这个秀色怕是专指思益了。"锦松囔臧道。

"那还用说。美人太少，他只能瞅着思益了。"天菲附和道。

"咋瞅也没用。白家小叔只顾自个舒心，俺小姑可就不舒心了。"

敏益瞥了辰浩一眼，道："今个，就你不舒心！"

天菲遂解围道："秉全收的这场子，虽说中用不中看，却也有些元曲的味道，雅俗共赏嘛。"说着略一思忖，又道，"今个酒菜丰盛，咱玩的花样也丰美。唯一的缺憾，就是俺的对子少了回环。这个……"

"这个有什么。俺看，今儿咱这九个酒联，数你扣题扣得紧，那才叫正经对联嘛！"昉益又赞道。

"常言道，文如其人。若是人正经了，对子也便正经。再说了……"

"甭再说了。俺看，咱得再弄了。"白玉青打断了秉全，意犹未尽道，"这个桌子弄完了，下来是不是该换桌子了，咱们轮着再搓上它几把？"

说时辰浩却栽倒了。秉全把他拉起，塞给天骏道："这个二杆子，见了呼兰大曲就没命地喝。来，你先照护着。"便忙着洗牌去了。

该走的一走，屋子顿时清冷了许多。兰家姊妹与白家姐弟，围定打了几圈，叫和的多是玉青。思益心不在焉，竟然一盘也未和，敲着自个脑瓜说这里有毛病了，便叫凤儿来接。又几圈下来，秉全也有些困，便叫天骏来接他，可久唤不见动静。无奈又磨蹭几圈，终于撑不住了，说："俺看咱们都困了，就到这儿吧？"见玉青兴犹未尽的样子，打趣道，"姐呀，你能把辰浩

347

叫起，俺陪你打到天亮。"这时，兰敏益打起了哈欠，道："俺也得走了，家里还有撂不下的。玉青无牵无挂的，你们好好耍吧。"

又几圈下来，白玉青也打起了哈欠，说要走。凤儿说这么晚了，不如打到天亮再走。思益无奈，只好随口挽留她了。玉青听了，只好作罢，便去了一趟茅房。回来却见凤儿在拾掇厅里的小炕，才知天骏把辰浩挪到侧室去了。又见思益从里屋抱着铺盖出来，赶紧接过手，说："俺来住厅里。"

"天骏跟辰浩在小屋睡了，就不动了。你跟凤儿在俺屋里睡。天不早了，就不洗漱了，赶紧歇去吧。"思益说着便推玉青过去。

玉青可不依，咋说也得自个睡厅里，两个谁也说不动谁。这时，只见凤儿抱着铺盖来到厅里，说："两个姑姑别争了，还是俺睡厅里。俺身子骨比你们硬朗，半夜里若是有个什么动静，也好起来侍候。"

睡下不久，白玉青的呼噜声便响起了。思益耐着耐着，可怎么也睡不着。她平时一个人睡惯了，身边若躺着个男人还罢了，可一个女人还打着呼噜！翻了几趟身子后，又想到身前这个女人与武子齐的那些害沓，就再也无法忍了。她只好抱起自个铺盖去了厅里，把眯瞪着的凤儿又支了过去。

且说换了个地方，凤儿也是久久不得入睡。蒙眬间，听得外边有锅碗叮当声，想他俩寻不着水喝。便起身来到厨房，舀了几碗水，放到侧室的平柜上，招呼道："得，你俩喝去吧。"她转身厅里，推了推小炕上的被卷，却听思益咕哝道："天骏，哦，天骏，甭，甭撩乱。”她一听，悄然一笑，就溜回去睡了。

迷糊间凤儿又被什么声音搅醒了，细听了像是风柳轻拍在窗纸上的摩挲。天快亮了，隔壁的小姑醒了没有？

谁家的大门嘎吱响了一声，接着随了两声犬吠。凌晨的寂静没被搅乱，除了风柳依然轻拍着窗纸……

俗话说，春乏秋困。兰思益在这时也起了困乏，与往前不同的，是多了些烦怨，不是说凤儿这不对了，就是说仆妇那不是了。以往的端午节，她总是要给母亲上坟的，这会儿也懒得挪动。兰铭勋捎话来，她硬是支吾掉。一天除了懒散，就是莫名的烦躁。

这天五里镇有社戏，呼天菲想携思益逛达一下，却扑了个空。凤儿告她说小姑出去了，却不知去了哪里。这让她好生纳罕——思益很少一人出去，即便独个遛遛，也不会瞒着凤儿嘛。便问：“你咋不陪着？”

凤儿按捺一下才说：“她这一阵好像有什么心事，总爱一个人待着。俺也不敢细问，问了她便骂俺。以前可没这么个样子呀！”

若说思益患起了春日综合征，似乎也不太像。莫非她遇到了什么难耐的事儿？天菲想着，便安顿了凤儿几句后，说：“俺过两天再来看她。”

且说端午节过后，天气燥热起来。正所谓：春意阑珊，乳燕扑巢，蛙声起夜，麦穗拂香。这天，天菲想起应该剪个发了，便起身回了娘家。不期半路上碰到了久探不遇的思益。快有两月了，她俩还没碰个头，这还是近年来少有的一遭。只见思益情绪低沉，神色呆滞，没了往日一丁点的激灵，端的换了个人似的。她见此未免心里一咯噔，正欲发问，就听思益幽幽说道："你不忙的话，陪俺走走。"

"咱姐俩在一起是最当紧的事儿，别的什么往后靠去。"

思益听她圪曩起口头禅，扑哧一声笑了，道："听你这话，心里就舒哉。那好，不过，俺今个得听你，听你的指教了。"说着低下头来默思。

天菲从前后的情状里，断定她遇到什么麻达事儿了，便静静等她启口。二人迈着碎步走了一会儿，思益才拍拍自个的肚子说："俺可能有了。"

这话从思益嘴里说出，陌生得犹如隔世之音。她怎么会有了呢？况且，她为几次流产而神伤，如今有了身孕，不管咋说应该高兴才是嘛。想着，天菲忽地灵醒过来，随她一起沉重了。默了不知多久，天菲才从舌后根卷出三字来："是谁的？"

她扭捏了一阵子，才道："俺也不知是谁的。就是那晚，俺们聚的那晚上，实在是昏昏沉沉的，没了留意。反正偌大的院落，就天骏和辰浩俩男人。"

"嘻，你呀！"天菲震惊之余吐出三个字，便不再吭声了。

又默了许久，思益才道："怕是天骏的门儿大。反正，那晚俺见天骏起来过……辰浩嘛，俺平时都不咋招式他，他哪来的胆儿？"

顺着惯性思维走，天菲也只能这么认定了。可毕竟还有个辰浩，这事就有些麻缠。思忖良久，天菲缓言道："他俩都已东渡，一时不好说。不过，你也甭急，这个会弄清的。"

"是谁的已不当紧了。要命的是这肚里的东西该咋办？"

是的，这该如何是好？若在往前，咋说还有一堵挡风的墙。如果那样，她也许会为此高兴，为捡回女人的身价而有所慰藉。可眼下呢，她只能为失去女人的尊严而揪心。咋办？连旁观者天菲都是两眼一抹黑。

"弄掉是不可能的，切切不可，那就只有生了。天嘛，塌不下来……"几天后，天菲终于这么对她说了。

当无助被无望所捆绑，一切又变得释然了。思益看着淡定而不失果敢的天菲，笑了。那笑充满着苦涩，苦涩里又飘出淡淡的温馨。是的，她至少获得了作为女人的满足。还有，这娃若是天骏的，她还隐隐有些庆幸。

随后的日子里，她俩又为这娃如何面世敲子摆谱，算是绞尽了脑汁，却也捋不出个得体的法子来。就在这时，兰思益透露了一个情况，这让呼天菲如获至宝，终于长长吐出了一口气来。正是：

> 一似狂沙蔽日天，万般无奈步维艰。
>
> 忽如拂柳轻风起，雨过才知百卉鲜。

欲知后事如何，且待下回分解。

第三十九回　遇也逢也侬心何寄　顺焉逆焉去意已决

且说呼天菲猛然间轻松下来，眼前犹似云走雾散一般。喜道："太好啦，这下咱可以从容应对了！"

原来兰孜益给小妹来信，嫌她一人孤寂，想让她来太州散散心。可她身陷此等情状，没法应承。这天她无意间提到此事，天菲一听却茅塞顿开，如此这般地给她道了一气。

"不行，不行的。这事除了你，谁都不能晓得。"

"嘻，你呀，亲姐姐嘛，还有什么抹不开的脸！好啦，甭由着性子了，听俺说，准没大差。去太州那边稳妥，神不知鬼不觉地就把娃生了。待娃满岁了，武知府也该回来了。两不相干，也不误事。只是嘛，将来把娃交给谁来带，还得三思。再一个就是，切切不要落下什么口风来。"

"反正，俺不能让旁人瞧不起俺。"在她眼里，除了天菲全是旁人了。

天菲知她心性，就不好再说什么了。可除此之外，还有比这更为周全的法子吗？

她从眼神中看出了天菲的心思，便道："若是非得出去，真还不如去了东瀛。他俩，哦，天骏准会伺候俺的。"

"可你咋个去？"天菲看她无言以对，又道，"不说去了，就连你咋个走，都得有一个说法呀！"

"好啦，不说了，烦死人！反正嘛，就这样了。让俺再思量思量。"她说着，又暗自嘀咕：那晚，俺跟凤儿换了床铺，会不会辰浩把俺当成了凤儿？

沉思中，连天菲给她安顿的事，也全没撞着耳膜。待天菲离去，她才恍然，便追了出去……

这天，她午睡起来，唤凤儿没见回应，便自个整掇起来。梳洗罢，见没了胭脂，又喊凤儿，依然没得应声，她便去了凤儿房间，想借点胭脂用用。拉开抽屉，一封彩笺映入眼帘。迟疑间，她打开了，见是两首《长相思》小令——

小酒流，
含水流，
流过千杯未敢求。
云中雾里游。

凤儿悠，
蝶儿悠，
悠去悠来花欲休。
你说愁不愁？

亲口口，

盼口口，

未启朱唇心已酥。

谁知被里羞！

夜里愁，

明里愁，

愁过春来快到秋。

何时再碰头？

看着看着，她心里一咯噔——这字体与行文口气，显然是辰浩的了。莫非……看来八成是这小子了，他竟然把姑奶奶当成凤儿风流了一把！想到此，她一屁股瘫坐在椅子上，双手抱头，真是欲哭无由，欲笑无绪。

这个意外情由，令呼天菲感慨万千："真是天下奇闻哪！一对熟透了的男女，温存了半天，把娃都给温存了出来，彼此却不知对方是谁。嘿，若是冯梦龙再世，该要写出一部《今古奇观》的续集了。"

"又拿人家开涮！甭恶心了，说点正经的。俺嘛，想了几晚上，既是这般，去东瀛是不行了。那就干脆拿掉算了。"

"你疯了，是不？咋弄都可以，唯有这个不行。伤天害理就不说了，若是有个万一呢？不知你听过没，光咱城里就出过几条人命呢！"天菲态度决绝地阻止了她。

　　"那么，就只有去太州了。"

　　"这就对了嘛。下来嘛，咱把事儿往妥妥里弄，俺看不会有甚麻达的。除了孜益二姐，再就是孛儿和凤儿了。凤儿好说，只是那个孛儿会不会走漏风声？"

　　"咱俩想的正好反反了，俺倒是担心凤儿。要么，俺独自去，好不……"

　　"你离了凤儿不行。"天菲打断她，想了想又道，"这个甭担心，俺有法子让她守口如瓶的。"说着与她叽咕起来。

　　且说这日午间，呼天菲把凤儿招呼到自个家里，神色凝重道："这些年你小姑给俺说了多次，叫俺给你瞅捏个人家。俺嘛，总想着你还小呢。昨天听你小姑说起，你都快十八的行货了。嘿，俺这才想起了，趄摸着给你张罗一下。可你小姑又说，好像你私下里有什么动静了。这个？"

　　凤儿听了这般话，紧张得不知所措。她是个机灵的女孩，从伊家姑的话里，分明听出了弦外之音。想了想，便如实招来："俺，俺隐瞒了一件事。可是，就是那个辰浩嘛、死缠磨缠的，俺实在没法子……"

　　"俺们不会埋怨你。可你要说实话，你愿意嫁给他吗？"

　　凤儿埋下头去，搓捏着自个的手指头，好久才回道："俺也不晓得。"

　　天菲看她神态，听她言语，心里便有了数。然后直捣龙门："俺手里有一件东西，是他写给你的。俺想，他给你写了不少吧？"见她点头，遂把那诗递与她，"看来，他对你是一片热心肠，若你也觉得称心，这个主意俺们就给你拿了。好不？"

她听了这话立马抬起头来，又低了下去，道："凤儿从来都是听老爷吩咐的。"

前面的障碍麻利地扫除了，可后面的就有些难耐了。天菲犹疑了一下，觉得还是要抹开脸面才行。思定，就把那天晚上如何如何，兰思益意外怀孕的事给她说了，然后郑重道："那晚上辰浩是冲着你来的，直到如今他还以为是你呢。不过，也怪你小姑，那晚跟你换了床铺，才弄下了这么个乱子。事到如今，再咋说也没用了。凤儿啊，俺们现在是一点法子都没有，你说这该咋办？"

该咋办？对于涉世未深的凤儿，只有惊得睁大了双眼。天菲睹此，缓了口气说："其实，谁都不能怪，那晚上都喝了不少酒。唉，凤儿，辰浩其实是个不赖的娃，俺看，你就担待一下他，你们还是……"

"伊家姑不用说了，凤儿心里解下。俺小姑是代俺受过，俺岂能不管小姑。你怎么说，凤儿就怎么做，就不用绕弯子了。"聪明的凤儿已经意识到该怎么做了。

天菲那是激动得不得了，一下子把凤儿揽入怀里，没命地亲吻她："俺常说了，在所有丫头里面，就数凤儿入眼……"

且说事情的明了给真个盘面带来了大的变数。排除了天骏，天菲自然轻松了许多。胆气一上扬，她觉得将计就计，干脆来个李代桃僵，更为可行。

可思益意绪不定，心里更为凄楚了。原先虽说难耐，可想到能为天骏留个种，心里多少有些安慰。眼下这般，她全然没了寄托。再说，让凤儿李代桃僵，那纯粹是一己所愿，辰浩那头不好把握。思来想去，她觉得还是说服天菲，把娃拿掉为好。

"你呀，让俺咋说你！俺算是费了九牛二虎之力，好不容易把凤儿说通了，你却……那就这吧，凤儿也不应李代桃僵了，你去太州先把娃生了，咱再谋虑后面的事。"

"唉，烦死人！"思益苦笑着，又道，"你不是常说嘛，人的命天注定嘛。要不，咱再去一趟庙里，让老天爷来测个吉凶。"

"不用测。生就是吉，不生就是凶。"

"俺算倒了八辈子霉，遇了个你！"

"那就叫你倒九辈子霉吧。要说天命，这就是天命。九九归一，你命里注定有俺。"

"嘻，服你了！"思益说着，便紧紧依偎她了……

且说拐里曲弯的，令思益忐忑飘浮。虽说定夺渐趋明朗，她内里还是不甚踏实，遽尔翻卷起连自己都不愿触及的遐思。这晚，她百无聊赖之际，又翻开了久搁不动的《周易》，想自个算上一卦。便面南背北，双手合一。静默片刻，心诚灵现。恍惚中卜得离卦，上曰："离也者，明也，万物皆相见，南方之卦也，圣人南面而听天下，向明而治，盖取诸此也。"

她喃喃念了几遍，似有所悟，怡然而起，用大骰子起卦，占得离卦第三爻。爻辞曰："日仄则离，不鼓缶而歌，则大耋之嗟，凶。"

她看得迷迷糊糊，又见传辞诠释：

> 亏盈有数往者顺，大畫嗟凶忤逆临。
>
> 月沉西，人断魂，悲尽鼓歌易缺门。

再起卦，占得离卦第四爻。爻辞曰："突如其来如，焚如，死如，弃如。"

她一震，抠捏间，又见传辞解曰：

> 突如焚弃世难容，祸谤临头险象丛。
>
> 遇不遇，逢不逢，日沉海底梦犹浓。

"这倒有些说辞。先生训曰：'奇数为阳，偶数为阴。'看来不虚啊！"她喃喃叹道，便又陷入遐思，恍惚中云天雨地茫然开来。那不愿触及的念头似生了翅膀，扑打着心扉。唉，既然天命这么驱使，还有什么可犹疑的。那就……

困顿、迷茫，忧心、疲累，终于送她入了梦乡。漂移间觉得天旋地转，俄见桃红柳绿，漫枝摇曳，间又纷扬起来，似雾如云；霎时馨香扑鼻，袅袅处捧出结香来，如墨似笔，飘飘欲画；凝神间，忽地驰来一匹骏马，双蹄凌空，向天嘶鸣；正欲前往，又有篱笆阻了去路，探头一看，却见一架秋千晃悠，遽尔抛向天空，浩浩乎如凭虚御风，飘飘乎如羽化登仙，渐渐融入满天的星河里去了……

一声闷雷响起，把她从睡梦里惊醒。瞬间狂风卷帘，猛雨侵窗。她起身关了窗户，愣愣地坐于桌前，品着梦中所遇之事，怅然若失。聆听窗外风声雨声，忽然遐思又起，鼓荡胸间。遂援笔起腕，一吐而快——

武大人继棠夫君台鉴：

去秋拜辞，倏逾半载。其间劳顿，虽未亲临，固所知也。余程遥期，犹念不及，暑寒易序，还望珍摄。曾吐戏言，欲渡迷津，孰料一语成谶。今于幡然之时，略表心迹……

她几次停笔，又几次拿起，终不可再行墨迹。风儿舐舐着她的憔悴，油灯的火苗渐被灯花裹缠了，她也懒得去挑。一任零星的雨滴拍着窗棂。

夜已深沉，雨声渐寂。她索性打开窗帷，任微湿的轻风拂撩倦容。忽而，一阵意绪勃发开来，那沉沉的毛笔又抖动了下去……正是：

问春不语点花红，看柳无情惹絮风。

飞过秋千人已倦，化成幽梦夜犹浓。

欲知详情，容后絮叨。

第四十回　望紫峰出岫心难改　踏晓晨回眸思益遥

且说春雨扑窗，思随兴扬。兰思益伏案凝思，意绪翻飞，拿捏莫着。忽而一声嗤怪子鸣叫，令她一惊，那鸡皮疙瘩便皱满全身。吐纳间，那沉笔也便缓缓抖了下去……直到窗纸泛白，她才歇息了去。朝霞起时，她只抹了一把脸，顾不得描眉点唇，就急切地去了怡园，给天菲道了衷心。

"你让俺咋说嘛，咋像个碎娃闹着玩儿似的。嘻！"叹过气后，天菲踅摸道，"人常说：一念之间，尘凡顿易。是耶？非耶？这可由不得性子的……"天菲无奈且又爱怜地盯着她。久久地，随后与她一起沉默了。

悠长渗进了初阳的影里，渐渐溢出思益的轻音："你不是常说——命。其实，俺不大信这个。凡事，大概都有个因缘吧。你也不必为俺愁肠，事嘛，总会有个翻转，有个安妥。虽说无奈，无，便也是有。"她说着，掏出一封信笺递与天菲，"这是俺写给他的，大体情由都已说到。俺想，还是托你转交。这个，等他丁忧回来了，再给他。"她看天菲捏住信不肯言传，遂挤出一丝笑来，幽幽补道，"俺不是异想天开。咋说嘛，其实，这个念头隐在心里已有多时。只是，只是逢了这么个茬子，才使俺铁了心。俺想，这般谋虑许或对彼此都好。你就……哦，信没封口，你可以看的。"

晚间，天菲又掂起思益给武子齐的信，突然间起了某种翻卷。昏黄的油灯下，她托腮思量着，几次罢手，终究抵不住心的澎越，便缓缓抽出了那几页信纸来。读着，读着，她一阵唏嘘，那俊俏的脸庞滑下几滴泪珠来——

……我意已决，非为僭越，亦非逃离，实乃命所驱也。吾半生所累，生我者父母，育我者先生，知我者天菲，庇我者兄姊，爱我者唯君矣。此五者，吾前半生之依恋，后半生之永铭也。每每念及，泪如泉涌，夜不成寐……前人所言：时运不济，命途多舛。适此方有品尝。曩者锦衣玉食，虽无天下之虑，亦有一心之苦。奉君数载，不敢言及举案齐眉，亦处处谨小慎微，时时反躬自省，唯谨守妇道而已矣。然不虞之事还是临身，致毁名节。事由乃亲朋小聚之时，吾却酒后失态，蒙羞丧节。贱妾虽死无憾，念及腹中胎儿，心如割矣。问天无声，叩地有泪。凡此月余，左右不得，致心力交瘁。幸天菲、凤儿相扶，于无助中聊得延生。遽尔悟得佛念：救人一命，胜造七级浮屠。挟此悲悯，忍辱苟活。数载蒙君教诲，始悟入世之道，更添济世之想。吾虽不才，亦有匹夫之志；身虽羸弱，尚存兼善之心。故冒忤逆之罪，决意东渡。人生苦短，忠孝难全，唯是焉。君以身许国，无憾中亦有瑕缺。如今父女团圆，于欣慰中再可绸缪。若果捧得数子，于情于理皆为大善之归，吾心亦将慰藉。窃思里外，凤儿勤勉且乖巧，可代我奉君行事，抑或尘起缘来，以承宗祧。往者已矣，来者可追。云天万里，相思无极。落月屋梁，犹梦系之……

　　还有什么可说的！天菲拭去眼角的泪滴，心绪稍稍缓然下来。可心中的那般怅惜，还是挥之不去。她思虑再三，翌日便又去了武府。

　　"人们常说，天要下雨，娘要嫁人。你上次不是说了'命'嘛，那就听听老天爷的吩咐。走，思益，俺依了你，咱去一趟三官庙。"

　　思益看她一眼，默了默，只好挽起她的手。二人徐步出门，招呼马车，驱车在街上兜个圈子，便沿着卧龙山盘道缓然而上。但见两旁果枝绽粉，芙蓉漾丹，嫩草弥漫，野花招风。触目掩映生姿，扑鼻余香袅袅。这般风光正是野游踏青的时节。

　　一路上，天菲先默着。她望着远近勃然的春景，逸兴顿开，嘟囔个不停。思益在旁默听着，不时点点头，似乎生了些许悔意。

　　下得车来，二人不禁俯仰起远近来。对面的紫云峰薄雾轻笼，时隐时现；远处的呼兰河与大理河交汇处，一派盎然，摆渡两岸尽是来往的过渡人，春燕则敏捷地起降啄泥，尽情舒展着黑色的流线。面对眼前光景，天菲脱口吟出唐人诗句："客路青山外，行舟绿水前。潮平两岸阔，风正一帆悬……"

　　思益听了笑道："你就乘兴来一首自个的吧。"

　　天菲摇头回道："王湾有诗在前头，鲁班门前不弄斧。再说了，俺俩今个算是逃离人，既无一觞一瓢，何来一咏一叹！"

思益想了想，接道："其实，这上庙跟做兰亭会，也差不离。"

天菲听她这般说，思忖道："这话倒是不虚。王羲之说：'人之相与，俯仰一世，或取诸怀抱，悟言一室之内；或因寄所托，放浪形骸之外。'好吧，俺们权当兴怀，不管他世殊事异了。"说着，便吟出一首《虞美人》来：

赏心乐事谁家院？

俯仰春无限。

满城新绿荡胸中，

应笑迷蒙泪眼怨东风。

孤云楚楚意何在？

出岫心难改。

相看不厌紫云山，

应是你我把手在其间。

思益听了，琢磨道："这个'俯仰'倒有来头，也有嚼头。古人还说了：'仰观吐曜，俯察含章，高卑定位，故两仪既生矣。惟人参之，性灵所钟，是谓三才。'如今看来，三才中天才、地才无可多说，唯人才有待。俺俩虽不足道，今个就凑合着充当一次人才吧。"说着话儿，她略一沉思便吟道：

川阔还因潮静，

山青只为雨浓。

争芳拂柳舞春风。

一舟谁摆渡？

两水燕当空。

出岫孤云一去，

凌峰笼雾谁同？

千年上下数峥嵘。

生当作人杰，

死亦为鬼雄。

天菲听了淡然一笑，道："你这个《临江仙》比上次那个，好是好了许多，尤其开句中一'阔'一'静'、一'青'一'浓'，点墨精到，逸趣横生哟！不过，下阕就有些愣头了，这个弯子转得也太大了嘛。"

思益听她如此说，知她话里有话的，便也以其意而生发开去，道："虽说上下阕突兀些，却如高山之奇峻一般，势所然也。势到，意到；意到，情到；情到，便一泄而出。俺每每读李易安的那个绝句，总是伴她滴泪……唉，至今思项羽啊！惋惜，其实是一种沉甸甸的爱；念叨，便是对爱的刻骨铭心。"

"所以嘛，这'出岫孤云、凌峰笼雾'就有了来头。嘻，千古项羽，非独易安之心。须眉如杜牧者，也牵丝缕缕。没错，自霸王之后，这人世间就少了贵气，多了俗道。只留得阮籍的感叹：时无英雄，遂使竖子成名。"

"所以说，俺们得做些什么喽。天菲，俺们虽说碌碌，心却一也；即便人在红尘，心已超然尘嚣之外了。"

她俩说着，便沿着青石砌成的蜿蜒小路，迤逦进入庙门。但见两旁矮树交叉，系着杂乱的许愿丝带，随风摇曳。拾级而上，那大殿里外却稀有人影，幽邃无尘。从青石地面往上一瞧，檐牙高啄，钩心斗角，厅门两旁醒目题着一副对联——

有为皆人道；

无迹尽仙踪。

又是一个"有无"。羚羊挂角，无迹可寻。论境界，自是大家手笔。谓予求道，谓予空灵，兼取并蓄，指向高远。正所谓：高调做事，低调做人。其意尽在底里。

思益看罢，寻思道："这'人道'与'仙踪'，都因了一个至理。其实，俺自个用《易经》占卜过了。天菲，俺们不必进去了。"

二人眉来眼去间，各各又唏嘘了一回。

却说一日午间，尚勤领着虎子正在巷道里玩耍，忽见一碧眼玉颜、美髯垂胸的老者，手执藜杖，一步一停。俩娃看他生得奇蓝，便圪窜到跟前。只见老者目不斜视，旁若无人，口中圪嚷着，说什么：

治世有因果，浊世无因果。逆来未尽因，顺去未尽果。

忽焉以为因，漫焉以为果。谁思果非因，何谓因成果。

若果循其因，其因未必果。因果宁有序，何事失因果？

…………

虎子听得口馋，蹭到老者身前，讨要樱桃果。尚勤死劲拉住他，往回里圪拽。就在这一拉一拽间，呼天菲闪出门来，一瞧笑道："原来是您老人家。俺只听得'因'来'果'去，绕口令似的，还以为又是走街串巷的杂耍了。您老这是……"

"那可不，俺如今连杂耍也不胜了！你看这俩娃，把俺当成小贩了。"帛柏霖说着，又探头瞧瞧怡园，道，"不忙的话，咱屋里说说话。"

坐定，天菲看他神凝气定，问道："莫非是为思益的事儿？"

"思益，思益咋啦？"

二人人心隔肚皮的碰撞，显然撞歪了。他莫名地盯着她，她若无其事地摇摇头，道："也没个甚。就是思益想去一趟太州，陪孜益散个心。"

"哎，哎，那个，非老夫所虑。俺要告你的，是锦若。这么个，锦若见天骏去了东瀛，也起了眢乱，便要步其后尘。你乍说，撇下俩娃倒是其次，这远路风尘的跑趟，哪是女人家弄的事嘛！"

她听他这般话，觉得里面定有曲折，便道："是锦若要你给俺说？"

他点点头，又默了一会儿才道："她把先前那事的原委，全告了俺。嘻！这个，她说等以后了，再给你……"

"不应以后了。"天菲断然打断了他，慨然道，"俺知，全知了。不过……"她犹豫一下，才道，"不是天骏，是思益告俺的。"

"思益？嗷，嗷，那就好，咱这就打开天窗说亮话。天菲，锦若是没法在呼家待下去了。她说，她待在呼家比坐牢狱都熬煎。既如此，一来二去，不如放她出去。其他的杂沓，容后再做定夺。只是，锦若俩娃都还小，没个人照料，怕是不行。你看……"

天菲把低着的头缓缓抬了起来，摇了摇，又嘘出一口气来。琢磨了片刻，应承道："那就，虎子，俺来带吧。晓闻，有她奶呢。"

"好，好的！俺想，你会的。大凡事嘛，不解不行嘛。好，好！不管以后咋个解法，先挪一挪总是对的。俗话说，树挪死，人挪活。活人不能让尿憋死嘛。"帛柏霖连叹了几声"好"后，又用拐杖重重戳了几下地板，便蹶起身子离去了。待他跨出院门，天菲隐约听得他还在圪嚷着："谁思果非因，何谓因成果……"

　　五月的帝州，黎明比往前早了一个时辰。为了赶路，一大早兰思益带着凤儿启程了。雒大川把三畜车辇调了过来，他自然要全程护送了。在大家看来，这只是一次小别，所以送行的人并不多。兰铭勋只打发小芹过来，捎了几句话。兰敏益则让嘉玲给小姨带了些吃的。一帮人均止步于武府门外。

　　呼天菲本打算送上一程，结果一别再别，她让柳拴柱直把毛驴车赶出了五里地，才停了下来。思益再次下了车辇，与天菲做了最后一次浓浓的相拥。姐妹俩都强忍着，还是泪滴成流。此时，唯有她俩心里有数，这一别将意味着什么。天长地远，来去无常。问世间，还有什么比离别更为苦痛的！

　　晓风拂拭着二人的别泪。天菲轻拍着思益的肩膀，渐渐松开了身子；思益扭过头去，一转身，又上了车辇。二人久久凝望着……待车子远去了，天菲仿佛想起了什么，追了过去，却立在了桥头。风儿撩起了她的云发，依依地，衬着身后依依的垂柳；渐渐地，那边挥动的手臂渐渐被柳荫遮挡了，被稀释在呼兰河岸与卧龙山麓斑驳的影子里去了……

　　有道是——

> 春晓柳迷，晨晓星稀，黯然销魂唯别离；
> 花落鸟啼，日落霞起，怅然动念数苦旅。

卷一终

附

陕北方言释义（按拼音排序）

安生——安稳的生活。

安踏——安稳踏实。

拜识——结拜弟兄。

板数——固定的样式，或套路。

绑尖——差不多、接近的意思。

背兴——害羞，不好意思的样子。或觉得理亏，不愿直面人。

拨叉——某种不顺，或外来的某种羁绊。

拨料——安排，打理。

不担表——指说话做事不稳，沉不住气。也有爱出风头的意思。

不当——不应该，不会发生。有心疼的意思。

不赖气——不错，很好。

不冒——有根据，有缘由。

材骶——指人的天赋和素质。例：这娃好材骶。

瞅捏——打探和度量。

出挑——出息。较前有好的改变。

出展——指人有大的变化。

打澡水——游泳、戏水。

大——父亲。大大，即伯父。

颠踉跄——说话不稳，虚张声势。

顶戴——服侍。一般说，顶戴不起。

顶扛——顶撞、打斗。

蹾底子活儿——指很严重的事情。

疯张鼓捣——行事泼辣，不守分寸。

赶事——出席婚丧仪式。

钢骨——自强自尊，轻易不求人。

圪蹴——蹲着。引申义：树木、庄稼等刚起势的模样。

圪缆晃架——多指女性瘦高的模样。

圪棱半切——说话说一半丢一半，令人难以理解。

圪蹽圪缩——放不开手脚，畏手畏脚的样子。

圪飘飘——指女性的身姿轻盈、心态轻松的样子。

圪顷马扎——做事快速麻利。

圪盈盈——指女性过得很滋润的样子。

搁事——有问题。不搁事，即没啥问题。

硌硬——肉麻、害臊一类的心理反应。一些地方也有害怕的
意思。

乖哄——好言相劝、相慰。

乖涮——用花言巧语来劝导对方，以获得自身的好处。

海嘈——较多的民众对某件事的议论。有高度关注的意思。

海式——指数量、范围大。

解下——明白、懂得。读作hàihá。通常也说，解下解不下。

解话——懂事、听话。解读作hài。

害娃娃——怀孕时的不适反应。

含水——唾液。

行货——比喻到了成年时期。

黑水——指弄蔫了的东西。

黑眼——令对方锁眉头，不招喜爱的表情。

红火——热闹。

猴娃——小孩。

胡扎二五——虚张声势。多指动作。

灰塌——失魂落寞的样子。

浑不留——裸体。

舭家——母亲的娘家。通常把奶奶的娘家称为老舭家。

揪留——对亲近人给予关照，或因某事把相关人笼络一起。

扛硬——硬朗、硬气。也指东西品质好。

老生生——生的最后一个孩子。

利洒——干脆，利索。

撩乱——不着要领、胡乱折腾。也有心神不宁的意思。

领料——牵头操办。

捋把——把事往顺畅弄。引申义：使用手段让对方驯服。

麻缠——复杂的事和纠缠关系。

麻达——难以了结的事。也指繁难问题，和男女关系不正常。

麻糜不分——不识理趣。亦指人来疯，愣头青。

瞀乱——指做事不得要领，扰乱别人。也指心烦意乱。

木囊——做事、行事不利索。

拿板做调——故作姿态。

难肠——心堵、难过。有不好应对的意思。

嚷臧——调侃，俏皮话。多带嘲讽意味。

能牙撩齿——张扬，显摆，指说话得意的样子。

捏掇——指反复比对，衡量。

拧趄——不顺从，逆着来。

暖窑——乔迁之喜的仪式。通常用摆宴形式。

女客——娘家人对出嫁女子的称谓。

排侃——斥责。且有喋喋不休的意味。

品姿搁言——对自我言行的掌控。也有故作矜持和慢条斯理的意思。

泼烦——嬉闹，闲暇时的找乐。

泼撩——撩发。也泛指一些助兴的行为。

婆姨——对已婚女子的称谓。

戚叨——忧虑、不安的絮叨。

乞气——讨好献媚的模样。

讫凑——撮合，也有聚拢的意思。

讫搅——在一块搅和，也有共事的意思。

谴臧——责备、痛骂。

绕嘴八掐——转着弯说别人爱听的话。

人家——引申义，指对象。寻人家，即找对象。

日鬼捣棒槌——不正经的玩意，或胡乱弄事。

洒打流野——多指女性行为放荡不羁。

上话——指主动向对方道明想法和态度。

烧媳妇——指公公媳妇私通。亦有"爬灰"一说。

失羞——害羞。

帅正——品貌端正。

损凌——凌辱、发难。多指语言方面。

提灵长智——指点，用道理提醒别人。

挑担——姐妹各自的丈夫。

头收收——生的第一个孩子。

稳盘似仙——处事稳重，胸有成竹。

五麻六道——指事情乱七八糟，也指人不干净（多指面部）。

细法——做事细致，且有方式方法。

下牙爪——采取手段，给予对方严厉的劝告。多指长者对幼者。

下抓——着手进行。

相端——度量。依据自个的眼光对人事做出的测量和判断。

襄拱——帮忙，搭个手。

兴——惯。兴坏了，即惯坏了。

羞经——指对方不明事理，胡折腾。

喧谎——说谎。

趸摸——盘算，试图拿捏某事。

趸探——反复打探。

眼热——亲近人受到不公和伤害时，产生的愤懑，为其打抱不平。

扬罡——指把某事在大范围散播。

佯打不似——轻描淡写的，不触及问题的实质。

一搭里——一块，或一个地域、一个团伙的。

一圪板板——一模一样。

一满——一概，全是。

倚老结实——倚仗资历或亲缘等优势，毫不客气地接受。

应至——合适、正好的意思。

硬茬——用作形容词，指人做事硬朗；用作名词，指难对付的对象。

杂沓——杂乱的事物。

足劲——指人的能力强，也指物品的性能好。

跋

　　黄河因了纵横起伏的黄土高原，便有了喷涌。也许秉承了它的奔放，高原上的生民性情粗犷，骁勇善战。正是基于此，这块多姿的土地就多了些传说。历史上，这里是多民族融合的区域，不只承载着浓厚的炎黄文化，同时对人类的两大文明，即东西方文明的交融和提升起了引带作用。中外许多学者皆称，这是一块充满神奇的土地。

　　小说以此为坐标，试图追寻过往的尘烟。在不失历史脉络和框架的前提下，融入有价值的传说和演绎。小说中的四大家族——呼、兰、白、伊，即为匈奴、龟兹和鞑靼的后人。他们的奋争助推了中国历史，其喜怒哀乐的浸润，随信天游而传诸后世。这些便是我构思拙作的依据。

　　小说采用古典章回体谋篇，意在传承优美的中华古典文学。在语言运用上，融现代汉语、古白话、文言和陕北方言于一体，以期开辟一条小说叙述语的新路。

　　小说拟定三部曲。本卷四十回，为"晓红系列"之卷一。在创作和出版期间，幸赖梁相斌、徐明卿、王埃平、李梦泽、武盾、姚晓琦、李巧霞、李谷雨等亲朋学友的鼎力相助，俾拙作峰回路转，聊以面世。谨致谢忱。

作者志于付梓时